한국행정연구원 총서
정부 신뢰와 소통 제고를 위한 Public Relations 시스템 구축 II-2

한국 정부의 해외PR

김근세 · 박현순 · 박성민

도서출판 대영문화사

발간사

세계화 시대에 한국 사회의 위상이 최근에 크게 증가하고 있다. 세계 정치무대에서 차지하는 한국 정부의 역할, 세계 경제시장에서 차지하는 한국 기업의 비중, 국제 사회문화 무대에서 차지하는 한국 사회문화계의 역할이 크게 주목받고 있다. 이러한 세계화의 맥락에서 국가 브랜드의 구축은 국가경쟁력 제고와 국제적 위상 제고에 좋은 기회가 된다.

현행 우리나라 정부의 해외홍보 활동은 다양한 해외홍보의 내용과 브랜드화 전략이 상대적으로 미비하고, 해외홍보 전달 체계가 분산되어 여러 가지 문제가 지적되고 있는 실정이다.

이러한 문제 의식에서 이 연구는 해외홍보의 내용 측면에서 기존의 문화홍보를 넘어 정책홍보의 차원이 더욱 강화할 필요성을 지적하면서, 이에 포함될 수 있는 정책홍보의 콘텐츠 발굴을 검토했다. 그리고 해외홍보의 전달 체계 측면에서 범정부 차원의 통합적인 해외홍보 전달 체계의 구축을 위한 여러 가지 정책 제안을 제시했다.

연구 과정에서 자료 수집을 위해 적극적으로 도와주신 관계 기관의 전문가와 담당자에게 감사한 마음을 전한다. 특히, 이 연구의 책임을 맡아 주신 서원석, 조세현 연구위원과 허아랑 연구원, 그리고 집필진으로 참여해 주신 김근세, 박현순, 박성민 교수에게 감사드린다.

2013년 5월

한국행정연구원 원장 이은재

머리말

이 연구는 우리나라 해외홍보의 전략, 내용, 전달 체계에 대해 현황을 분석하고 정책 제안을 탐구하려는 목적을 가지고 시작되었다. 최근 급속한 세계화의 환경에서 우리나라의 국가경쟁력과 국가 브랜드의 제고를 위해 기존 해외홍보 체계가 본격적으로 토론될 시점에 있다. 기존 정부 주도의 문화홍보 차원을 넘어 대한민국의 정체성과 우수성을 전 세계인에게 공감시킬 수 있는 홍보 전략과 내용을 적극적으로 탐색할 필요가 있다.

우리나라 해외홍보의 전달 체계를 보면 여러 국가행정기관들과 함께 민간단체, 기업체들이 실질적으로 관여되어 있다. 따라서 협력적 거버넌스의 맥락에서 정부기관들 간의 통합적 해외홍보 서비스 체계의 재설계, 그리고 정부-시장-시민사회 간의 협치의 가능성과 그 기제를 적극적으로 모색하는 데 이 연구가 조그만 기여를 할 수 있기를 기대한다.

이 연구는 한국행정연구원의 지원사업으로 수행되었다. 이 연구가 일정에 맞추어 진행될 수 있도록 여러 지원을 해주신 서원석 박사님, 조세현 박사님, 유종선 연구원에게 감사한다. 그리고 자료 수집 과정에서 적극적으로 도와주신 관계 기관의 담당자와 관계 전문가에게 감사한 마음을 전한다.

2013년 5월

명륜동에서

연구책임자 김근세

차 례

제 1 장 서 론

제 1 장 서 론

제 1 절 연구 배경 및 목적

세계화의 급속한 진행에 따라 국가 브랜드 구축은 국가경쟁력 제고에 결정적인 역할을 하는 변수가 되었으며, 체계적인 국가 브랜드 관리는 새로운 정부 기능으로 대두되었다. 한편 한국은 올림픽, 아시안게임, 월드컵, 동계 올림픽 등의 세계적인 행사를 개최함으로써 국가 이미지를 전 세계에 알렸으며, 정치 · 경제 · 사회 · 문화 등 전 분야에 걸쳐 비약적인 발전을 이루어 국제사회에 대한 기여와 요구가 날로 높아지고 있다. 더욱이 최근 들어 대기업의 국제시장에서의 약진, 대중문화의 한류 바람 등으로 그 어느 때보다도 해외홍보의 수요가 많으며, 국제적 위상이 제고될 수 있는 좋은 기회를 갖게 되었다. 이에 이명박 행정부는 대통령자문위원회 기구로 국가브랜드위원회를 신설하여 국가 브랜드 관리에 대한 관심을 제고하는 등 대한민국의 이미지를 총체적으로 관리하고 있다.

그러나 이러한 노력에도 불구하고 우리나라의 해외홍보 서비스 전달 방식은 여전히 수요자 중심이 아닌 공급사 중심의 관점에서 이루어지고 있으며, 해외홍보의 범위는 내용면에서 문화홍보가 지배적인 인상을 주고 있다. 또한 사업 추진은 일회성 차원에서 산발적으로 이루어지고 있는 등 답보적인 상태를 벗어나지 못하고 있는 실정이다.[1] 예를 들어, 2011년 국가브랜드지수 조사에 따르면, 조사 대상 50개국 중 한국은 과학 및 기술 부문(4위)과 경

1) 특히 이 연구를 위해 수행된 전문가 인터뷰에서는 우리나라 해외홍보의 가장 큰 문제점으로 홍보를 위한 콘텐츠의 부족 및 활용을 지적했다.

제 및 기업 부문(13위)은 상위를 차지했으나, 국가 브랜드의 중요한 부분을 차지하는 정책 및 제도 부분에서는 22위를 차지하여 하위권으로 평가되었다. 그리고 현재 우리나라 해외홍보 분야의 주무는 전통적으로 문화체육관광부 소속의 해외문화홍보원이 맡고 있지만, 이 밖에도 다양한 행정기관에 의해 분산되어 수행되고 있는 등 해외홍보 업무의 전달 체계에서 문제점도 드러나고 있다고 할 수 있다.

이에 이 연구는 국가 브랜드를 제고하기 위해 홍보 및 마케팅의 이론적 이해를 통해 해외홍보 서비스 전략을 검토하고자 한다. 또한 기존의 문화홍보 차원을 넘어 선진적 측면에서 해외홍보의 내용을 탐색한다. 예를 들어, 한국의 발전 경험을 국제사회와 공유하기 위해 한국의 행정, 정책, 제도적 의의, 발전 과정, 성공 사례 등을 적극적으로 체계화, 모듈화, 문서화하여 홍보할 수 있도록 새로운 홍보 내용을 발굴한다. 그리고 해외홍보 체계의 유관 부처 및 행정기관 간 업무의 연계 및 협력을 위해 해외홍보 전달 체계의 현황을 분석한 후, 문제점에 따른 방안을 모색하고자 한다. 특히, 현행 해외홍보 업무의 중첩성과 분절성 문제를 극복하기 위해 해외홍보 전달 체계에 요구되는 통합전략 방안을 제안하고자 한다. 이를 위해 이 연구의 구체적인 연구 내용을 정리하면 다음과 같다.

첫째, 이론적으로, 해외홍보의 의의와 전략을 논의한다.

둘째, 외국 사례로, 미국과 영국을 중심으로 해외 선진국의 해외홍보 체계를 개관한다.

셋째, 해외홍보의 내용의 측면에서 해외홍보의 범위를 문화홍보를 넘어 정책홍보의 차원으로 확대할 경우 이에 포함될 수 있는 홍보의 콘텐츠를 발굴한다.

넷째, 해외홍보의 전달 체계 측면에서 범정부 차원의 통합적인 해외홍보 전달 체계의 방안을 분석한다.

제 2 절 연구 범위 및 방법

이 연구의 목적을 위해 먼저 해외홍보의 이론적 · 제도적 문헌연구를 수행했으며, 해외홍보 업무와 관련된 전문가들을 대상으로 인터뷰 및 설문조사를 실시했다. 이를 바탕으로 해외홍보의 전략, 내용, 전달 체계의 측면에서 개선 방안을 분석했다. 해외홍보의 전략 측면에서는 사회 마케팅 과정에 따라 해외홍보의 전략을 제시했으며, 내용 측면에서는 정책홍보로의 개선 방안을 도출했다. 마지막으로 전달 체계의 측면에서는 통합전략 방안을 탐색했다. 이 연구의 진행 절차에 따른 분석 틀은 [그림 1-1] 에서 살펴볼 수 있다.

제1단계: 이론적 · 제도적 검토

- 해외홍보의 이론적 맥락(의의, 국가 이미지와 국가 브랜드)
- 우리나라 해외홍보 전달 체계의 현황
- 해외 사례 분석: 미국, 영국

↓

제2단계: 인터뷰 질문 및 설문지 구성

- 인터뷰를 위한 질문 구성
- 설문지 구성을 위한 조사 대상 선정 및 문항 구성

↓

제3단계: 자료 수집

- 문헌 검토
- 인터뷰 및 설문조사

↓

제4단계: 자료분석

- 인터뷰 내용 분석
- 통계분석

↓

제5단계: 해외홍보 체계 발전 방안 도출

- 해외홍보의 전략, 내용, 전달 체계 측면에서 종합적 검토를 통안 방안 도출

그림 1-1 연구의 분석 틀

다음은 이 연구의 진행 절차에 따른 구체적인 자료 수집 방법이다.

표 1-1 해외홍보 업무 전문가 심층 인터뷰 개요

구분	내용
조사 주제	해외홍보의 상황분석, 문제점, 공중 니즈 파악, 채널, 효과평가, 내용 및 개선안, 전달 체계 등에 관한 의견 조사
인터뷰 기간	2012년 9월 4일~2012년 9월 12일
인터뷰 대상자	해외문화홍보원 소속 직원(2012년 9월 4일)
	한국국제교류재단 소속 직원(2012년 9월 6일)
	국가브랜드위원회 소속 위원(2012년 9월 8일)
	외교통상부 소속 직원(2012년 9월 12일)

첫째, 우리나라의 해외홍보 현황을 파악하고 분석하기 위해 해외홍보 현황에 관한 각종 정책자료 및 정부백서, 해외홍보 관련 법·제도, 해외홍보 관련 선행 연구를 비롯한 학술자료, 해외 사례 문헌을 검토했다.

둘째, 해외홍보 업무와 관련된 주요 행정기관 전문가들을 대상으로 심층 인터뷰를 진행했다. 이를 통해 해외홍보의 상황분석, 문제점, 공중 니즈 파악, 해외홍보의 채널, 효과평가, 해외홍보의 내용 및 개선안, 해외홍보의 전달 체계 등에 관한 의견을 조사했다(<표 1-1> 참조).

셋째, 해외홍보 업무와 관련된 전문가들을 대상으로 설문조사를 실시했다. 전문가 심층 인터뷰와 마찬가지로 해외홍보의 상황분석, 문제점, 공중 니즈 파악, 해외홍보의 채널, 효과평가, 해외홍보의 내용 및 개선안, 해외홍보의 전달 체계 등에 관한 의견을 조사했다. 그리고 해외홍보의 서비스 통합 대안에 대해 계층분석적 의사결정(이하 AHP 분석) 분석을 실시했다.[2] 설문조사는 2012년 8월 28일~2012년 9월 14일까지 진행되었으며, 설문 수집은 방문조사와 이메일로 설문지를 배포하여 회수했다. 설문의 표본 크기 및 유효 표본을 살펴보면, 총 32부의 설문지를 배포하여 모두 회수되었으나 1부는 불성실하게 응답하여 이를 제외한 총 31부를 가지고 분석을 실시했다.[3]

이 연구의 설문 구성 및 문항을 살펴보면, 상황분석 및 문제점 발견 9문항, 공중 니즈 파악 3문항, 해외홍보의 채널 3문항, 효과평가 3문항, 해외홍보의 내용 7문항, 해외홍보의 개

2) AHP 분석과 관련된 연구 방법은 제5장 제2절에서 자세히 살펴본다.

3) AHP를 활용한 분석의 경우, 충분한 응답자 수를 확보하여 통계적 추론의 타당성을 높이는 것도 중요하지만 응답 대상의 적절성이 더욱 중요하다. 이 연구의 경우 설문조사 대상은 해외홍보 업무와 관련된 전문가들이며, AHP를 적용한 선행 연구에서는 조사 대상을 10인 이상의 전문가가 참여한다면 유효한 결과를 얻을 수 있는 것으로 조사되었다(권기헌, 2009; 정승준·한범수, 2006).

표 1-2 해외홍보 업무 전문가 설문조사 개요

구분	내용
조사 주제	해외홍보의 상황분석, 문제점, 공중 니즈 파악, 채널, 효과평가, 내용 및 개선안, 전달 체계 등에 관한 의견 조사
설문조사 기간	2012년 8월 28일~2012년 9월 14일
설문 수집 방법	방문 조사 및 이메일 조사
설문 대상자 (표본 크기)	- 해외홍보 업무 관련 행정기관 소속 직원: 23명 - 해외홍보 업무 관련 교수 및 연구원: 8명

* 주: 이 연구의 설문 대상자들이 속한 행정기관으로는 해외문화홍보원, 국가브랜드위원회, 한국국제협력단, 문화체육관광부, 외교통상부, 한국국제교류재단 등임.

선안 2문항, 해외홍보의 전달 체계 9문항, 인구통계학적 질문 6문항으로 구성되었다(<표 1-3> 참조). 또한 설문 분석을 위해 이 연구는 SPSS 15.0 for Window 통계 프로그램과 Microsoft사의 Excel 2010 프로그램을 사용했다.

표 1-3 설문 구성 및 문항

설문 구성 및 문항 내용		문항 수
상황분석 및 문제점	해외홍보를 위한 활동, 해외홍보의 문제점, 해외홍보 기관의 강점과 약점, 기획 및 실행의 어려움과 문제점, 한국의 이미지 등	9문항
공중 니즈 파악	해외 기관들이 선호했던 홍보 영역, 콘텐츠, 정책 서비스에 관한 의견, 해외 미디어나 해외 공중의 반응이 좋지 않았던 콘텐츠, 행사, 정책 서비스 등에 관한 의견	3문항
해외홍보의 채널	해외홍보 시 주로 활용하는 채널, 효과적인 채널이나 방법, 해외 언론 매체와의 관계 구축 어려움 등에 관한 의견	3문항
효과평가	조직의 홍보 효과 평가 시스템, 정부부처 홍보평가 시스템의 문제, 효과평가의 잣대 등에 관한 의견	3문항
해외홍보의 내용	문화홍보 중심의 홍보접근 방식 및 장점/문제점, 문화홍보 중심의 접근 방식 개선, 정책홍보의 효과성 및 장점/문제점 등에 관한 의견	7문항
해외홍보의 개선안	정책홍보의 효율성과 서비스 품질 향상을 극대화하기 위한 수단, 정책홍보의 브랜드 대상 등	2문항
해외홍보의 전달 체계	협력관계 유지 여부, 서비스 중복의 심각성, 해외홍보의 보완점, 다른 기관과의 연계 및 협력의 필요성, AHP 설문 등	9문항
인구통계학 질문	성별, 연령, 소속기관과 근무연수, 직위 및 직급, 담당 국가와 업무 영역, 해외 파견 근무 경력 등	6문항
합계		42문항

제 2 장 해외홍보의 의의와 전략

제 2 장 해외홍보의 의의와 전략

제 1 절 해외홍보의 의의

PR(Public Relation) 혹은 홍보의 실행이란 조직체와 그 대상이 되는 공중 사이의 상호 이해와 신뢰를 지속하고 수립하기 위해 계획된 지속적인 노력으로 정의 될 수 있다. 즉, 일방향적, 위계적, 지시적인 공보 형태가 아닌 상호 교환 및 공유 체계의 발전을 통해 상호 가치의 증진과 이해를 도모하는 일련의 가치 배분 과정이라고 볼 수 있다. 예를 들면, 행정과 정책학 범위에서의 행정홍보(PR)는 행정기관의 다양한 대내적 활동과 정책을 관계 주민들의 협조와 참여 속에 효율적으로 집행, 달성하기 위해 해당 기관의 시책이나 방침, 계획과 관련된 각종 정보를 사전에 전달하고 이에 대한 반응을 흡수하여 정책에 반영하도록 하는 제반 커뮤니케이션 활동으로 정의할 수 있다.

연구적 시각에서는 행정PR 전문성 연구의 흐름을 크게 다음의 다섯 가지 주제로 요약할 수 있다.

첫째, 정책PR의 효율성 제고 방안에 대한 연구

둘째, 행정PR 실무자들의 인식에 대한 연구

셋째, PR 프로그램 및 평가 개발에 대한 연구

넷째, 홍보정책의 변천 과정 비교분석 연구

다섯째, 한국 정부의 행정PR 전문성과 변화 과정에 대한 연구

특히 홍보조직 내부적 관점에서 홍보 담당자의 역할은 홍보 조직 및 홍보 체계의 개선에 중요한 선행 변수라고 정의할 수 있다. 즉, 행정PR의 구조적, 효율성 제고와 관련하여 박종민(2001)의 연구는 PR 실무의 전문성 차원에서 기업PR 실무자들과 정부 실무자들 간의 인식의 차이를 연구했다. 한국에서의 PR 실무의 전문성을 여섯 가지 요인, 즉 급료와 기회의 평등, 조직의 목표를 향한 관리력과 기술력, 교육훈련 및 인가/자격증, 연구조사 능력, 윤리적 지침 및 조직 내에서의 PR/홍보의 역할 등을 추출해 이에 대한 PR/홍보 담당자들의 인식 차이를 분석했다. 그 결과 기술적인 면에 대해 전문성 기준이 존재한다고 평가한 반면 지속적인 교육과 훈련 및 급여 문제에 대해 부정적 인식이 강했고, 기업 정부 PR 실무자들은 PR 실무자들보다 사회조사연구 방법의 중요성을 느끼고 있는 반면 PR을 단순히 기술적 차원의 문제로 인식하고 있음도 알 수 있었다.

박현순 외(2005)는 국정 홍보조직과 기능에 대한 정책홍보 담당자의 인식 및 평가 연구에서 공무원들의 PR 마인드 부재, PR의 개념, 역할, 필요성 등에 대한 기본 인식의 부재, 인력 부족, 홍보 기획 및 전략에 대한 전문 지식의 부재와 업무 과다로 인한 효과적인 PR전략 수행의 어려움 등을 서술했다.

행정PR의 중요성이 강조됨에 따라 학술적 연구도 증가하게 되었는데(조정열, 2004; 박현순·문철수·박주연, 2005; 이두원, 2005; 신호창·이두원·김정선, 2006; 차희원·김영욱·신호창, 2005; 이완수·조정열, 2007; 이명천·김정현·김요한·김지혜, 2008; 한응수, 2009; 박동진·정연구, 2010) 이에 따른 행정PR의 연구 주제도 다양화되었다. 특히 행정PR 실무자들의 전문성, 효율적인 정책PR의 조건, 국정홍보 조직의 기능에 대한 연구들은 이 해외홍보 체계 발전 방안 연구와도 밀접한 관련이 있어 적극적으로 참고해 볼 만한 가치가 있다고 판단된다.

이러한 홍보의 개념과 범위, 그리고 발전 방향의 맥락에서 정부 해외홍보/PR을 정의하면, 국가의 행정, 정책, 제도를 중심으로 관련된 각종 정보와 발전 내용들을 대외적으로 홍보, 전달, 전파하고 이에 대한 반응성과 수용성을 측정하여 국가 브랜드화 전략에 적극적으로 반영하도록 하는 일련의 순환적 커뮤니케이션 활동으로 파악할 수 있다. 따라서 해외홍보/PR의 추진 체계 개선전략은 국가 이미지와 국가 브랜드 형성 및 제고를 위한 필수적 과제라고 할 수 있다. 이 연구는 우리나라의 국가 브랜드를 제고하기 위해 행정, 정책, 제도의 선진적 측면에서 홍보의 내용과 브랜드화 전략을 연구하고자 한다.

1 해외홍보의 개념

지구촌 시대를 맞이하면서 국제사회는 갈수록 복잡화, 다원화되어 가고 있다. 그로 인해 세계 속의 한 국가로서의 정치, 경제, 사회, 문화적인 행위는 다른 국가 또는 국가 간의 상황, 그리고 정치, 경제, 사회, 문화의 세계적인 패러다임의 흐름을 고려하지 않을 수 없다. 더군다나 이러한 국제사회의 다원화 현상은 정보의 세계화 현상으로 더욱 가속화되는 추세이다. 이러한 국제적인 요소의 변화로 인해 국가 간 커뮤니케이션의 중요성이 두드러지게 되었다.

지구촌 시대, 국제화 시대를 맞이하면서 한 국가가 국제사회에서 생존하고 발전해 나가기 위해서는 주변 국가들과의 원만한 관계가 필수적이며, 이는 국가 경쟁력을 강화시키고 국제사회에서 자국의 위상을 높임으로써 가능할 것이다. 그리고 이를 위해 필요한 것 중의 하나가 해외홍보이다.

해외홍보의 개념에 대해 정의한 학자들의 견해는 다음과 같다. 서정우(1976)는 해외홍보를 "외국인을 주요 대상으로 하는 대외 홍보의 한 유형으로써, 광고, PR, 선전의 방법을 통해 국가 간의 관계 개선을 목적으로 하는 설득적 커뮤니케이션"이라고 정의했다. 윌콕스(Wilcox, 1992)는 해외홍보를 "각국의 정부나 기업이 국제 구성원을 대상으로 상호 호혜적인 커뮤니케이션 시스템을 조직하고 관리하는 것"이라고 정의했다. 보탄(Botan, 1992)은 해외홍보를 다문화 간 PR(intercultural PR)이라고 하면서, 각 나라의 법적·정치적·역사적 맥락과 국가 발전 정도의 조합에 의해 형성되는 특성에 관한 국가 간 소통 과정이라 했다. 또한 탁재택(2002)은 "국가 차원에서 국제사회 구성원들을 대상으로 이미지 관리, 신뢰도 제고, 이해도 증진, 갈등 조정 등을 위해 행하는 제반 커뮤니케이션 관리 기능"을 해외홍보라고 정의했다.

국제 PR협회는[1] 해외홍보의 개념으로 "국제 간에 어떤 홍보 주체가 어떤 홍보 메시지를 가지고 어떤 홍보 매체를 통해 어떤 홍보 객체와 상호작용을 하여 어떤 홍보 효과를 발휘하는 일련의 상호 호혜적 커뮤니케이션"이라 했다.

Public Relations는 정부와 기업을 비롯한 많은 조직이 공중과 쌍방향 커뮤니케이션을 통해 상호 신뢰와 상호 호혜적인 관계를 구축하고 유지하여 명성 제고 및 브랜드 관리 등과

1) http://www.ipra.org/(검색일: 2012.7.20).

같은 조직의 목적을 달성하고자 실행하는 일련의 커뮤니케이션 과정이다.

현대의 Public Relations는 기존의 마케팅 기본 요소인 4P(Product, Price, Place, Promotion) 중 프로모션에 속하는 하나의 전술이 더 이상 아니다. 마케팅 석학인 코틀러(Philip Kotler)는 기업은 기존의 4P가 아니라 Public Relations이 더해진 5P(4P+Public Relations)를 효과적으로 관리해야 살아남을 수 있다고 강조했을 정도로 Public Relations는 기업 경영의 큰 축을 차지하고 있다. 5P에 해당하는 Public Relations는 실행 주체에 따라 정부PR(공공정책PR), 기업PR, 비영리단체PR, 병원PR, 대학PR 등으로 구분할 수 있고, PR 대상에 따라 직원 관계(Employee Relations), 미디어 관계(Media Relations), 소비자 관계(Customer Relations), 투자자 관계(Investor Relations, Financial Communication), 국제PR(International PR), 기부자 관계(Donor Relations) 등으로 구분할 수 있다. 이외에도 쟁점 및 위기관리, 공공건강 캠페인, 마케팅PR, 언론 대행(Press Agentry), 엔터테인먼트 PR, 로비 등이 Public Relations 영역에 해당된다.

Public Relations의 다양한 영역 가운데 정부PR(또는 행정PR, 국정홍보, 공공정책 PR로 명명)는 정부가 주요 공중을 대상으로 정부의 주요 정책에 대한 정보를 제공하고 이해를 구함으로써 공중 합의(public consensus) 형성 과정을 거쳐 정책을 효율적으로 실행하고 입안할 수 있도록 하는 제반 커뮤니케이션 전략과 활동을 말한다.

신호창(1999b)은 정부PR을 마케팅 관점에서 커뮤니케이션에 의한 국가 경영 전략으로 정의 내렸다. 즉, 정부도 국민에게, 나아가 세계인을 향해 국가의 상품과 능력을 적극 알리는 마케팅 활동이 필요하며, 이때 정부가 취하는 마케팅이 국정홍보라고 정의한다. 국정홍보란 마케팅 관점에서 국가의 대내외 정책을 가장 효과적으로 입안하고 이를 효율적으로 수행하도록 하는 커뮤니케이션 전략을 의미한다.

이를 종합하면 해외홍보의 목적은 국제 소통의 주체들에게 자국의 정치, 경제, 사회, 문화 등을 알림으로써 자국에 대해 긍정적인 이미지를 갖게 하고, 이를 통해 상호 호혜적인 관계를 구축함으로써 원활한 국제 커뮤니케이션을 유지하도록 하는 데 있다.

2 해외홍보의 기능

해외홍보는 다른 나라를 대상으로 하는 설득적 커뮤니케이션(서정우, 1976)이므로 국가의 다차원적 요소들을 결합시킴으로써 국가의 목적을 대외적으로 알림과 동시에 이를 달성할 수 있게 한다. 이를 위해서는 우선 긍정적인 국가 이미지의 확산이 선행적으로 필요한데, 이 역시 해외홍보의 기능이라 할 수 있다.

탁재택(2002)은 해외홍보의 기능을 국가의 이미지 관리, 신뢰도 제고, 이해도 증진, 갈등 조정이라고 보았다. 특히 이 연구에서는 분단이라는 한국적 특성에 맞춰 평화적인 국가 이미지 제고를 위한 기능을 제시하고 있다.

해외홍보의 기능을 정치적, 경제적, 문화적 차원에서 규정한 연구도 있다(전민향, 2001). 이에 따르면 정치적 차원에서는 국가 간 이해 관계를 증진시키기도 하며 또한 국가 간에 야기된 갈등을 해소하기도 한다. 나아가 국가 간 호의를 형성하여 협력 증진 분위기를 조성하며, 국제안보 관계 증진 기능을 하여 평화적인 국제 정세 형성을 일조하기도 한다. 경제적인 측면에서는 자국기업의 해외 신출, 진출 기업 이미지 제고 등을 통해 해외 마케팅 분위기를 조성하고 해외 현지 시장의 개척 및 후속적인 해외 진출을 위한 통로로서 기능하기도 한다. 문화적인 측면에서는 자국문화를 해당 국가에 침투시켜 자국문화의 확산에 기여한다.

3 해외홍보의 의의 및 중요성

현대 사회에서 국가 간의 물류와 정보, 사람의 이동이 가속화되고, 무엇보다 정보의 흐름이 가속화되면서, 이로 인한 국가 간의 문화 교류가 더욱 빈번하게 발생하고 있다. 특히 K-Pop과 드라마 등 최근 한류 열풍으로 인해 한국 문화의 명성과 지위가 향상되고 있는 우리나라의 경우 해외홍보의 중요성은 점점 더 커지고 있다.

해외홍보는 국가경쟁력을 향상시키고 국제 무대에서 자국의 위상을 높임으로써 급변하는 국제환경 속에서 국가가 생존하고 발전해 나가기 위해서 꼭 필요한 것 중의 하나이다.

이에 따라 한국의 해외홍보 역시 시대적 요구에 부응하여 국제경쟁력 강화와 자국의 위상을 높이는 방향으로 그 목표와 방법이 변환되어야 할 것이다. 특히 정보의 유입과 유출이 빠르고, 국제 시장에서 해외 의존도가 높은 우리나라의 경우 국제 환경의 변화에 따른 적극적이고 능동적인 해외홍보의 방안 및 개선이 필요하다. 또한 분단국가라는 특성상 국제정세의 안녕과 평화에 대한 노력을 강조함으로써 이에 따른 국제 안보를 위한 해외홍보의 제도 개선도 한국적 맥락에서 필수적이라 하겠다.

제 2 절 국가 이미지와 국가 브랜드

1 국가 이미지

한 국가의 이미지와 브랜드는 다양한 요소, 예를 들면 제품, 국민, 사회 시스템, 역사, 제도, 문화 발전, 사회 안전성, 민주주의 등의 내용들을 통해 형성된다고 볼 수 있다. 국가 이미지를 특정 영역에 국한하는 것이 아니라 전반적인 국가 자체의 이미지에 대한 총체적 차원으로서의 접근 시각에서 나운봉 · 손영석 · 김희진(1997)은 국가 이미지란 국가가 이미지 형성의 대상이 되는 경우에 어떤 국가에 대해 사람이 갖는 다양한 정보를 바탕으로 형성된 종합적이고 복합적인 심상이라고 정의했다.

국가 이미지에 대한 학자들의 개념 정의를 보면 다음과 같다.

신호창(2001)은 국가 이미지를 "해외 공중의 한국에 대한 평가"라고 하며, 국가 이미지는 우리가 결정하는 것이 아니라고 했으며, 김명전(2006)은 국가 이미지는 "특정 국가에 대해 갖는 총체적 인식으로서 그 나라의 역사, 정치, 문화, 외교, 경제, 사회 및 예술적 요소가 복합적으로 작용하고, 이에 대한 내국인과 외국인들의 평가가 종합적으로 반영됨으로써 형성된다"고 했다. 신호창(1999b)은 "특정 국가에 관한 다양한 정보(정부, 경제, 사회, 문화 등에 관련된 것)를 바탕으로 형성된 종합적이고 복합적인 심상"이라고 국가 이미지를 정의했다. 마틴과 에로글루(Martin & Eroglu, 1993)는 국가 이미지를 "사람이 어떤 특정한 국가에 대해 가지고 있는 기술적, 추론적, 정보적 차원의 신념"이라고 규정했다. 서울대학교 언론정보연구소의 연구(서울대학교, 1996)에서는 "그 나라 국민 중 어느 특정한 개인에 대한 이미지나 전체적인 국민의 이미지, 정부 이미지, 기업 이미지, 상품 이미지 등 여러 가지 차원이 복합적으로 얽혀서 형성되는 심상"을 국가 이미지라고 정의한다. 또한 모피트(Moffitt, 1994)는 국가 이미지를 다차원적인 과정이라고 보면서, 조직적 · 개인적 · 역사적 · 문화적 요인에서 각기 다른 이미지를 가진다고 했다. 이러한 여러 주장을 종합해 볼 때 국가 이미지란 특정 국가에 대해 사람들이 지니는 신념, 인상 등의 집합이자, 인지적 · 감정적 · 행동적인 면을 모두 포함하는 개념이라고 할 수 있을 것이며, 특정 국가에 대한 사람들의 종합적이고 복합적인 심상이라 할 수 있다(이창현, 2011: 35-36 재인용).

국가 이미지는 해당 국가의 대표적인 제품이나 국가의 특성, 경제적 및 정치적 배경, 역사

표 2-1 국가 이미지 구성 요소

연구자	국가 이미지 구성 내용
Nagashima(1970)	제품, 국가 특성, 경제환경, 정치환경, 역사, 전통
Han & Terpstra(1998)	기술적인 진보, 명성, 작업 역량, 경제
Roth & Romeo(1992)	혁신적, 디자인, 명성, 기술
Martin & Eroglu(1993)	경제 성장, 민주화 수준, 대량생산 능력, 시민정부, 산업화 정도, 노동 비용, 문맹률, 시장자유화 수준, 복지 수준, 경제 안정성, 농산물의 자급도, 제품의 질, 삶의 수준, 기술적 연구 수준
한충민(1993)	문화 발전 정도, 역사와 전통, 산업화 정도, 부유한 정도, 민주화 정도, 사회적 안정성, 국민의 근면성, 국민의 교육 수준
오미영(2001)	정치적 환경, 경제적 발전, 문화적 발전, 국제 관여

* 출처: 산업정책연구원(2003)을 재인용, 수정.

및 전통과 같은 변인에 의해 형성된다(신호창, 1999a). 이규완(2001)은 국가 이미지 형성 요소로서 국민성, 정치 · 경제 · 사회적 특성, 문화, 자연환경, 상품, 우리나라와의 관계를 들고 있으며, 손영석(1994)은 국가 이미지 형성 요소로서 문화 발전, 역사와 전통, 산업화, 부유한 정도, 민주화 정도, 사회 안정성, 국민의 근면성, 국민의 교육 수준을 제시하고 있다. 김용상(1999)은 국가 이미지 구성 요인을 문화 요인, 정치 요인, 경제 요인, 사회 요인, 인간 요인, 제품 요인, 자연 요인 등 일곱 가지 요인으로 분류하여 다양한 요소를 제시하고 있다. 국가 이미지 구성 요소에 대해 연구한 결과를 보면 <표 2-1>과 같다.

긍정적인 국가 이미지 구축의 효용은 다음과 같다. 국외적으로 정치적 차원에서 좋은 국가 이미지는 국가의 위상을 높여주고, 외국과의 교류활동 증대에 기여한다. 국내적으로 사회문화적 차원에서 자국민의 결속력을 증대하고, 사회 통합 및 갈등 해소에 기여할 수 있으며 선진적인 문화환경을 조성하는 데 도움이 된다.

국가브랜드위원회 출범 이후 한국의 국가 이미지 개선활동은 중앙집중식의 체계적인 관리가 구체적으로 실행되고 있다. 이전의 국가이미지제고위원회의 활동과 비교할 때, 세부적인 실행이나 프로그램의 다양성 측면에서 긍정적으로 평가할 수 있다. 또한 기존의 외형적 홍보활동에 치중한 국가 이미지 제고 활동의 한계를 극복하고, 한국의 부정적인 이미지를 유발하는 실체 개선 활동과 한국을 바로 알리기 위한 커뮤니케이션 활동이 병행되고 있다는 점은 국가 이미지 개선의 효과적이고 효율적인 방법이라고 판단된다. 하지만 이러한 국가브랜드위원회(정부) 중심의 중앙집중식 국가 이미지 제고 활동으로 민간, 특히 기업과 국민의 참여가 미약하다는 점은 현재의 국가 이미지 제고 활동이 부정적으로 평가될 수 있는 부분이다. 국가 이미지와 관련한 업무를 민간 자율에 맡기고 정부의 역할을 부차적인 지원 기능에 국한할 것인지, 아니면 정부에 선도적 역할과 기관 간 조정 기능을 부여할 것인지에 대해서는 여러 견해가 있을 수 있다. 현재 한국에서 국가브랜드위원회의 출범 이후 정부 주도의 국가 이미지 제고 활동은 정치적인 영향 요인으로 말미암아 지속하기 어려운 근본적인 한계가 있다. 따라서 국가 이미지 관리는 궁극적으로 민관 합동 주도의 조직적 노력이 중요하다. 앞으로 국가 이미지 관리 체계에서 민간 영역의 참여를 권장할 수 있는 고려와 지속적인 운영이 가능할 수 있는 대안 마련이 필요할 것으로 판단된다.

2 국가 브랜드

브랜드란 상표, 즉 특정 메이커의 상품이라는 것을 명시하기 위한 명칭이나 표지를 의미한다(한국언론진흥재단).[2] 이러한 브랜드의 기능은 상품 또는 서비스의 품질을 보증하는 것으로 오늘날에는 다른 상품, 다른 서비스와의 차별화 전략의 일환으로 사용되고 있다(한국언론진흥재단).[3] 이러한 개념을 국가에게로까지 확장시킨 것이 국가 브랜드라 할 수 있다. 김유경(2007)은 국가 이미지를 "국가 혹은 국민에 대해 사람들이 갖고 있는 다양한 정보를 바탕으로 형성되는 일반적인 인식 또는 믿음"이라고 말하면서 국가 브랜드에 대해서는 이러한 국가 이미지를 마케팅 관점에서 재활성화하는 과정에서 다양한 분야에 걸쳐 형성되는 인식과 태도의 총합이라고 정의한다. 각 국가는 역사적 경험으로부터 축적된 정치 · 경제 · 사회 · 문화적 요소들의 결합으로 그 국가만의 독특한 특성을 지니고 있다. 해외 소비자들은 그러한 인식을 바탕으로 국가에 대한 이미지를 형성하고, 그 이미지를 통해 그 국가의 행동을 해석한다(Anholt, 2003). 그러나 이러한 인식은 복합적이고 총체적인 이해를 통한 것이라기보다, 단편적인 이미지로 각인될 가능성이 크다. 또한 이러한 단편적인 이미지조차 문화적 차이, 편견, 오해 등으로 왜곡되었을 경우(Anholt, 2003), 그 국가를 구성하고 있는 구성 요소와 해당 국가에 대한 전반적인 그릇된 인식이 확대 해석될 것이다. 그러므로 국가 이미지는 관리를 필요로 한다.

국가 브랜드는 국가 경쟁력을 강화하기 위해 국가를 하나의 브랜드로 인식하고 이를 국

---

2) 한국언론진흥재단 홈페이지, www.kpf.or.kr. (검색일. 2012.7.25).
3) 한국언론진흥재단 홈페이지, www.kpf.or.kr. (검색일. 2012.7.25).

가 브랜드 인지도, 국가 브랜드 이미지, 국가 브랜드 로열티 등의 국가 브랜드 자산을 구축하는 활동이라 할 수 있다(김정탁, 2003). 이 중에서 가장 핵심적인 것은 국가 브랜드 이미지라고 할 수 있는데, 이는 사람들의 인지와 심상에 존재하는 어떤 무형의 자산으로, 유형적 자산을 통해 얻어진 가치 이상을 포함하고 있기 때문이다(김정탁, 2003).

국가 브랜드 이미지 향상에 많은 국가가 노력을 기울이는 이유는 그로 인해 얻는 이익이 매우 크기 때문이다. 국가 브랜드 이미지가 개선된다면 관광객 유치, 내부 투자 활성화, 수출 증대라는 주요 목표의 달성이 쉬워질 것이며 또한 자국민의 자신감, 긍지, 조화, 꿈, 내부 결속을 향상시킴으로써 통화 안정, 국제 신용 회복, 투자 확산, 국제 신용 등급 상향 조정, 정치 영향력 향상, 국제 파트너십 강화, 국력 신장이 될 것이다(Temporal, 2005). 특히 경제적으로 수출 비중이 크고, 정치적으로 내외 영향을 많이 받는 한국은 국가 브랜드 이미지 향상의 의의가 더 클 것이다.

국가 브랜드 이미지 향상을 바탕으로 국가 브랜드 가치 상승에 따른 효과는 <표 2-2>와 같다. 김정탁(2003)에 따르면 국가 브랜드 가치 상승에 따른 효과를 정치적, 경제적, 사회문화적 차원으로 살펴볼 수 있다. 정치적으로는 자국의 위상을 높이고, 외국과의 원활한 교류활동을 수행하는 데 기여할 수 있다. 경제적 차원에서 자국 제품의 브랜드 가치를 향상시킴과 동시에 자국 제품의 경쟁력을 강화시킨다. 사회문화적 차원에서는 대내적 효과를 확인할 수 있는데, 국민의 결속력을 증대하고, 사회통합 및 갈등 해소에 기여하며, 선진적인 문화환경을 조성하는 데 도움이 된다. 이를 통해 궁극적으로 국가경쟁력을 강화하는 것이

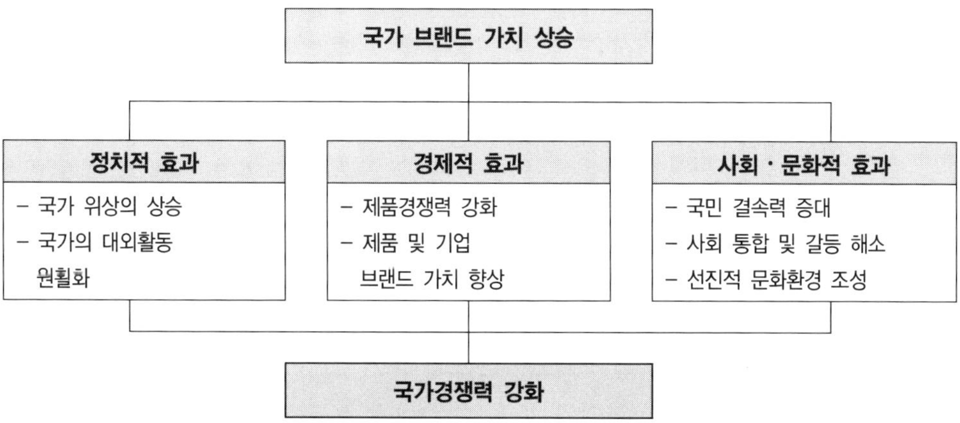

그림 2-1 국가 브랜드 가치 상승 효과

출처: 김정탁(2003).

국가 브랜드 가치 상승에 따른 효과이자 목적이다. 특히 경제적으로 수출 비중이 크고, 정치적으로 대외 영향을 많이 받는 한국은 국가 브랜드 향상의 의의가 더 클 것이다.

3 국가 브랜드 지수조사 결과로 본 우리나라 해외홍보 현황과 한계 및 시사점

한 국가에 대한 인지도 · 호감도 · 신뢰도 등 유형, 무형의 가치를 총합하여 이것을 지수화한 것을 국가 브랜드 지수라 한다. 이는 일종의 국가경쟁력을 나타내는 중요한 요소로 인식되고 있다. 대표적 평가지수는 국가 브랜드 지수를 만들어 낸 안홀트(Simon Anholt)가 고안한 안홀트-NBI를 들 수 있다. 국가 브랜드 지수는 국민성, 정부 통치, 수출, 문화 · 유적, 관광 · 여행, 이민 · 투자 등을 종합적으로 측정하여 평가한다. 안홀트는 "한 나라가 관광객을 끌어들이고, 외국인 투자를 유치하고, 상품을 팔리게 하고, 정치적 동맹을 만들어 내는 것 모두에 국가 브랜드가 영향을 미친다"고 말한 바 있다. 한편, 국가 브랜드가 국가 위상, 국민, 상품, 기업에 대한 평가에 지대한 영향을 미친다는 인식에 따라 국가적 차원에서 이를 체계적이고 종합적으로 전략화 및 관리할 목적으로 2009년 1월 22일 대통령 직속의 국가브랜드위원회가 설치되었다. 국가브랜드위원회에서는 삼성경제연구소가 공동 개발한 국가 브랜드 지수를 경제/기업, 과학/기술, 인프라, 정책/제도, 전통문화/자연, 현대 문화, 국민 등의 항목을 실체와 이미지 부분으로 구분하여 매년 조사 발표하고 있다.

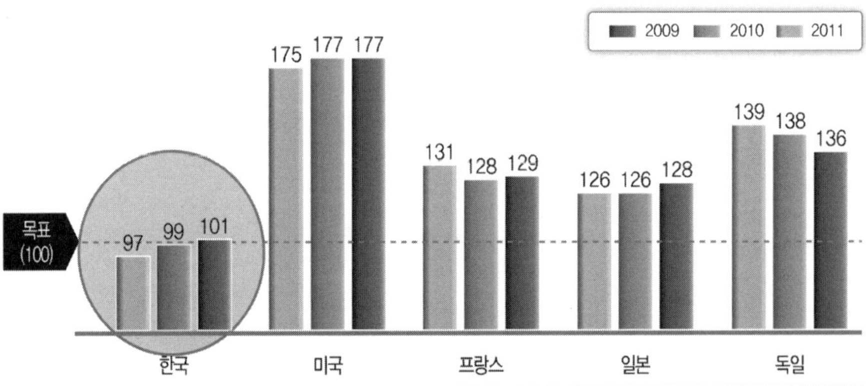

그림 2-2 실체 OECD 평균 도달률

출처: 삼성경제연구소(2012)(http://www.seri.org).

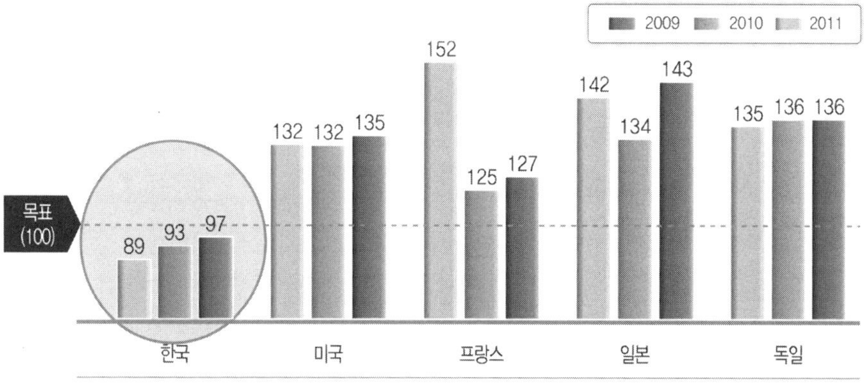

그림 2-3 이미지 목표 도달률

출처: 삼성경제연구소(2012)(http://www.seri.org).

제 3 절 행정 마케팅과 홍보

1 국가 해외홍보의 필요성 및 문제점

앞장에서 살펴보았듯이 해외 국가 브랜드 지수의 제고는 국가경쟁력 강화를 위해 매우 필요하다. 국가 브랜드 지수는 단순한 국가 이미지뿐만 아니라 경제/기업, 과학/기술, 인프라, 정책/제도, 전통문화/자연, 현대 문화, 국민 등 다양한 분야에 대한 평가를 통해 이루어진다. 이에 국가 브랜드 지수를 상승시키기 위해서는 문화홍보를 비롯해 한 국가의 다양한 영역에 대한 적극적인 해외홍보가 시급한 상황이다.

현재까지 우리나라의 해외홍보는 주로 문화홍보에 치우쳐 온 경향이 있다. 하지만 국가 브랜느 지수 항목에서도 볼 수 있듯이 국가 해외홍보는 교육이나 문화 교류 등에 머물러서는 안 되며 다양한 영역에 대한 홍보를 통해 교역 증진 활성화와 국가경쟁력 제고를 목표로 해야 한다. 한국의 국제 정치, 경제, 사회, 문화적 맥락에서 국가 브랜드를 체계적으로 관리해야 한다.

현재 우리나라의 해외홍보는 주로 문화체육관광부의 해외홍보원이 담당하고 있다. 유관

기관으로 외교통상부 산하의 국제교류재단, 교육과학기술부 산하의 국립국제교육원, 문화체육관광부 산하의 한국문화예술진흥원 등이 해외홍보 서비스를 전달하고 있다. 또한 대통령 소속 자문기구인 국가브랜드위원회는 국가 브랜드를 제고하기 위한 정책기획 및 사업의 총괄 조정을 담당하고 있다. 현재, 국가브랜드위원회는 문화 유산 및 관광산업에 특화하여 세계문화유산 신규 등재 추진사업, 한식 세계화 사업, 문화행사(K-Pop 공연, 궁중혼례 재현)를 개최하고 있다.

이처럼 기존의 해외홍보는 주로 문화홍보에 주력해 왔다. 하지만 최근 세계 금융위기 및 유럽 재정위기 등으로부터 흔들리지 않는 국제적 경제적 위상을 유지하기 위해서는 정치·경제·사회적인 국가 정책에 대한 해외홍보를 통해 국가 신뢰도와 위상을 높여야 한다.

국가 브랜드 가치가 상승함으로써 얻을 수 있는 경제적 효과로는 원산지 효과 획득 가능, 해외시장에서의 경쟁력 증대, 기업 및 상품 브랜드 가치 상승, 브랜드 인지도 상승, 고유 브랜드 수출 가능, 세계 일류 상품의 고가화 가능, 한국 관광 여행 촉진, 외국인 투자 유치 증가를 들 수 있다(산업정책연구원, 2003).

또한 국가 브랜드 가치가 상승함으로써 국민 결속력 증대, 사회 통합 및 갈등 해소, 선진적 문화환경 조성 가능과 같은 사회적 효과를 거둘 수 있다. 이와 더불어 국가 위상의 상승과 국가의 대외 활동 원활화와 같은 정치적 효과도 기대할 수 있다(산업정책연구원, 2003).

이 밖에도 해외 정책홍보를 통해 견실한 국가 브랜드를 구축함으로써 통화 안정성 증가, 국제 신용 등급 향상과 투자자 신뢰 회복, 국제 정치력 강화, 환경과 인권 문제에 관한 부정적 시각 해소, 부패와 편파에 대한 논란 일소, 세계시장 접근 용이성, 세계 경쟁 기업을 물리치고 자국 시장을 지킬 수 있는 능력 향상 등의 목적을 달성할 수 있다.

경제 해외의존도가 높은 한국의 경우 글로벌 경제 위기 상황에 대비하기 위해서는 한국의 정치·경제적 정책의 투명성 확보와 한국의 경제적 강점 및 비전 등에 관한 다양한 정보를 정확하게 제공하고, 효율적인 정치·경제 정책에 대한 해외홍보를 체계적으로 시행함으로써 국가적 신뢰도를 높여야만 한다.

하지만 해외홍보의 중요성을 절감하고 해외홍보에 주력하는 선진국과는 달리 한국의 경우 해외 정책홍보를 전담하는 기구나 체계가 상당히 미흡한 실정이다. 미국의 경우 자국의 해외 이미지를 개선하고 외교정책의 메시지를 정확하게 전달하기 위해 2002년 8월 백악관 내에 세계공보국(Office of Global Communication)이라는 대통령 직속 기관을 신설하고 홍보예산을 증액했다. 일본, 프랑스, 독일 등도 해외홍보에 주력하고 있다.

이와 같은 글로벌 국가PR 전쟁 속에서 국가 품격을 제고하고 국가 신뢰도를 높이기 위해서는 지금까지 분산되어 있던 해외 정책홍보 기능을 통합하고, 체계적인 시스템을 구축함으로써 효율적인 해외 정책홍보 활동을 모색할 필요성이 제기된다.

2 국가 해외홍보의 정의 및 영역

우리나라의 국가 해외홍보는 국가친밀도와 한국 문화에 대한 이해도 제고를 통해 적절한 국가 이미지를 형성하고 더 나아가 바람직한 국가 브랜드를 제고시키고자 전략적으로 문화홍보에 집중되어 왔던 것이 사실이다. 하지만 위에서도 언급되었듯이 앞으로는 정치 · 경제 · 사회 전반에 걸친 다각도의 국가홍보가 필요한 상황이다. 최근 들어 정부는 기존의 권위주의적이고 일방적인 정책정보 전달 방식을 벗어나 정책공중과의 소통을 통해 갈등을 최소화하고 국가 발전에 기여할 수 있는 방안을 마련하고 있다. 이러한 정부의 공공정책 PR, 정부PR은 행정학 영역에서는 행정 서비스 마케팅 개념으로 이해된다.

1970년대부터 마케팅 학자들에 의해 공공 부문에 기업의 마케팅 개념을 도입 및 적용하는 시도가 도입되었고, 1980년대 들어 행정학 분야에서도 신자유주의적 공공관리론과 시민불만족에 대한 대응 수단으로, 고비용 저효율의 정부 비판으로부터 공공 부문에 기업의 마케팅 개념을 도입한 행정 마케팅이 시작되어 우체국, 박물관, 철도청 등에 먼저 접목되기 시작했다. 이후 1990년대 글로벌 경쟁 시대의 도래로 국가 간, 지자체 간 경쟁이 심화되면서 각국의 도시와 지방정부에서 마케팅을 발전전략으로 채택하기 시작했다(이복수, 2004).

행정 서비스 마케팅은 정부 조직이 정책 고객을 만족시키는 서비스의 제공 및 이를 통한 조직 목표를 달성하기 위해 서비스의 아이디어, 가격, 촉진 및 유통을 계획하고 실행하는 일련의 관리활동으로 정의내릴 수 있다(이복수, 2004).

강병모 · 김난도(2008)는 이를 공공정책 마케팅으로 칭하며, 정책 관련자들의 욕구를 충족시키기 위한 전략적 · 단계적 · 과정적 · 종합적 · 쌍방향적 활동으로 정의 내렸다. 공공정책 마케팅은 정부 조직이 정책 공중을 대상으로 자발적인 가치의 교환에 관한 프로그램의 기획, 분석, 집행 및 통제에 관한 활동을 의미한다.

정책 마케팅을 통해 정부와 정책공중과의 관계를 촉진하기 위해 정부는 1) 정책환경에 대한 정보를 수집하고, 2) 주요 공중들이 원하는 욕구와 편익이 무엇인지를 파악해야 하며, 3) 이를 통해 공공정책 마케팅 목적과 목표를 수립하고, 4) 목표 시장의 세분화를 통해 해당 공중별 정책을 구체화시키며, 5) 공공정책 마케팅 전략을 개발하고 실행에 옮긴 후, 6)

공공정책 마케팅 실행 결과의 효과를 평가해야 한다.

이처럼 정부의 공공정책 PR에 마케팅을 결합한 접근을 소셜 마케팅(social marketing)이라고 한다. 소셜 마케팅은 정책공중을 대상으로 공익적・사회적 가치, 이념, 아이디어, 공공정책, 공공 서비스 등을 확산 및 실현시켜 정책공중의 인식, 태도 및 행동의 변화를 유도하기 위해 마케팅 개념을 도입, 실천 프로그램을 개발하고 추진 및 평가하는 활동을 의미한다. 즉, 소셜 마케팅은 제품이나 브랜드가 아닌 공공정책, 공공 서비스, 공익 아이디어, 공공 위험 및 공공 건강 등에 대한 인지, 확산, 태도 변화 및 행동 변화를 유도하기 위해 마케팅의 관점과 전략을 활용하는 것을 의미한다.

소셜 마케팅은 상업 캠페인과 달리 사회적 문제를 해결하기 위한 방안으로 공익을 목적으로 한다. 넓은 의미의 소셜 캠페인은 다양한 사회적 관습을 변화시키기 위해 설계되며 실제 공중의 변화를 목표로 한다. 소셜 마케팅의 주요 영역인 공공정책 마케팅은 대체로 다양한 이해관계자들의 이견과 갈등으로 정책 확산이 어려운 것이 현실이다. 공공정책 마케팅은 정책에 대한 이해관계자들의 이견 및 갈등을 조정하고 타협해 냄으로써 상생 관계를 구축한다는 점에서 Public Relations의 한 영역이다.

한편, 해외홍보(International PR) 또는 국제PR은 정부와 기업을 비롯한 각종 조직이 해외에 있는 주요 공중을 상대로 조직의 정체성, 정책, 제품, 서비스 등에 대해 정보를 제공하고 상호 협력 관계를 구축하며, 조직의 이미지 및 평판을 제고하여 국제사회에서의 경쟁력 확보를 목표로 하는 커뮤니케이션 활동을 의미한다.

해외홍보 영역에서 다루어지는 PR의 주체는 정부, 기업, NGO, 방송국, 엔터테인먼트사, 종교조직, 국제조직 등 다양하며, 구체적으로는 정부의 공공외교, 글로벌 기업의 PR, NGO의 해외활동, 한류를 통한 방송국의 해외 활동 등 다양한 국제 무대를 대상으로 하는 국제 PR활동이 활발하게 진행 중이다.

커틴과 게이터(Curtin & Gaither, 2007)는 해외홍보 영역을 다음과 같이 크게 4개 영역으로 구분했다. 1) 국제기관 PR(예: the United Nations, the World Bank, the International Telecommunication Organization 등)이 행하는 PR, 2) 각 정부간 PR(Inter-governmental relations), 예를 들면 외교적 승인(diplomatic recognition), 동맹 관계 형성 및 해산(alliance formation/ disintegration), 국제적 제재 및 엠바고(sanctions/embargoes) 등의 목적을 위해 각국 정부간 행해지는 국제적 PR 활동, 3) 범국가적 경제 교류를 위한 PR 활동, 예를 들면 해외 투자 및 교류(investment trading), 다국적 기업의 재정 조달(financing of multinational corporations), 4) 다른 국가 시민 간 교류를 위한 PR 활동, 예를 들면, 관광, 문화예술, 영화,

스포츠 등의 교류를 통한 PR 활동 영역을 들 수 있다(Curtin & Gaither, 2007).

이상의 정책PR과 해외홍보에 대한 정의를 기초로 정부 해외홍보의 정의를 살펴보면, 정부 해외홍보란 한 국가의 정부가 국내외 거주 해외 공중을 대상으로 국가의 정체성, 국가 정책 및 서비스, 국제 외교적 이슈들, 다양한 문화 및 조직 등에 대한 정보 교류 및 이해를 높임으로써 한 국가의 이미지와 평판을 제고하여 국제사회에서의 국가 위상 강화, 신뢰성 제고, 정치적·경제적 지지 획득 등을 목적으로 하는 커뮤니케이션 활동이라고 정의내릴 수 있다.

3 해외홍보 이론

Public Relations 학문의 이론적 틀은 커뮤니케이션학, 사회학, 심리학, 정치학, 문화인류학 등 다양한 사회과학의 원칙에 기초하고 있다. 특히 해외홍보에 관한 연구는 커뮤니케이션, 저널리즘, 경영학, 관광학, 국제외교학, 사회학 등 다양한 분야에서 유사한 연구 주제를 중심으로 이루어져 왔다.

특히 PR의 다양한 영역 가운데 해외홍보에 대한 이론적 배경으로는 지구촌 사회이론, 비교경영이론, 커뮤니케이션이론, 그리고 문화이론을 들 수 있다(오미영·신호창, 2002).

지구촌 사회이론은 맥루언(Marshall McLuhan)이 제시한 지구촌(Global Village) 개념에 의해 설명될 수 있다. 즉, 지구촌화로 인한 국제적 긴장, 혼란 및 갈등에 대비해 조직은 미래의 변화를 예측하고, 그 원인을 파악하여 조직에 대한 피해를 최소화시키는 위기관리 프로그램을 수립해야 하며, 이때 조직의 위기관리에 가장 중요한 것은 바로 커뮤니케이션을 기초로 하는 Public Relations 활동이라는 것이다(오미영·신호창, 2002).

비교경영이론은 한 문화권에서의 경영 결정이나 행동들을 다른 문화권에서 이루어지는 경영 결정이나 행동들과 비교하는 데 중점을 둔다. 조직이 효과적으로 운영되기 위해서는 탈문화적(culturc-frcc) 요소와 특정 문화 지향적(culture-specific) 요소를 모두 고려해 PR 프로그램 전략의 일반화와 특수화에 대한 지침을 수립해야 한다(오미영·신호창, 2002).

커뮤니케이션 이론 관점에서의 해외홍보는 미디어 역할의 중요성을 강조한다. 국제PR에서 특히 국가 이미지의 형성은 해외 미디어를 통해 형성된다고 해도 과언이 아니다. 인터넷과 SNS의 발달로 인해 다양한 문화 콘텐츠가 실시간으로 해외에 확산되는 장점도 있지만, 세계적인 갈등 이슈가 이해집단에 의해 국제직으로 확산되어 행동주의를 유발할 수 있는 단점도 있다. 매체의 발달로 인해 이해집단의 쟁점 부각 활동이 가능해져 국가 이익에 반대되는 사례가 속출되고 있는 시점에서 해외 공중을 대상으로 한 쟁점 및 위기관리 홍보활동이 필수가 되었다. 미디어 효과와 관련된 커뮤니케이션 이론은 국가 이미지 형성 및 제고에 시사점을 줄 수 있는 배경이 될 수 있다.

한편, 해외홍보를 설명하는 이론 가운데 지구촌 사회이론, 비교관리이론, 그리고 커뮤니케이션이론보다 연구자들에 의해 많이 채택된 이론은 문화이론이다. 문화이론은 문화와 커뮤니케이션과의 관계는 매우 밀접하기에 해외홍보를 행할 때 각 국의 다양한 문화적 차이를 고려한 PR 커뮤니케이션 활동이 필요함을 강조하고 있다. 가령 예를 들면, 스리라메시와 화이트(Sriramesh & White, 1992)는 문화의 차원에 따라 특정 사회 및 조직을 규정할 수 있다고 보고 문화와 우수한 PR(Excellence PR)과의 관계를 연구했다. 연구 결과에 의하면 문화 속성 가운데 권력 거리, 권위주의, 개인 간 믿음의 정도가 큰 문화가 우수한 PR을 행할 가능성이 높음을 밝혀냈다.

이 밖에도, 안보섭(2011)은 공공외교(public diplomacy)를 포괄적으로 정의내리며, 정부 해외홍보 활동을 포괄적 의미의 공공외교 영역과 접목시켜 이해하고 있다. 즉, 공공외교를 포괄적으로 살펴보면, "공공외교는 국제 관계에 기존의 전통적 외교를 넘어서는 범위를 포함한다. 이를테면, 1) 외국 공중들의 여론을 환기시키려는 정부의 노력, 2) 각 국가 내의 민간단체와 이익집단 간의 상호작용, 3) 외교문제의 언론 보도와 정책에 미치는 영향, 4) 외교관과 해외주재원 등 커뮤니케이션을 직업으로 하는 이들 간 의사소통, 그리고 5) 문화 간 커뮤니케이션 과정"을 포함한다(안보섭, 2011). 즉, 공공외교를 단순히 정치적·경제적 목적만을 지지하거나 옹호하는 것을 넘어서 다른 국가와 문화 간 관계를 구축하는 커뮤니케이션 과정으로 보고 있다.

안보섭(2011)은 정부외교 전략과는 별도로 정부외교로 풀지 못하는 국제적 쟁점에 대해 다양한 문화외교 주체들이 가져야 할 공공외교 전문성을 국제PR 관점의 특수성에서 살펴보았다. 해외홍보 업무 담당자 인식조사를 통해, 공공외교전문성 요인은 외교전문성, 문화존중, 미디어 협상, 관계 대화, 협력 수용, 승인 여론으로 구성됨을 밝히고, 공공외교 실무 전략을 도출하기 전 상대국이나 타국의 문화를 심도 있게 이해해야 하는 문화 중심적 접근이 필요함을 강조했다.

안보섭(2011) 외에도 많은 학자(Signitzer & Coombs, 1992; Sriramesh, Kim, & Takayashi, 1999) 역시 해외홍보를 행하는 데 커뮤니케이션 송신자와 수신자 사이의 쌍방향 커뮤니케이션을 통해 문화적 배경이 다른 공중들과의 관계 구축을 목표로 하는 문화 중심적 접근 방식을 중요하게 보고 있다.

해외홍보에 대한 문화 중심적 접근 방식은 공공외교에서 커뮤니케이션의 역할을 중요시하고 대화를 통한 해외 공중 간의 상호 신뢰를 강조하고 있다(안보섭, 2011). 문화 중심적 관점에서의 해외홍보는 국가 간 또는 다양한 문화 간 이루어지는 홍보활동 과정을 의미한다. 시그니처와 쿰스(Signitzer & Coombs, 1992) 역시 문화 중심적 접근을 기반으로 하고 있는데, PR의 4모델 가운데 쌍방향적 균형 모델(Two-way Symmetrical Model)을 통해 "해외홍보는 기업 기관 혹은 정부의 타국 공중들과 상호 이익이 되는 관계를 구축하기 위한 계획적이며 체계적인 노력"이라 정의한다.

커틴과 게이터(Curtin & Gaither, 2007)는 문화순환모델(The Circuit of Culture Model)을 제시하고 있다. 이 모델은 크게 5개 단계로 구성되어 있는 일련의 과정을 의미한다. 5개 단계는 규제(regulation), 생산(production), 소비(consumption), 표상(representation), 그리고 정체성(identity)의 과정을 의미한다. 커틴(P. A. Curtin)과 게이터(T. K. Gaither)는 모든 과정에서 각 나라의 문화적 규범, 문화적 상징과 의미, 문화 코드의 해석과 소비 등을 중요하게 생각해야 한다고 강조하며, 이 모든 과정이 해외홍보 활동에 핵심임을 강조하고 있다.

문화 중심적 접근은 참여문화 간 관계 구축 및 대화, 의미의 상호작용 과정으로, 문화 간 커뮤니케이션 능력의 '문화적 공감' 능력이 필요하다(안보섭, 2011). 한 나라 또는 한 문화권에서 성공한 PR전략과 전술이 다른 나라나 다른 문화권에서 성공한다는 보장은 없다. 따라서 국가별, 문화권역별로 각각 다른 정치・경제・사회적 차이가 존재하기에 개별 국가별 문화별 해외홍보 전략과 전술이 필요하다. 우리나라의 공공정책을 해외에 PR하는 것 역시 공공정책 관련 해외 공중들의 니즈(needs)를 파악하고, 그들에게 맞는 정책 내용을 전략적 채널을 통해 인식시키고 확산시킬 필요가 있다. 따라서 공중 세분화를 통해 각 목표공중의 만족을 최대화할 수 있는 정책을 성공적으로 실행할 수 있다.

지금까지 해외홍보에 적용되어 왔던 이론적 배경들, 지구촌 사회이론, 비교경영이론, 커뮤니케이션이론, 그리고 문화이론에 대해 살펴보았다. 이러한 이론들은 해외홍보에 대한 폭넓은 이해를 도모하는 데 도움을 준 반면 현실적이고 실용적인 분석이나 제언에 도움을 주지는 못한다고 본다. 가령, 각 나라의 문화적 차이를 반영해 그에 맞는 해외홍보 활동을 해야 한다는 당위적 제언에는 도움이 되지만 구체적으로 어떻게 문화적 차이를 규명하고 그에 맞는 커뮤니케이션 전략과 실행 과정은 어떤 식으로 되어야 하는지에 대한 구체적 실천 방안에 대한 제언을 제시해 주기에는 미흡한 감이 없지 않다.

이에 이 연구는 구체적인 PR전략과 전술을 도출하는 데 도움을 줄 수 있는 이론적 배경인 소셜 마케팅 관점을 이 연구의 틀로 삼고자 한다. 소셜 마케팅은 공공정책 또는 행정 서비스에 마케팅 개념을 도입한 것으로 전략적 마케팅 시장 분석 과정을 통해 목표공중을 세분화하고, 목표공중별 커뮤니케이션 전략과 채널 전략 및 전술을 실행하고 이에 대한 효과 평가를 기본으로 하는 커뮤니케이션 과정이다.

소셜 마케팅 관점에서의 접근은 주로 정부, 비영리단체, 공공기관 등에서 많이 활용해 왔는데, 전략적 소셜 마케팅 과정은 크게 1) 청취(환경분석), 2) 계획, 3) 조직구조화, 4) 실행, 5) 평가 및 모니터링으로 구성된다. 김성훈・양병화(2005)의 소셜 마케팅 전략 과정에 대한 내용을 요약 정리하면 아래와 같다.

청취 과정은 내적, 외적 환경분석을 토대로 목표공중, 조직, 경쟁조직, 전문가 등의 의견을 청취하는 것을 의미한다. 내부 환경분석은 조직의 강점과 약점을 살펴보는 것을 말한다. 외부 환경분석은 경영 성공에 영향을 주는 경제적, 사회적, 정치적, 법적, 기술적 기회 및 위협 요소들에 대한 분석을 의미한다. 또한 목표공중에 관해 가능한 많은 정보를 수집하고 공중의 필요와 욕구를 이해하고 제안된 행동이 어떻게 그들의 필요와 욕구에 부합될 수 있는지 보여줘야 한다.

계획 과정은 소셜 마케팅의 목적과 목표를 정하고 핵심 마케팅 전략을 수립하는 과정을 의미한다. 마케팅 목적과 목표를 정하고 어떻게 목표를 달성할 것인지를 고려해야 한다. 마케팅 목표는 구체적인 목표공중, 행동 결과, 스케줄 등이 언급되어야 한다. 또한 지역밀착형 수요 마케팅을 도입해, 공공정책 및 서비스에 대한 콘셉트와 포지셔닝에 대한 분석이 필요하다. 목표공중의 마음속에 다른 공공정책이나 서비스와는 차별되는 위치를 선점할 수 있는 독특한 고유판매 제안(unique selling proposition)을 설정한다.

구조화 과정은 마케팅 핵심 전략을 수행하기 위한 마케팅 조직과 절차 및 피드백 작용을 수립하는 과정을 의미한다. 마케팅 전략이 수립되면 이를 실행에 옮길 수 있는 구조적 메커니즘을 적절하게 구성해야 한다. 즉, 마케팅 커뮤니케이션 전략을 실행에 옮길 조직구조, 벤치마크, 그리고 프로그램의 진행을 추적할 수 있는 시스템을 정비해야 한다. 조직구조는 기능적 조직, 프로그램 중심의 조직, 그리고 고객 중심의 조직으로 나누어 살펴볼 수 있다. 기능적 조직은 소셜 마케팅을 위한 여러 기능, 즉 기획, 조사, 실행, 홍보, 평가 등을 중심으로 조직을 정비하는 것을 의미한다. 프로그램 중심의 조직구조는 한 사람이나 특정 기구가 프로그램별로 프로그램과 관련된 모든 기능을 조율하는 책임을 지는 구조를 의미한다. 한편 고객 중심의 조직은 목표공중별 전문가를 중심으로 조직을 운영하는 것을 의미한다.

실행 과정은 계획 과정에서 수립된 전략을 효과적으로 실천에 옮기는 것을 의미한다. 누가 무엇을 언제 실행했는지에 대한 명확한 책임 소재를 파악하는 것이 필요하고, 성취해야 할 과제와 스케줄을 검토하고, 계획된 전략이 계획된 시간에 실행되고 있는지에 대한 추적 조사를 실행해야 한다. 마지막으로 프로그램의 진행 과정을 추적하고 커뮤니케이션 활동이 기대했던 효과를 거두었는지에 대한 평가를 시행해야 한다. 또한 상황 변화에 따라 전략과 전술을 조정하기 위해 끊임없는 모니터링 과정이 겸비되어야 한다.

지금까지 살펴본 김성훈·양병화(2005)의 소셜 마케팅 과정은 PR의 RACE모델과 일치한다. 기존의 서구 PR 모델은 RACE라는 모델을 기초로 이루어져 왔다. RACE모델은 Research-Action/Planning-Communication/Implementation-Evaluation의 일련의 과정을 의미한다(Wilcox, Ault, Agee, & Cameron, 1998).

RACE모델을 구체적으로 살펴보면, PR 전문가는 1) 리서치를 활용해서 조직이 어떤 상황에 처해 있는지, 어떤 이슈가 문제인지 등 조직이나 이슈가 처한 상황에 대한 환경분석을 실시해야 한다. 환경분석은 크게 내적 조직의 강점과 약점 분석, 외부 환경의 기회 및 위협 요인에 대한 분석을 의미한다. 2) PR 기획(planning) 과정은 해당 이슈를 해결하기 위해 우선 PR 활동의 목적과 목표를 설정하고, 목표공중을 설정하며, 목표공중별 커뮤니케이션 콘셉트를 정하고, 커뮤니케이션 전략과 전술을 기획하고, 어떤 미디어와 채널을 활용해 커뮤

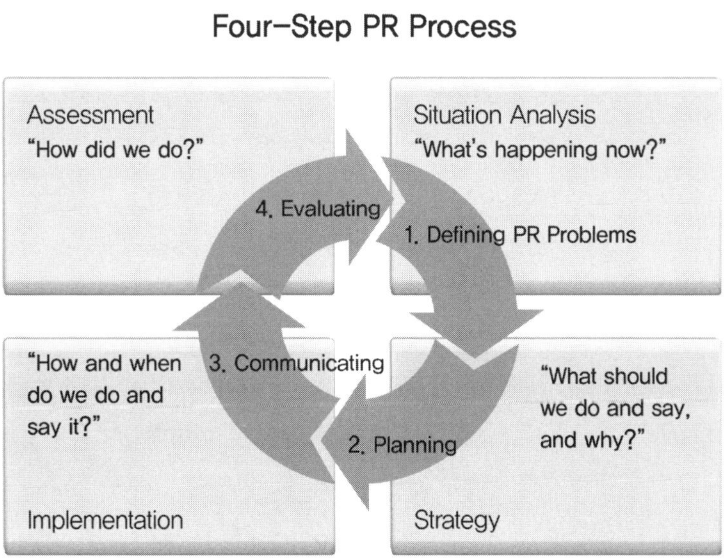

그림 2-4 PR 과정의 4단계

출처: Cutlip, Center, & Broom(2000: 341).

니케이션 메시지를 전달할 것인지 결정하는 과정을 의미한다. 또한 PR 활동의 스케줄과 예산을 배정한다. 3) 커뮤니케이션 및 실행 과정은 2단계에서 계획된 PR기획에 따라 실제로 커뮤니케이션 활동을 전개하는 것을 의미한다. 4) 마지막 과정은 실행에 옮겨진 PR 활동의 효과를 평가하는 것을 의미한다.

지금까지 살펴본 소셜 마케팅 과정과 PR의 RACE모델은 해외홍보 기획 과정에 대한 구체적이고 현실적인 프레임을 제시해 준다. 다음 절에서는 소셜 마케팅 과정에 따라 국가 해외홍보의 기획 과정과 전략을 각 구성 요소별로 살펴보겠다.

제 4 절 국가 해외홍보 기획 과정 및 전략

1 상황분석 및 문제점 도출

상황분석은 PR 기획 과정의 가장 첫 번째 단계로 조직이 속한 내적, 외적 환경 요인에 대한 전반적 분석, 환경 변화에 대한 모니터링 및 트렌드 변화 예측 등을 통해 조직이 당면한 문제점을 발견하고 문제의 원인을 정확하게 진단하는 과정을 의미한다.

PR 환경분석은 크게는 조직에 영향을 줄 수 있는 국내외 정치・경제・사회・문화 등 전반적 영역을 검토하는 일반적 환경분석, 조직의 특성이나 조직이 속한 산업군 및 전문 영역에 따라 발생할 수 있는 다양한 트렌드와 이슈 등을 분석하는 산업・경쟁환경 분석, 매스미디어를 비롯한 온라인 여론분석 등을 들 수 있다. 이처럼 조직이 속한 외부 환경에 대한 기회 요인과 위협 요인에 대한 분석뿐만 아니라 조직 내부 구성원의 인식 및 태도, 조직의 인적, 물적, 심리적, 기능적 자원과 능력 여부 등에 대한 분석 역시 필요하다. 상황분석에는 보통 SWOT 프레임이 많이 활용된다. SWOT(Strength-Weakness-Opportunity-Threat)는 조직 내부의 강점과 약점을 분석하는 내부 환경분석(internal analysis)과 조직이 처한 외부환경의 기회 요인과 위협 요인을 분석하는 외부 환경분석(external analysis)으로 구성된다.

상황분석은 1) 조직의 이슈 도출과 특성 분석, 2) 조직 관련 이슈의 단계별 대응 방안 마련을 위한 틀 제공, 3) 홍보활동 영역에서 조직의 대응 활동 방안을 사전에 유추해 어떤 영역의 활동에 주력해야 하는지 예측, 4) 홍보활동을 쟁점 관리 차원의 종합적인 여론관리 프로그램으로 접근할 수 있는 거시적 관점 제시, 5) 기타 상황분석 활동을 전개하는 데 세부

분석 항목 및 방향성을 설정하는 기준 제시 등의 역할을 한다(이종혁, 2006).

상황분석을 통해 제시된 내용을 종합해 해외홍보 담당자는 우리 정부 해외홍보의 문제점이 무엇인지에 대해 명확하고 정확한 진단을 내려야 한다. 이를 문제점 도출 과정이라 한다. 문제점 도출은 현재 조직의 커뮤니케이션 문제는 무엇인가, 어느 공중과의 관계에 문제가 있는가, 문제가 발생한 주요 공중은 어떤 이해 관계를 갖고 있는가, 조직이 처한 PR 문제의 핵심과 그 원인은 무엇인가 등에 대한 문제들을 정확하게 파악하고 구체적으로 명시해야만 한다.

우리 정부의 해외홍보 관련 내·외부환경을 문헌 고찰과 심층 인터뷰 결과를 기초로 정리해 보면 다음과 같다.

우선, 우리 정부의 해외홍보 활동을 둘러싸고 있는 기회 요인과 위협 요인에 대해 살펴보았다. 기회 요인으로는 무엇보다도 한류 열풍을 들 수 있다. K-Pop과 드라마 등 문화 콘텐츠의 해외 확산으로 한류 현상이 나타나며, 현재 한류의 다양화와 전문화를 통해 우리 문화의 우수성에 대한 국제적 인정과 관심이 고조되고 있다. 이로 인해 한국 관광객 수가 지속적으로 증가하고 있을뿐더러 한국 문화뿐만 아니라 한국 사회 진반에 대한 관심이 높아지고 있다. 이와 더불어 한국 문화뿐만 아니라 한국의 우수한 정책이나 시스템에 대한 세계적 관심이 높아져 벤치마킹하려는 해외 국가들이 증가하고 있다.

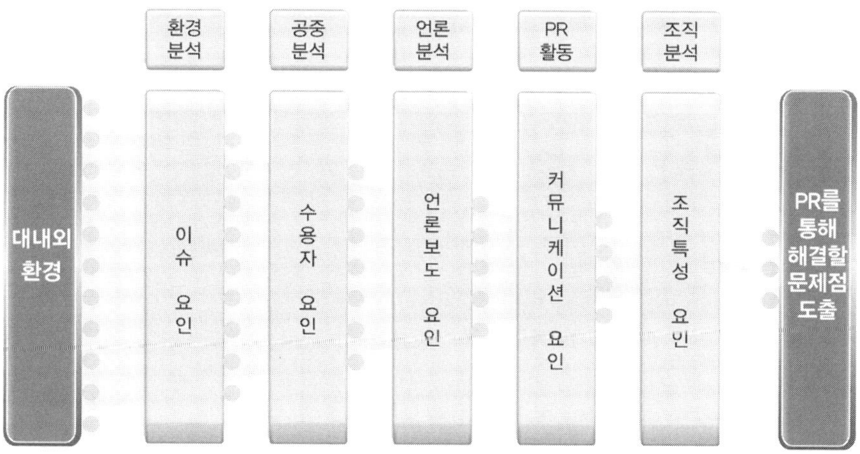

그림 2-5 PR 문제점 도출 과정

출처: 이종혁(2006: 69).

최근 들어서는 문화적 우수성뿐만 아니라 스탠더드앤푸어스(S&P), 무디스(Moody's), 피치(Fitch) 등과 같은 국제적 신용평가사로부터 국가 신용 등급 상향 평가를 받아 경제적 노력에 대한 세계적 인정도 받고 있다. 또한 삼성, 현대, LG 등을 비롯해 많은 글로벌 기업의 세계적 경쟁력 확보로 국가 이미지가 함께 상승하고 있는 점도 기회 요인으로 들 수 있다. 한편, 국가 해외홍보 활동 관련 위협 요인으로는 우선 혐한류를 들 수 있다. 특히 독도 이슈로 인한 일본 내 반한 감정과 외교 갈등으로 인한 국제적 주목으로 국가 이미지가 부정적 영향을 받을 우려가 있다. 정치적으로 북한의 존재가 외국인들에게는 우리나라가 상당히 위험하고 불안한 분쟁지역이라는 부정적 이미지를 형성하고 있다는 점도 무시할 수 없는 위협 요인이다. 이에 대해 한정호 · 김상훈(2004)은 북한과 오랜 친교를 가진 중국, 아프리카 등의 국가들 때문에 불가피하게 나타나는 반한국적인 국제 공세와 불충분한 내수시장 때문에 나타나는 수출 의존국의 약점으로 대외 국가 이미지가 실추될 수 있음을 지적하고 있다. 또한 우리나라뿐만 아니라 다른 국가들도 자국 해외홍보에 적극적으로 나서고 있는 점도 홍보 경쟁이 치열해진다는 면에서 위협 요인으로 볼 수 있다.

강점으로는 해외홍보의 중요성에 대한 인식이 매우 고조되어 있다는 점, 정부부처에 홍보 전문가들이 배치되어 있다는 점, 해외에 국가 브랜드를 높일 수 있는 다양한 콘텐츠를 많이 보유하고 있다는 점, 특히 K-Pop이나 한류와 같은 문화예술 콘텐츠의 성공을 경험했다는 점, 문화예술 콘텐츠뿐만 아니라 정부 정책과 공공 캠페인 콘텐츠가 많이 확보되어 있다는 점 등을 들 수 있다.

해외홍보를 담당했던 공무원들과의 심층 인터뷰 결과를 살펴보면, 해외문화홍보원은 1971년 설립되어 40여년 넘게 해외홍보 전문기관으로서의 노하우, 전문성 및 역사성을 축적해 온 것을 강점으로 들고 있다. 즉, 개별 조직의 전문성과 역량을 강점으로 볼 수 있다.

> "해외문화홍보원은 우리나라 해외 공보관부터 시작해 41년째 해외홍보 전담 기관으로 그 역량이 굉장히 많이 축적이 되어 있는 거죠. 이런 것들이 장섬이 되고, 또 해외 각각 거점에 조직들을 다 가지고 있다는 것, 해외 문화원 또 공보관, 이렇게 다 가지고 있어서, 전 세계를 상대로 거점 중심으로 할 수 있는 역량을 가지고 있다, 이런 것이 강점이 될 수 있겠네요."

> "지난 40여 년간 축적된 노하우와 역사성, 집단지식, 지명도, 인적 네트워크 등을 들 수 있다. 다양한 시행착오를 통해 이루어낸 성취들 또한 강점이다. 둘째로, 1979년부터 설치해 온 재외문화원이 처음에는 4개에서 금년 말이면 28개로

확대가 된다. 현장에서 실시간으로 직접적으로 홍보를 할 수 있는 기관이 확대되고 있다는 점이 상당한 장점이다."

"해외문화 홍보 총괄 기관으로 문화 행사 및 홍보매체(간행물 등), 외신 협력과 재외 문화원장, 문화홍보관을 통한 연계 활동 등 해외 현지 홍보 네트워크 활용이 가능하다."

국가브랜드위원회의 경우는 구성 인원의 다양성과 전문성을 강점으로 들고 있다.

"우리 위원회의 경우 위원의 구성이 정부, 기업, 학계 인사로 다양하게 구성되어 있어 국가 브랜드에 대한 이슈 발생 시 선방위적인 자문이 가능한 점 등 종합적인 시각으로 국가 브랜드 가치 제고를 위한 홍보에 접근할 수 있는 장점을 갖고 있다."

조직의 우수성뿐만 아니라 문화 콘텐츠의 강하도 우리나라 해외홍보의 강점으로 들 수 있다.

"우리나라의 문화 콘텐츠가 강해졌고, 해외홍보의 역사 또한 길어지면서 현지 해외홍보 주재관들의 네트워크가 점차 넓어지고 있다. 예전에는 주류사회와의 접촉이 없었는데 지금은 활발하다. 그 주요 원인은 우리나라 경제 성장과 더불어 문화적 가치가 높아짐에 따라 예전에 일본처럼 국가의 위상이 높아진 것이라고 본다. 그래서 외국 언론과의 접촉이 수월해졌다."

반면, 약점은 각 정부부처나 기관들이 통합된 시스템 밑에서 움직이는 것이 아니라 각 부처의 시의적 필요성에 따라 산발적 · 비계획적으로 해외홍보가 이루어지고 있다는 점, 개별적으로는 다원적으로 행해지는 여러 해외홍보 기관이 개별 전문성은 보유하고 있으나 이 모든 부처와 모든 기관의 해외홍보 활동을 통합적으로 관리하고 효과적 커뮤니케이션 콘셉트를 조직하고 관리할 수 있는 컨트롤 타워 기관이 부재하다는 점 등을 들 수 있다.

이 밖에도 홍보 담당자들은 공무원의 순환보직제 특징으로 인한 현지 전문가 양성과 네트워크의 부재를 약점으로 제시했다.

"보통 공무원들이 순환근무제니까, 빨리 떠나고 하는 문제가 있다. 전문직화하는 부분이 약하다고 생각한다."

"기관장의 의지에 홍보기획 및 메시지가 좌우된다. 기관장의 변동에 따라 지속성이 떨어진다."

또한 현지 해외홍보를 전문으로 할 수 있는 언어 능력과 문화 적응 능력을 보유한 현지 전문 인력의 부족과 이로 인한 문제점을 우리나라 홍보조직의 약점으로 들고 있다.

"현지어 또는 현지화된 홍보물 생산이 필요하지만 홍보전문 인력이 부족하다."

"영문 자료 발간의 전문성, 능력, 시간이 부족하다. 현지 언론기관의 네트워크나 활용도도 미흡하다."

"사무소 직원의 홍보 전문성 부족으로 사무소별 중장기적인 홍보전략이 부재하고, 매회 계기별 일회성 홍보에 그치고 있다."

그 다음으로 해외홍보를 하고 있는 기구의 다원화와 중복화로 해외문화홍보원의 입지가 축소된 점도 약점으로 제시되었다.

"국내 공보조직의 개편에 따른 해외홍보조직의 개편이 약점이 될 수 있다. 해외문화홍보원의 위상이 확고하게 정립되지 않았다. 또한 새로운 정부가 출범할 때마다 행정개혁을 앞세우면서 인력을 감축하게 될 때 해외홍보와 관련된 조직들은 약화되는 길을 걸어왔다."

"너무 흩어져 있다. 문화원들도 확장되고 있기 때문에 사업이 좀 더 큰 행사가 되어야 한다. 몇 년 전부터 기획을 해서 좀 더 크게 해야 주목을 한꺼번에 받게 되는데 작은 사업을 자주 하니까 그 지역에는 잘 알려질지 몰라도, 예를 들어 미국 전역에 알려질 수 있는 행사가 없다. 우리나라 사업들의 계획, 집행 시간이 짧고 호흡도 짧다. 5년 정도 하고, 투자도 10억 정도 해서 장기적인 사업을 해야 하는 부분이 있다."

해외문화홍보원이 아닌 외교부의 경우 홍보 업무 관련 비주무부처로서 활용 예산이나 조직 차원에서 제약이 크고 외교 업무 조직이다 보니 적극적인 홍보의 필요성이 적어 홍보 마인드가 부족한 점을 약점으로 들고 있다.

또한 일반 국민이나 정부의 홍보에 대한 인식 부족을 다음과 같이 약점으로 들고 있다.

> "일반 국민이나 정부 예산 및 유관기관(기재부, 국회, 국무총리실 등)들의 개도국 지원에 대한 인식이 아직 낮으며, 단기 성과만을 기대하여 중장기 플랜을 가지고 사업 수행이 어렵다. 개별 개도국의 특성이 반영된 홍보 전문 인력 및 예산이 부족하다."

또한 지금까지 문화홍보 위주였던 점에 대한 문제 제기도 이어졌다.

> "지금까지 문화 중심의 홍보를 굉장히 강화시켜 왔어요. 해외문화원을 굉장히 확충도 하고 해왔는데, 지금은 글로벌 시대라서, 우리나라에서 하나의 정책을 한다고 해서, 국내에만 그치는 경우는 없어요. 해외에 다른 나라, NGO들이 우리나라에 관심이 있잖아요. 그리고 그만큼 관심을 가질 만큼 우리나라 위상도 올라간 거죠. 옛날에는 우리나라의 위상이 낮을 때는 국제 여론이 관심이 없었는데, 그만큼 우리나라의 영향력이 올라갔으니까 해외에서도 관심이 많죠. 예를 들어서 4대 강 한다고 하면 태국에서 벤치마킹하겠다고 오고. 뭐 이런 것이 많아요…… 정책에 주안점을 두고, 그러기 위해 정책홍보가 굉장히 필요한데, 국내홍보와 해외홍보가 사실 같이 가야 되는 거죠. 그런데 이런 부분들이 해외 파트가 좀 약한 것이 아닌가 하는 생각이 있어요. 상대적 역량을 문화 쪽으로 하다보니까."

심층 인터뷰 결과, 우리 해외홍보의 문제점이 다양한 시각에서 제기되었다. 우선 조직의 문제를 들 수 있다. 즉, 컨트롤 타워로서의 기능을 할 수 있는 해외홍보 통합 기구의 부재가 문제로 지적되었다. 통합 및 조정 기구의 부재는 국내홍보 담당자와 해외홍보 담당자 간의 소통 체계의 미흡함에 대한 원인으로도 제시되었다.

또한 Public Relations을 장기적 차원에서 기획되고 이루어지는 해외 공중과의 관계 구축 활동이 아닌 단순 홍보, 외교, 국가경쟁력으로만 편협하게 생각하는 인식의 문제가 제기되었다.

"세계에 알리고자 하는 한국의 정체성과 이미지 정립이 안 된 상태이다. 정체성 확립 후 전략 설계가 가능한데 이 단계엔 관련 조직을 총체적으로 총괄 및 부처 간 이해를 조정하고 협의 채널을 운영할 수 있는 기구가 필요하나 이런 조직이 부재한다."

"해외홍보를 중점적으로 처리할 수 있는 추진 체제를 정비할 때가 왔다. 2002년이 넘어가면서 문화공보부가 공보처와 문화부로 나뉠 때 문공부 소속의 국제문화교류협회 등이 지금의 국제교류재단 등의 외교부 산하 기관으로 가게 되면서 정부기관으로 봤을 때 문화부와 외교부로 이원화되어 있는 시스템으로 변화했다. 초창기에는 Korea Foundation이 업무에 정체성이 확보가 안 되어서 해외공보관이 해오던 일을 하청받듯이 또는 벤치마킹하듯이 하면서 중복이 되지 않도록 일을 했었다. 한국과학지능사업, 해외문화재조사사업 등 해외공보관이 해오던 일들을 역할 분담을 해서 해오다가 2002년 이후에 국가 이미지가 높아지면서 국제교류관이 암묵적으로 분담되었던 국제공보관의 일까지 수행하게 되어 중첩성이 강화되면서 이를 다시금 정비해야 할 시기가 왔다. 또한 갈수록 홍보의 중요성이 강조되고 있는데, 거꾸로 행정개혁의 논리에 휩쓸려 약화되고 있다. 하는 일의 양은 3,4배 늘고 인력이나 예산은 약화되어 있다."

"추진기구의 분산으로 인해 효과적 추진이 미흡하다. 해외문화홍보원을 중심으로 한 해외홍보 거버넌스가 미흡하고, 홍보를 외교 또는 국가경쟁력 등과 같이 생각하는 인식이 문제이다. 해외에 실제적인 해외홍보를 담당할 수 있는 전문가가 적고 해외홍보 담당자와 국내홍보 담당자들 간의 소통 체계가 미흡하다."

해외홍보 전략의 부재도 문제점으로 제기되었다. 쌍방향보다는 일방적인 홍보에 그치는 홍보활동이 많고, 적은 인력과 적은 예산으로 단기간의 효과를 중시하는 전시 행정적 사고가 아직도 존재해 반짝 효과를 거둘 수 있는 K-Pop이나 드라마 한류 등에 너무 의존하는 경향이 있음도 지적되었다.

"정부 쪽에서 말씀드리면 조직이나 인력이 적고, 그래서 비롯되는 문제겠지만 교류를 할 때 효과가 가시적으로 나올 수 있는 부분에 치중되는 경향이 있다. 문화만 보더라도 K-Pop 위주나 바로 효과가 날 수 있는 부분에 급급할 수밖에 없다. 조직이나 인력, 예산이 해결되어서 좀 더 장기적으로 다양한 문화홍보가 되어야 한다고 생각한다."

"예산이 많이 부족하다. 외국에 알리고 국내에 와 있는 외국인들에 대한 홍보 예산도 상당히 부족하다. 정부에서 증액을 한다고 해도 실제로는 이루어지지 않는다."

또한 해외홍보 공중 세분화에 대한 문제도 제기되었다. 해외 공중의 욕구와 요구에 대한 파악을 통해 외국인의 시각에서 콘텐츠를 개발하고 실행에 옮겨야 하는데 일부 특정 국가에 대한 홍보의 치중 경향과 공급자 위주의 홍보가 주를 이루고 있음이 문제이다. 오미영·신호창(2002) 역시 해외홍보를 추진하는 데 그 목표와 전략이 구체적이지 못한 점을 지적하고, 이에 대한 구체적이고 효과적인 목표와 전략의 설정이 이루어져야 함을 강조한다.

"해외홍보의 수요자보다는 공급자 위주로 운영되기 때문에 홍보에 투입되는 예산과 노력에 비해 성과가 미약하다. 해외홍보 담당자가 테크닉은 있을지 몰라도 홍보의 콘텐츠에 대한 전문성이 부족하여 홍보의 실효성 확보가 미흡하나. 또한 홍보의 주안점에 대한 원천적 검토 없이 관행대로 추진하다 보니 특히 해외홍보의 특수한 측면인 현지의 실상 내지 현지인들의 니즈(needs) 등을 충분히 반영하지 못하고 있다."

"홍보 대상 국가(국민)의 입장에서 콘텐츠, 언어 등이 선택되어야 하지만 아직까지 우리 것을 단순히 쇼케이스(showcase)하는 경우가 많다. 즉 재해석, 가공 측면에서 아쉬움이 많다."

"해외홍보가 선진국에 지나치게 치우치는 경향이 있다. 해외홍보가 지나치게 외국 편향적인 경향이 있다. 국내 거주 외국인을 대상으로 한 별도의 홍보 시스템 구축도 필요하다."

"일본에 10여 년간 거주한 적이 있지만 일본인들을 상대로 한 한국에 대한 홍보를 매체 등을 통해 접한 기억이 거의 없다. 해외에 거주하고 있는 주재원, 유학생 등은 훌륭한 홍보 자원이라고 생각하는데, 얼마나 활용하고 있는지 일본에 거주하고 있던 10여 년간 들은 바가 거의 없다."

"우선 해외홍보에 대한 정부 차원의 관심이 조금 부족하지 않느냐 하는 문제이다. 그리고 문화원은 문화원대로, 외교부는 외교부, 브랜드위원회는 또 그대로 하고 있는데, 전체적이고 장기적인 전략이 없다. 국가가 가진 자원을 통합적으로 사용할 수 있어야 하는데 그런 가이드라인이 없다. 해외홍보를 통해 국가가 무엇을 얻고자 하는지, 막연하게 국가 이미지를 높이는 것이 아니라 어떤 것을 원하는지 확실히 해야 하고, 지역마다 다른 전략도 가져야 하는데, K-Pop이 조금 올라가면 한류라고, 한식하면 한식이라고 몰려가고 하는 등 해외홍보 전체적인 전략, 그곳에서 얻고자 하는 것이 명확하지 않다. 특히 아리랑TV 같은 경우는 굉장히 좋은 자원인데, 완전히 따로 떨어져서 그들이 무엇을 하는지도 우리가 모른다. 정부에서 해외방송을 저렇게 떼어 놓는 나라가 어디 있느냐? BBC 같은 경우도 비용은 전부 외교부에서 지원한다. 아리랑TV는 국가의 통제를 전혀 받지 않고 사장이 바뀌면 내용이 바뀌고 하는 것이 가장 문제이다."

이러한 문제 제기가 말해 주듯, 시대적 요구에 부응하는 통합적 모델과 전략이 부재함을 문제로 지적할 수 있다(오미영 · 신호창, 2002). 한국의 해외홍보는 아직도 장기적이며 전략적이지 못하고 단편적이며 전술 중심적으로 행해지고 있다. 권력의 이해 관계에 의한 홍보 정책 변화, 담당 공무원들의 잦은 부서 이동, 기획 및 아이디어 창출에 대한 예산 부족 등이 바로 체계적인 홍보조직의 확립을 저해하는 요소들이다. 이는 담당 공무원들의 문제라기보다는 '홍보를 전문직으로 인정하지 않는' 한국의 홍보 실정에 연유한다.

한정호 · 김상훈(2004)은 우리나라 해외홍보 체계의 문제점을 다음과 같이 네 가지로 요약 정리하고 있다.

첫째, 통합적인 해외홍보 체계의 미흡을 들 수 있다. 현재 한국의 해외홍보를 담당하고 있는 다양한 조직의 업무를 비교해 보면 상당 부분 중복되는 현상이 나타난다. 이러한 업무 중복은 업무 혼선 및 조직 간 갈등을 야기할 수 있고, 이 점이 한국의 해외홍보 활동의 비효율 및 혼선을 초래하는 것으로 비판받고 있다. 또한 주관 부처 선정이나 업무 조정이 어렵기 때문에 전체적인 국가 이미지 제고 해외홍보라는 큰 틀 안에서의 통합적이고 전략적인 접근이 어렵다. 따라서 해외홍보와 관련한 중앙 부처 및 관련 기관의 업무와 역할 조정은 반드시 필요하다.

둘째, 장기적 홍보전략이 부재한다. 산발적이고 분산된 정책의 추진은 구조화된 정책 메커니즘의 부재를 불러왔다. 이러한 해외홍보 정책에 대한 합리적인 의사결정 구조의 부재는 외형적 실적에만 치중하게 하는 결과를 낳았고, 단기적인 이벤트성 정책을 양산하게 되었다.

셋째, 정부와 민간의 협력이 미약하다. 정부 부처 내에서의 역할 조정 및 통합적 목표 수행이 정리되지 않고 있기 때문에 민간 차원의 역할과 기능에 대한 전략적 연계 역시 이루어지기 어렵다. 어떤 측면에서는 정부보다 해외에 진출해 있는 기업이나 재외 동포들의 네트워크가 더 효과적일 수 있다. 국가 이미지와 기업 이미지가 밀접한 관계에 있다는 점에서 해외에 진출하는 기업들은 해외홍보를 위한 또 하나의 중요한 주체이다. 전국경제인연합회, 태평양경제협의회, 경제협력개발기구(OECD) 산하 산업자문기관(BIAC) 한국위원회, 아태경제협력기구(APEC) 경제자문위원회(ABAC) 한국위원회 등 기업들의 해외 업무와 관련 있는 기관과의 협조도 중요하다.

넷째, 해외홍보 예산 및 인원의 문제를 들 수 있다. IMF 이후 해외홍보관의 대폭적인 감소는 '해외홍보의 사각시역'을 만들어 내고 있다.

이상의 문헌 검토와 심층 인터뷰 결과를 바탕으로 우리나라 해외홍보 관련 조직의 강·약점, 기회 및 위협 요인에 대해 내적, 외적 상황분석을 정리해 보았다(<표 2-2> 참조). 상황분석을 활용한 전략에는 네 가지 전략이 제시될 수 있는데(SO, ST, WO, WT), 현재 우리에게 닥칠 수 있는 위협적인 요소는 긴급한 이슈보다는 장기적 이슈가 주를 이루고 있으며, 우리 해외홍보 조직이 보유하고 있는 강점은 다른 나라와 비교해 특별히 독특한 강점이

표 2-2 해외홍보 조직 관련 상황분석 결과

〈강점(Strength)〉	〈약점(Weakness)〉
- 개별 해외홍보 조직의 전문성, 노하우, 역사성, 융통성 - 풍부한 문화 콘텐츠 보유 - 해외홍보의 중요성에 대한 인식 증가	- 조직: 개별 홍보활동 부서들을 통합할 컨트롤 타워의 부재 - 인력: 공무원 순환보직제로 전문성과 연계성 떨어짐, 현지어와 문화에 능통한 홍보 전문가 부족 - 예산: 예산 관련 부서(기재부, 국회, 국무총리실 등)의 홍보 마인드 부족으로 적정치 못한 홍보 예산 배정 - 문화홍보에 치중한 홍보활동 - 전략: 장기적이고 체계적이라기보다는 시의성에 따른 단발적이고 비계획적 활동
〈기회(Opportunity)〉	**〈위협(Threat)〉**
- 한류(드라마, K-Pop, 한식 등) - 한국 문화에 대한 관심 고조 - 국제신용등급기구의 상향 평가	- 혐한류 - 북한 도발 - 글로벌 경제위기 - 다른 나라들의 경쟁적 해외홍보 활동

될 수 없다고 판단된다. 따라서 강점과 위협 요인을 고려하기보다는 약점을 줄이고 기회 요인을 최대한 활용하는 'WO' 전략을 활용할 것을 권장한다. 현재 우리나라의 문화 콘텐츠는 한류라는 붐을 타고 전 세계로 확산되고 있으며, 특히 가수 싸이의 '강남 스타일'이 보여주듯이 매체환경의 변화로 인한 콘텐츠 확산의 혁명과 세계적 열광은 한국문화 홍보에 최고의 기회 요인으로 작용하고 있다고 해도 과언이 아니다. 이와 맞물려 한국어와 한국 문화에 대한 세계적 관심이 고조되고 있는 상황이다. 이러한 절호의 기회를 살리려면 빠른 시일 내에 우리 해외홍보 조직의 약점을 보완해 정비하는 작업이 가장 시급한 문제라고 본다.

2 공중분석

공중은 조직과 이해 관계를 갖는 사람들로 조직과 관련된 이슈에 관심을 갖고 있거나 자신의 의견을 표출, 행동하는 집단을 의미한다. 공중들은 조직이 해결해 나가야 할 주요 쟁점에 직·간접으로 영향을 주고받는 그룹을 의미한다. 홍보활동은 불특정 다수(mass)를 대상으로 하는 커뮤니케이션 활동이 아니라 조직이나 이슈와 관련 있는 이해관계자를 타깃으로 공중별 맞춤형 커뮤니케이션 전략을 구사해야 한다.

성공적인 홍보활동은 공중에 대한 정확한 파악과 이해로부터 시작된다. 통상적으로 조직은 공중을 세분화하여 우선순위를 매겨 놓는다. 하지만 우선공중은 상황이나 이슈에 따라 매번 바뀐다. 우선공중을 효과적으로 설정하기 위해서는 이슈나 상황 또는 조직에 대한 공중의 지식 수준과 의견 및 태도 등을 제대로 파악해야 한다(Newsom, Turk, & Kruckeberg, 2007).

효율적 해외홍보를 위해서도 공중에 대한 분석이 필요하다. 가령 예를 들면, 개발도상국과 선진국을 하나의 동일한 공중으로 취급해 일괄적 정책홍보를 해서는 안 된다. 개발도상국의 경우 한국의 경제발전모형이나 새마을운동사업 등이 정책홍보의 좋은 아이템이 될 수 있다. 하지만 선진국의 경우 개발도상국과는 달리 한국의 정치 경제적 안전성과 견실함을 알려 해외 투자와 국제 정치력을 향상시킬 수 있는 정책 아이템을 모색해야 한다. 선진국의 경우에도 정치, 경제, 미디어, 환경, 또는 다양한 이슈 관련 공중 등으로 세분화해 공중별 니즈와 특성을 파악할 필요가 있다. 세분화된 공중별로 효과적인 정책 아이템이 무엇인지에 대한 수요분석과 행정 브랜드화 전략에 대한 논의가 필요하다.

1) 공중 세분화

일반적으로 쉽게 활용되는 PR 공중 세분화 변인으로는 연령, 성별, 가족 규모, 소득, 직업, 교육, 종교와 같은 인구통계학적 특성, 도시와 농촌과 같은 지리적 특성, 사회계층, 라이프스타일, 가치관, 개성 등과 같은 심리적 특성, 멤버십, 조직 내 위치 등의 특성을 활용해 각 목표공중의 정책에 대한 인식, 태도 및 이해 관계 등이 있다.

인구통계학적 변인은 공중의 정체성에 대한 기본적인 정보를 제공한다는 점에서 유용하다. 사회심리학적 변인을 중심으로 공중을 세분화하는 방법에는 미국 비영리 조사기관인 SRI International의 VALS(Values, Attitudes, and Lifestyles)를 대표적으로 들 수 있다. 사회심리학적 변인은 공중의 선형석 스테레오타입에 대한 정보를 제공해 준다는 점에서 유용한 기준이라고 볼 수 있다.

또는 공중을 내부공중과 외부공중으로 구분하기도 한다. 조직의 내부공중으로는 어떤 조직이냐에 따라 차이가 있지만 기업의 경우 경영진, 임원과 직원, 주주를 들 수 있고, 정부의 경우 작게는 정부각료나 공무원, 크게는 국민을 들 수 있다. 외부공중으로는 기업의 경우 소비자, 유통업자, 정부, 미디어, 지역사회 등을 들 수 있고, 정부의 경우 해외 국가의 국민이나 조직을 들 수 있다.

내부공중이 조직에 대해 갖고 있는 인식, 즉 내부공중의 눈에 비친 조직의 이미지나 문제 인식에 대한 파악은 중요하다. 해외홍보의 경우, 해외홍보 업무와 관련 있는 정부부처 공무원이나 전문가 등의 해외홍보 전략, 전술, 조직 운영 등에 대한 의견을 파악하는 것이 무엇보다 중요하다.

외부공중의 경우, 해외 다른 국가의 정부나 해외 공중들이 생각하는 우리나라에 대한 이미지, 문제점, 태도, 벤치마킹하고 싶은 분야 및 정책 등에 대한 의견을 탐색해 냄으로써 목표공중의 욕구와 요구 사항을 파악할 수 있다.

이러한 기본적인 공중 분류 기준을 활용한 사례로 우리나라의 "다이내믹 코리아(Dynamic Korea)" 해외홍보의 공중 분류 예를 보면 [그림 2-6]과 같다.

이상 살펴본 기본적인 공중 세분화 변인 외에 이슈 및 위기관리 홍보활동에서 활용되는 공중 세분화 기준으로는 그루닉(Grunig, 1978; Kim & Grunig, 2011)과 할라한(Hallahan, 2001a)의 이슈 중심적 공중 분류 기준 모델을 들 수 있다.

그루닉(J. Grunig)의 분류에 의하면(Kim & Grunig, 2011), 정책 및 이슈에 대한 공중의 관여도, 문제인식도(Problem Recognition), 한계인식도(Constraint Recognition)의 정도에 따라

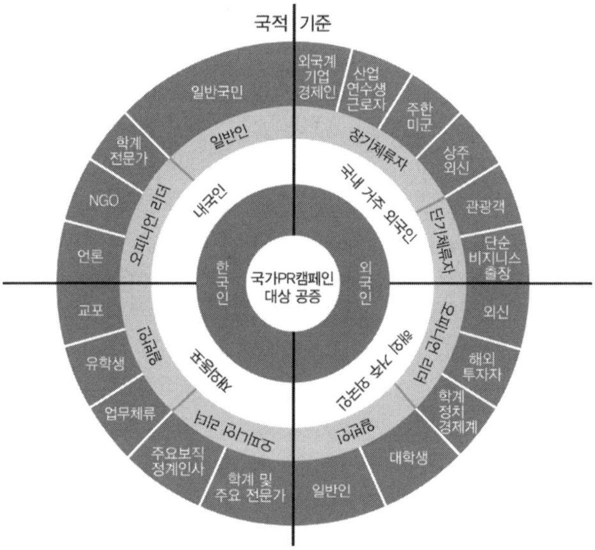

그림 2-6 다이내믹 코리아 해외홍보의 공중 분류

출처: 이종혁(2006: 33).

공중을 Non Public, Latent Public, Active Public과 Passive Public으로 세분화할 수 있다. 이를 바탕으로 상황에 따른 공중을 세분화시킨 모델은 [그림 2-7]과 같다.

	High Involvement(HI) (1)		High Involvement(LI) (0)	
	Behavior Type	Type of Public	Behavior Type	Type of Public
Problem-Facing Behavior(PF) Hi PR(1)/Lo CR(1)	HIPF	Active/Activist (3)	LIPF	Aware/Active (2)
Constrained Behavior (CB) Hi PR(1)/Lo CR(0)	HICB	Aware/Active (2)	LICB	Latent/Aware (1)
Routine Behavior(RB) Lo PR(0)/Lo CR(1)	HIRB	Active (Reinforcing) (2)	LIRB	None/Latent (1)
Fatalistic Behavior(PF) Lo PR(0)/Lo CR(0)	HIFB	Latent (1)	LIFB	None (0)

그림 2-7 공중 분류

출처: Kim & Grunig(2011).

표 2-3 할라한의 공중 분류

	관여도 높음	관여도 낮음
지식 수준 높음	활동공중 (Active Public)	인지공중 (Aware Public)
지식 수준 낮음	각성공중 (Aroused Public)	수동공중 (Passive Public)

또한 정책 관련 이슈를 중심으로 이슈에 대한 지식 정도와 관여도 정도를 중심으로 목표 공중을 세분화할 수도 있다. 할라한(Hallahan, 2001a)의 분류에 의하면, 정책 이슈 공중은 활동공중, 각성공중, 인지공중, 수동공중 또는 비활동공중으로 구분할 수 있다.

이상의 공중 분류 기준을 기초로, 이종혁(2006)은 공중을 분석하는 5단계 방법을 [그림 2-8]과 같이 제시하고 있다. 공중을 분석하는 방법은 5단계(이해 관계 규명-공중별 참여 정도-공중별 성향-공중별 영향력-공중 중요 정도)를 통해 이루어진다. 1단계는 이해 관계 규명 단계이다. 공통적인 관계자를 중심으로 이슈와 관련된 이해 관계와 주요 세부 이슈

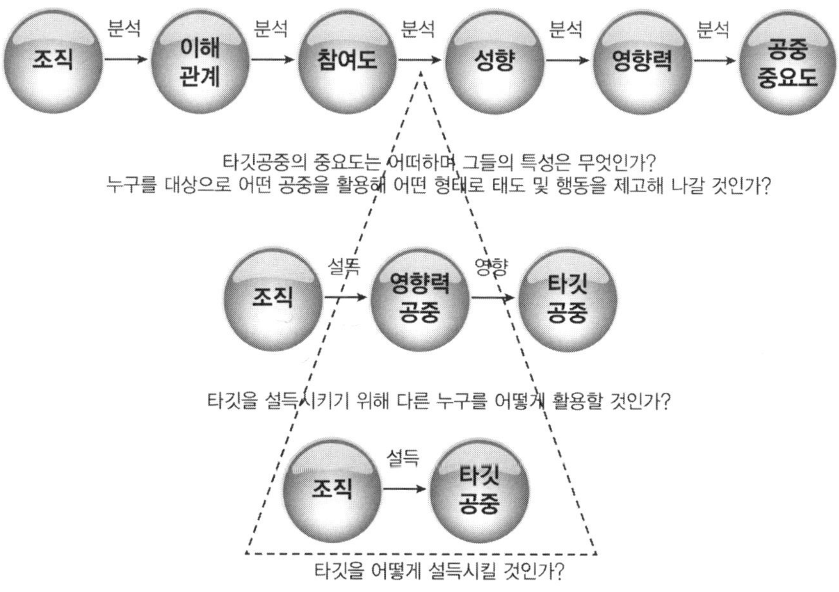

그림 2-8 PR 프로젝트의 공중분석 개념 이해도

출처: 이종혁(2006: 30).

를 도출한다. 2단계는 공중별 참여 정도 분석 단계이다. 이는 해당 이슈나 조직과 이해 관계가 있는 공중군을 대상으로 이슈에 대한 공중별 참여도를 분석한다. 공중이 해당 이슈에 대해 자신의 의견을 표출하거나 그 의제의 토론이나 공론의 형성에 참여하는 정도가 어느 정도인지에 대한 평가 과정이다. 3단계와 4단계는 공중의 성향과 영향력에 대한 분석 과정이다. 공중의 성향 부분은 기본적으로 개별 공중이 이슈 및 조직에 대해 어떤 태도를 갖고 있는지, 그들의 행동 성향은 어떠한지 등에 대한 분석을 의미한다. 공중 영향력에 대한 분석은 해당 공중이 여론 형성에 얼마만큼의 영향력을 행사할 수 있는지, 여론 형성이나 이슈 확산을 위해 활용할 수 있는 물리적 · 경제적 · 인적 자원들을 얼마나 보유하고 있는지에 대한 분석을 말한다. 5단계는 1단계부터 4단계까지 분석된 공중별 특성을 종합하여 조직이 가장 우선적으로 커뮤니케이션을 해야 하는 공중이 어떤 공중인지, 공중의 중요성을 평가하는 과정이다.

기존의 Public을 세분화하던 방법은 공중을 수동적이고 변하지 않는다고 가정한다. 하지만 Public은 그들이 처한 상황이나 문화적 맥락에 따라서 자신의 정체성을 구성 및 재구성해 나간다(Curtin & Gaither, 2007). 따라서 조직은 공중과 공유하고 있는 의미의 구성(shared zones of meaning)을 찾고 구축해 나가려고 노력해야 한다.

이상 살펴본 공중 세분화 기준은 주로 이슈 중심적인 방법이다. 해외홍보를 기획하는 데도 이상의 변인들 중심으로 공중 분류를 할 수 있지만 해외홍보는 문화 간 커뮤니케이션의 의미가 크기 때문에 기존의 홍보 영역에서 활용되었던 변인들보다는 국가별 문화적 요소를 고려한 공중 분류가 적절하다고 생각한다. 해외홍보에 대해 연구한 학자들 대부분이 해외홍보의 경우는 특히 국가 · 문화 요소에 대한 검토가 중요함을 지적하고 있다(안보섭, 2011; 오미영 · 신호창, 2002; 최윤희, 2003).

우선, 국가 요소를 살펴보면, 국가의 여러 구조적 특성들이 해외홍보를 수행하는 데 영향을 미친다. 예를 들면, 지정학적 요인, 경제구조 및 경제적 발전 수준, 정치적 안정 여부, 정치제도(권위주의적/민주적), 언어적 · 문화적 통합의 수준, 커뮤니케이션 하부구조와 매스미디어 발전 정도 등을 해외홍보 실행에 영향을 미치는 국가적 요인으로 볼 수 있다.

최윤희(2003)는 문화적 요인으로 개인주의와 집단주의 문화, 의미가 맥락(외부 요인들) 아니면 코드(메시지)에서 얼마나 많이 발견되느냐에 따른 고맥락/저맥락 문화, 단시적(monochronic)/복시적(polychronic) 문화, 행동지향적(doing-oriented)/현상유지 지향적(being-oriented) 문화 등의 차이를 제시하고 있다. 해외홍보 활동은 공중들의 다양한 문화 환경 간의 커뮤니케이션 관리 기능이기에 자민족 중심(ethocentric) 전략보다도 다중심 모

표 2-4 해외홍보 활동 분석 틀

국가 요소	문화 요소	커뮤니케이션 요소
PR설계와 집행에 영향을 미치는 주요 내용은 무엇인가?	PR설계와 집행에 영향을 미치는 문화적 차이는 무엇인가?	국가 또는 문화 요소에 의해 영향을 받을 수 있는 기본적 커뮤니케이션은 무엇인가?
국가를 보는 태도 정치구조 경제구조 언론제도 하부구조 법제도 사회구조	문화를 보는 태도 저맥락/고맥락 시간 이용 행위: 단시적/복시적 개인주의/집단주의 존재 지향/행동 지향 미래/과거 지향 선형/비선형	홍보활동을 보는 태도 언어 커뮤니케이션 비언어 커뮤니케이션 커뮤니케이션 채널 집단 역동성 의사결정 관행

출처: 최윤희(2003: 78).

델(polycentric model)의 현지화 전략이 필요하다. 현지 목표공중들의 정보 수요를 정확히 파악하고 그들의 매체 신호도도 고려해야 한다. 최윤희(2003)는 국가 요소, 문화 요소, 커뮤니케이션 요소를 중심으로 해외홍보 활동의 분석 틀을 <표 2-4>와 같이 구분하고 있다.

또한 오미영 · 신호창(2002) 역시 해외홍보 담당자는 그들이 활동할 각 국가의 사회문화, 정치경제 체제, 액티비즘(activism)의 정도와 성격, 발전의 정도, 그리고 미디어 체제 등과 같은 국가 · 문화적 요소들을 고려해 이를 바탕으로 효과적 맞춤형 커뮤니케이션 전략과 전술을 개발할 것을 강조하고 있다.

사회문화 요인으로는 개인주의－집단주의(individualism-collectivism), 권력 차이, 불확실성의 회피, 남성성-여성성을 예로 들고 있다(오미영 · 신호창, 2002). 문화연구학자인 홉스테드(Hofstede, 1980)의 연구 결과를 중심으로 해외 국가들을 분류해 보면 <표 2－5>와 같다.

먼저, 개인주의-집단주의의 차이를 살펴보면, 집단주의 국가는 개인보다는 자기 집단의 견해, 욕구 및 목표에 초점을 두며, 자기 집단에 의해 규정된 규범 및 의무를 중요시하며, 자기 집단과 차별화된 신념보다는 자기 집단과 공유된 신념을 선호한다고 한다.

불확실성의 회피는 불확실하고 모호한 상황에 위협을 느끼는 정도를 의미한다. 불확실성 회피 성향이 높은 문화권은 사회적 규범을 엄격하게 규정하는 경향이 높으며, 불확실성 회피 성향이 낮은 문화권은 특정 규칙이 없어도 불안감을 느끼지 않는 사회를 의미한다. 특정 사회가 불확실성 회피에 어떤 성향을 가지고 있느냐에 따라서 선진국과 저개발국 사이의

표 2-5 국가별 사회문화 요인 차이

사회문화적 요인	구분	해당 국가
개인주의-집단주의	개인적	미국, 호주, 영국, 캐나다, 네덜란드, 뉴질랜드
	집단적	베네수엘라, 콜럼비아, 파키스탄, 페루, 타이완
불확실성 회피 정도	높음	포르투갈, 그리스, 독일, 페루, 벨기에, 일본
	낮음	스웨덴, 덴마크, 노르웨이, 미국, 핀란드, 네덜란드
남성성-여성성	남성적	아일랜드, 필리핀, 그리스, 남아프리카, 오스트리아, 일본, 이탈리아, 멕시코
	여성적	스웨덴, 노르웨이, 핀란드, 덴마크, 네덜란드
권력차이	낮음	오스트리아, 노르웨이, 핀란드, 뉴질랜드, 덴마크, 이스라엘
	높음	인도, 그리스, 싱가포르, 베네수엘라, 멕시코, 필리핀
저맥락-고맥락 커뮤니케이션	저맥락	독일, 스위스, 미국
	고맥락	일본, 중국

경영기술 이전이나 정책 소개 및 정착과 같은 사안들이 긍정적 또는 부정적으로 평가될 수 있다고 한다(오미영 · 신호창, 2002).

권력 차이가 큰 문화는 위계 질서가 중요시되고 제도적 불평등이 존재한다. 권력 차이가 작은 사회의 사람들은 권력에 쉽게 접근하고 모두 협력하는 사회를 이루는 데 가치를 부여한다. 남성적 사회는 남성과 여성의 성역할이 명확히 구분되며 가부장적 성향이 강한 사회를 말한다. 여성적 사회는 성적 동등성이 추구되고 야망이나 성취 등보다는 사람을 중시하는 사회를 의미한다. 또한 고맥락 커뮤니케이션 문화권에 있는 사람들은 경험, 정보 네트워크 등에 대해 매우 동질적이며, 일상생활에서 상세한 배경 정보를 필요로 하지 않는다고 한다. 반면, 저맥락 커뮤니케이션 사회는 동질적이지 않으며 대인 관계가 구획화되는 성향이 있다(오미영 · 신호창, 2002).

사회문화 요인 외에도 공산주의/민주주의/자본주의/사회주의 등과 같은 정치경제 체제, 활동적 공중의 행동 성향, 다양한 미디어 체제(권위주의적/서구적/공산주의/혁명적/발전적) 유형 등도 국가별 공중을 분석하는 데 활용될 수 있다.

이상 살펴본 바와 같이 해외홍보를 위한 공중 분류 기준으로는 사회문화적 요인을 고려하는 것이 바람직하며, 목표로 하는 국가들을 중요도 순서에 따라 우선순위를 정하고 중요 국가의 국민, 정부, 기업들이 원하는 내용을 홍보하는 방식을 취해야 한다.

2) 공중 니즈(needs) 파악

이 연구의 심층 인터뷰를 통해 해외 공중의 요구에 대한 문의를 한 결과, 한국 문화에 대한 소개와 교류도 중요하게 제시되었지만 한국의 정책에 대한 정보, 통계, 정책에 대한 배경 자료 등에 대한 요구가 있음을 알 수 있다. 또한 해당 국가에는 없는 제도나 문화에 대한 정보, 우리나라의 선진적인 IT 인프라 영역, 교육제도, 최근의 세계 경제 불황 극복 방법 등 한국의 정책이나 외교 상황에 대한 관심과 문의가 많음을 알 수 있다. 이는 앞서 지적했듯이, 문화홍보 차원에서 정책홍보 차원으로의 변화가 필요함을 말해주고 있다.

"서울 주재 외신기자들 접촉 시, 정확한 정책 정보, 정책 통계 및 정책에 대한 배경을 요구합니다."

"한국 주재 외신기자들, 특히 통일부, 국방부의 경우, 외신으로서 취재가 매우 어려움을 토로합니다. 또한 보도 자료의 실시간 번역 서비스를 희망하고, 보도자료 또는 정기적 브리핑 외에 백그라운드 브리핑(background briefing) 원고 게재를 원합니다."

"한반도 상황이 어떻게 돌아가고 있는지가 아주 중요하다. 이는 그들의 국익과도 상관된 일이다. 투자자들도 마찬가지이다. 또한 한중 관계, 한일 관계, 나아가 한·중·일이 대립할 때 우리는 어떤 시각을 가지고 있는지도 중요하게 생각한다. 하지만 최근 이런 부분이 굉장히 약해졌다. 기재부에서 FTA나 이런 발표를 많이 하고 있지만 이것을 해외홍보와 연결해서 정부 차원의 해외홍보가 안 되고 있다. 기재부에서 끝나버린다. 모든 부분(segment)이 조각나 있는 상태에서 그것을 이어줄 방법이 없다."

"해당 나라에는 없는 제도나 문화에 대한 정보를 원합니다. 선진적인 IT 인프라 영역, 한국의 정책평가제도, 한국의 전자정부, 교육 및 수출 등에 대한 정부 정책 및 현장 취재 등을 필요로 합니다."

"한국 드라마의 체계적인 번역이 필요하다. 경제 발전의 분야별 발전 경험을 영상화해 보여주는 것도 필요하다. 한국 소개 영상이 지나치게 관변적인 냄새를 제외한 흥미를 끌 수 있는 주제로 제작되어야 한다."

"해외 미디어는 상주 외신들이 문화에 대한 갈증들이 많아요. 예를 들면 한국의 막걸리를 소개하는 이벤트 같은 것을 한다든지 그런 식으로 해주면 좋겠다, 이런 것을 들었어요. 또 한국의 뉴스 현장, 이런 곳을 개별적으로 가긴 하지만, 어떻게 취재하는 지도 모르고. 엑스포라든지, 4대 강이라든지 이런 곳들을 우리가 데리고 현장을 가서 현장에서 브리핑을 해주고 이런 것에 수요가 있어요. 이런 것을 좋아하고. 현장이 아니면, 당국자가 와서 브리핑 해주고, 질문도 받아주고. 이런 것들을 좋아하죠."

하지만, 주의할 점은 모든 국가를 대상으로 동일하게 정책홍보가 중요하다는 얘기는 아니다. 인터뷰 결과에서도 볼 수 있듯이 개발도상국의 경우는 우리나라 정책홍보에 관심을 보이지만, 선진국의 경우는 정부홍보 위주의 정책홍보보다는 한국 문화 콘텐츠에 더 많은 관심과 선호도를 보인다고 한다. 선진국 대상 정책홍보를 할 때도 현 정부의 성과나 경제위기 극복 등을 과시하는 홍보가 되어서는 안 된다는 점도 알 수 있다. 선진국 대상의 정책홍보는 선진국들이 중요하게 생각하고 있는 이슈, 즉 환경이나 인권 및 동물 보호, 저작권 관리, 복지, 세계 평화 유지 등 선진국이 관심을 가질 수 있는 주제를 선택해야 한다. 즉, 타깃 공중별로 그들의 니즈에 맞는 콘텐츠를 제공해야 효과적임을 보여준다. 공중 니즈 세분화와 함께 국가별 홍보 목표와 전략이 다르게 설정되어야 한다.

또한 인터뷰 내용을 통해서도 알 수 있듯이 해외홍보의 목표공중은 국내 거주 외신과 외국인 대상/해외 거주 해외 공중으로 구분하여 홍보전략과 홍보 내용이 달라져야 한다. 이는 국가홍보 총괄 기구 설립이나 구조조정을 고려할 때 국내·외 공중에 대한 홍보조직을 구분할 필요가 있음을 의미한다.

"유럽 쪽에서만 보면, 한국의 전통적인 문화에 관심이 많다. 해외에서 태권도 같은 경우는 1970년대부터 많은 사범을 내보내 왔기 때문에 우리에게는 어쨌든 큰 자산이다. 태권도를 배우는 사람들이 가지고 있는 한국에 대한 호감도는 다른 사람들과는 비할 바가 아니다. 정책 서비스 측면을 보면, 한국의 경제 상황, 또 특히 유럽에서는 환경문제에 관심이 많다. 예를 들면 한국의 DMZ의 자연생태계, 새만금, 습지 이런 부분에 대해 리포트도 많이 하고 관심이 많다. 우리가 이를 잘 이끌어 주면 한국이 환경 선진국이다 하는 효과를 줄 수 있다."

"정부 자랑하는 거 싫어한다. 우리가 얼마만큼 세계 랭킹에 올라왔다. 우리가 어떤 이벤트를 통해 한국이 세계 무대에 우뚝 섰다. 이런 말 굉장히 우습게 생각한다. 이런 말을 하면 할수록 점수가 내려간다. 동남아 같은 나라는 모르겠지만 유럽 현지에서는 이런 말이 굉장히 우스꽝스럽게 들린다. 우리가 그렇게 하고 싶어도 표현 자체를 굉장히 에둘러서 세련되게 하지 않으면 그 홍보물 자체가 우리나라 이미지를 2, 3류로 떨어뜨린다."

"대통령이나 정권의 홍보가 아닌, 대한민국의 전통과 문화경쟁력을 홍보하는 것이 중요하다. 국수주의적으로 오해할 수 있는 메시지를 전달해서는 안 된다. 한국 정부에 대한 일반적 홍보보다도 국가별 혹은 대륙별 관심사에 초점을 맞춘 홍보를 실시하는 것이 중요하다."

심층 인터뷰 결과, 해외홍보 공중의 세분화는 지리적 기준을 적용해 국내 주재 외국인과 외신/해외 거주 공중으로 구분할 필요가 있다. 또한 국가적 요인 가운데 경제 및 정치 발전 정도를 기준으로 개발도상국과 선진국으로 구분하는 것이 유용할 것으로 보인다. 이와 더불어 한국이나 한국 문화에 대해 잘 아는 국가와 한국에 대해 잘 알지 못하는 국가로도 구분할 필요가 있다. 목표공중에 따라 그들이 선호하는 홍보 콘텐츠가 다르게 설정되어야 한다(<표 2-6> 참조).

공중 니즈 분석에 대한 결과를 바탕으로 제언을 하면, 우선 해외홍보 공중을 국내와 국외로 구분하는 것이 필요하다. 국내 상주 외신기자나 외국인이 원하는 정보와 해외 거주 외국인들이 원하는 정보는 다르다는 것을 심층 인터뷰 결과에서도 잘 알 수 있다. 따라서 국내에서 행해지는 해외홍보를 담당하는 조직 또는 업무 분장이 이에 맞게 구성되는 것이 바람직하다고 생각한다.

지리적 요건 외에 해외홍보 공중을 세분화하는 기준으로는 문헌 고찰에서 살펴봤듯이 국가·정치·사회·문화적 요인 등 여러 가지 있을 수 있는데 이 가운데 국가의 경제개발 정도에 따라 공중 니즈가 다름을 설문조사 결과 알 수 있었다. 해외홍보의 콘텐츠가 문화홍보

표 2-6 목표공중별 선호 홍보 콘텐츠

공중 분류 기준	홍보 콘텐츠
개발도상국	• 정책홍보: 경제위기 극복 사례 및 관련 정책, e-Governance, 토목공사 관련 사례 및 정책, IT 기술 및 과학 증진 관련 정책 등 • 문화홍보: 한류 콘텐츠
선진국	• 정책홍보: 환경 및 인권보호 관련 정책, 국가청렴도, 복지 및 민주주의 정책 등 • 문화홍보: 한류 콘텐츠, 고급문화 등

뿐만 아니라 정책홍보도 함께 강화될 수 있도록 관심을 쏟아야 한다. 물론 문화홍보와 함께 정책홍보 역시 공중별로 다른 목표와 전략으로 접근해야 한다. 즉, 개도국의 경우 한국의 경제위기 극복 사례나 IT를 비롯한 신기술, 빈곤 퇴치, 국가 스포츠 장려와 같은 정책 등에 관심이 많겠지만 선진국의 경우는 개도국보다는 장기적 관점에서의 인권, 환경, 평화 등과 같은 상위 개념의 정책에 관심이 많을 것이다. 따라서 국가의 정치경제 발전 정도에 따라 홍보 콘텐츠와 전략이 달라져야 한다.

3 목표 설정과 국가 해외홍보 전략

1) 목표 설정

환경분석을 통한 문제점 진단과 목표공중 및 우선공중이 결정되면 해당 공중을 대상으로 어떠한 PR 목표를 설정해 커뮤니케이션을 실행에 옮길 것인가를 고려해야 한다. 커뮤니케이션 전략과 전술을 논의하기 전에 커뮤니케이션의 목적과 목표가 설정되어야 한다.

첫째, PR 목표 수립 단계는 이종혁(2006)의 목표 설정 단계 모델 [그림 2-9]에 잘 나타나 있다. 즉, 홍보활동의 가장 기초적인 목표는 조직이 공중에게 의도한 메시지를 얼마만큼 생산해서 배포할 것인가와 같은 기본적인 PR 메시지 생산 활동을 목표치로 삼는 것을 말한다. 예를 들면, 목표공중의 메시지 노출을 확보하기 위해 해당 국가에 뉴스릴리스를 몇 번 할 것이며, 특정 이벤트나 행사를 몇 번 진행할 것인지, 대인 외교 라인 접촉은 얼마나 할 것인지, 국가 이미지 광고를 몇 편 작업할 것인지 등등 메시지 노출도를 높이기 위해 행해지는 모든 PR 메시지 생산 활동을 의미한다.

둘째, 인지(awareness) 제고 목표는 목표공중이 해당 조직이나 이슈 관련해 정보를 습득하고 쟁점을 인식할 수 있도록 인지도를 높이는 것을 홍보활동의 목표로 삼는 단계를 의미한다. 해외홍보의 예를 들면, 대한민국, 문화, 역사, 제품, 정책 등에 대한 해외 공중들의 인지도 제고를 목표로 삼는 것을 말한다.

셋째, 이슈 점화 목표는 목표공중이 조직이 전달하는 메시지에 관심을 갖고 의미를 부여함으로써 사회 이슈화되도록 만드는 것을 목표로 삼는 단계이다. 공중의 토론 유도와 여론 형성을 통해 조직 관련 이슈가 사회적 의제가 되도록 함을 목표로 한다. 예를 들면, 지구온난화, 환경 및 인권 문제나 독도 및 동해 표기와 같은 외교 이슈에 대해 우리의 입장을 분명히 밝히고 이것이 한국에 유리한 방향으로 여론이 형성될 수 있도록 사회의제화시키는 목표를 의미한다.

넷째, 태도 형성 목표는 목표공중이 조직이나 조직 관련 이슈에 대해 긍정적 태도를 형성하고, 조직의 입장과 같은 태도를 강화하거나 변화시키려는 것을 목표로 삼는 단계이다. 즉, 코리아 브랜드 이미지의 제고를 통해 한국에 대한 호의적 태도를 형성하도록 함을 의미한다.

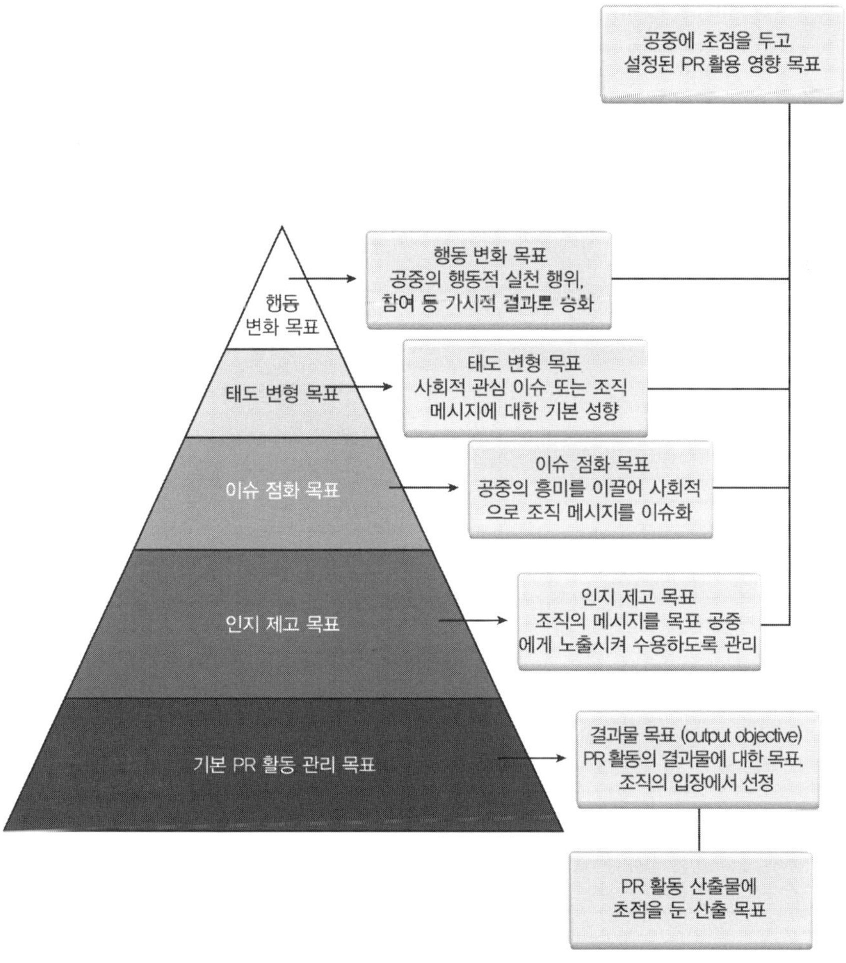

그림 2-9 PR 프로젝트 목표의 5단계(AAIAA모형)

출처: 이종혁(2006: 73).

다섯째, 행동목표는 목표공중이 조직이 원하는 방향으로 행동의 변화 및 실천을 유도하는 것을 목표로 삼는 것이다. 예를 들면, 해외홍보를 통해 한국 관련 정보 추구, 자료 구입, 한국 기업 제품 소비, 한국 관련 외교정책 지지, 한국 방문 촉진, 한국 투자 유도 등과 같은 행동적 변화를 의미한다. 목표 설정 단계 모델에서 주목할 사항은 상위 단계의 목표 달성은 반드시 하위 단계의 목표 달성을 완료한 후 이룰 수 있다는 점이다. 한국에 대한 긍정적 태도 변화가 이루어지지 않고서는 한국 관련 외교정책에 대한 지지와 같은 행동 변화 목표를 달성할 수 없다는 것이다.

또한 목표 공중별, PR 실행 주최 기관별, 그리고 주제별로 PR 목표 설정은 달라져야 한다. 한국에 대한 인지도가 매우 낮은 국가가 있는 가하면 한국을 매우 잘 아는 국가의 공중이 있다. 해외 공중별로 한국에 대한 인지도, 태도, 이미지 등이 다르기 때문에 이에 맞는 목표 설정이 필수이다.

적정 수준의 목표 설정을 위해서는 해당 국가에 대한 리서치가 수반되어야 한다. 즉, 해외홍보 대상국의 한국에 대한 인지도와 태도를 살펴보기 전에 기본적으로 해당 국가를 대상으로 얼마나 많은 홍보활동을 얼마나 자주 실행했는지 기본적인 홍보활동에 대한 평가가 선행되어야 한다. 해당 국가를 대상으로 인지도 제고 목표를 정하기 전에 기본적인 PR 실행 목표를 정해 실천해야 한다. 또한 한국에 대한 태도를 점검하기 전에 한국에 대해 얼마나 잘 알고 있는지, 즉 인지도에 대한 점검이 우선이다.

기본적으로 각 국가별·문화권별로 한국에 대한 인지도와 태도 등을 점검해 이를 기초로 적정 수준의 목표를 설정해야 한다. 목표 진술은 구체적이고, 정해진 기간 안에 현실적으로 성취 가능한 수준이어야 하며, 측정 가능한 용어와 표현으로 진술되어야 한다.

2) 국가 해외홍보 전략

거시적 차원의 국가 해외홍보 전략을 위한 모델을 살펴보면, 신호창(1999b)은 통합적 해외홍보 모델 4 Ones(One Nation, One Organization, One Voice & Multiple Tools, and One Public Relations)을 구성하여 한국의 해외홍보 방향을 제시했다. 각 구성 요소에 대해 구체적으로 살펴보면 아래와 같다.

통합된 국가(One Nation)란 해외홍보의 주체를 의미한다. 국가뿐만 아니라 기업, 정부, 국민, 기타 기관을 총망라해 하나의 유기체로 구성되어 움직여야 함을 강조한다.

통합된 조직(One Organization)이란 해외홍보를 융통성 있고 효과적이며 시의성 있게 수행할 수 있는 통합된 국가 하의 홍보 총괄 기구를 의미한다. 하나의 해외홍보 총괄 기구는 해외홍보 관련 제반 연구, 기획, 전략 개발/기업, 정부 등 통합된 국가에 속한 하부 조직들의 해외홍보 컨설팅/ 국민 대상 해외홍보 중요성 교육 및 기업, 정부의 해외홍보 관련자 해외홍보 전문화 교육/ 해외 진출 기업 및 공관을 위한 PR 프로그램 개발 및 지원/ PR 프로그램의 실행/ 외주에 의한 해외홍보의 수행 및 지도/ 각종 해외홍보 프로그램 평가 및 축적 등의 역할을 할 것을 제안하고 있다(산업정책연구원, 2003; 오미영·신호창, 2002).

통합된 목소리와 다양한 수단(One voice & multiple tools)이란 한국에 대한 일관되고 통합된 메시지가 다양한 매체에 의해 해외에 있는 목표 공중에게 전달되도록 하는 전술을 의미한다.

마지막으로 통합된 PR(One PR)란 통합적 PR전략을 말한다. PR전략을 통합적으로 수행함으로써 국가의 대외 홍보활동으로 획득하는 효과를 최대화시킨다는 전략이다.

한정호·김상훈(2004) 역시 '전략의 통합'을 제안했다. 한국의 국가 브랜드 구축이라는 일원화된 목표 아래 여러 홍보 관련 정부기구와 가능한 민간기구들에게 전략적 지시와 평가를 해야 한다고 지적했다.

앞선 상황분석 결과에서 제시되었던 한국의 해외홍보의 문제점과 결부하여 거시적 차원의 해외홍보 전략에 대한 학자들의 의견을 종합해 보면 우선 가장 시급한 전략은 일관성 있고 체계적인 통합적 해외홍보 전략을 구사하기 위한 국가 해외홍보 전담 조직의 정비라고 생각한다. 일단 조직이 정비된 후 단계별, 국가별, 문화권역별 효과적 전략의 도출과 실행이 뒤따를 수 있다고 생각한다.

통합적, 전문적 국가 해외홍보 전담 기구의 정비 후 단계별 국가 브랜드 PR 전략을 살펴봐야 한다. 산업정책연구원(2003)은 한국 브랜드 전략 모델을 [그림 2-10]과 같이 제시했다. 국가경쟁력 제고를 위한 한국 브랜드 전략은 3단계를 통해 이루어진다. 국가경쟁력 제고를 위한 국가 브랜드 전략은, 1) 한국 기업과 산업의 국제 교류 활성화를 통한 국가 경쟁력 강화, 2) 역사적 국가, 문화 선진국으로의 적극적 개발을 통한 심리적 친근도 확대, 그리고 3) 국제적인 이미지, 신뢰도 확산을 위한 국가 브랜드 전략 단계로 이루어진다고 보았다.

이는 기존의 문화 중심의 해외홍보 활동이 심리적 친근도 확대와 국가 브랜드 이미지 구축에 도움이 되었다면, 정책홍보를 통한 국가 신뢰도와 평판 제고 전략은 3단계 국가 브랜드 전략에 해당되는 것으로 보인다. 한국에 대한 인지도가 낮거나 부정적 태도를 형성하고 있는 국가에 대해서는 문화 선진국으로서의 홍보를 통해 심리적·정서적 친근도를 확대하는 전략을 택하고, 한국에 대한 인지도가 비교적 높고 한국 문화에 대한 친근감과 긍정적

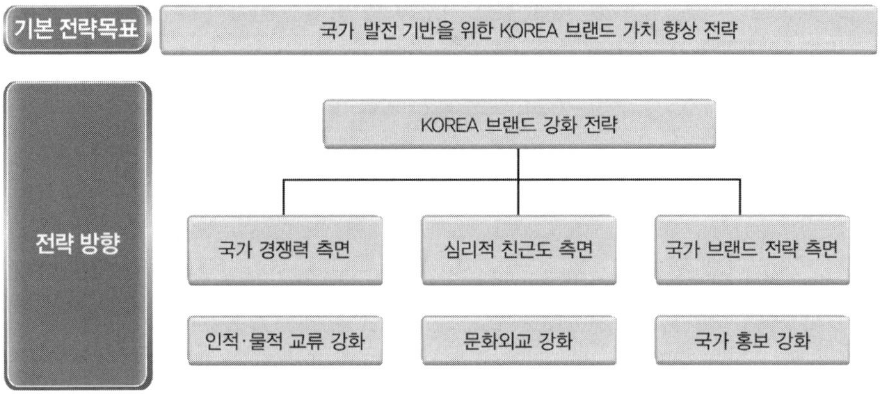

그림 2-10 Korea Brand 가치 제고를 위한 전략 체계

출처: 산업정책연구원(2003: 83).

태도를 갖고 있는 국가에 대해서는 정책홍보를 통해 선진적인 국가 브랜드를 구축하는 전략을 택하는 것이 바람직하다고 생각한다.

또한 글로벌 PR와 로컬 PR의 균형 잡힌 접근법이 필요하다. 국가 간 문화와 언어의 차이, 규제환경, 정치, 경제 제도, 대중매체, 그 외 현지의 여러 요인 때문에 로컬과 글로벌 특성을 유지하는 동시에 이러한 요인을 고려한 PR전략이 필요하다. 글로벌 기능과 현지 전략의 조화가 중요하다.

한편, 미시적 차원의 개별 PR 캠페인별로 고려되어야 하는 PR전략은 PR 프로그램이나 캠페인에 적용되는 전반적인 접근 방법을 의미한다. 전략은 조직의 기본적인 장기 목적(goal)과 목표(objectives)의 결정 과정과 이 목적을 달성하는 데 필요한 행위 절차의 채택과 자원의 할당을 의미한다(최윤희, 2003). 전략은 '목표를 어떻게 달성할 것인가'이며, 전술은 '이 목표를 달성하기 위해 무엇을 할 것인가'를 의미한다.

PR전략은 조직이 어떤 문제를 해결해 나가야 하는지 파악할 수 있도록 해주는 총체적 접근이 전략이다. PR전략 도출 단계는 8단계로 살펴볼 수 있다([그림 2-11] 참조). 1단계는 제시된 문제를 해결하기 위해 적합한 전략은 무엇인지를 사전 단계/기본 전략/사후 반응적 전략 유형 중 선택한다. 2단계는 환경적 요인 및 조직의 실행 가능성을 고려해 도출된 전략에 대한 검토가 이루어져야 한다. 3단계는 세부 전략별로 시기적 전후 관계를 고려해 배치하는 전략 포지셔닝을 통해 선결 과제 해결을 위해 효율성을 고려한 전략 배치를 실현시켜야 한다. 5단계는 전후 맥락에 의해 배치시킨 개별 전략과 공통 전략을 기본으로 명확한 단

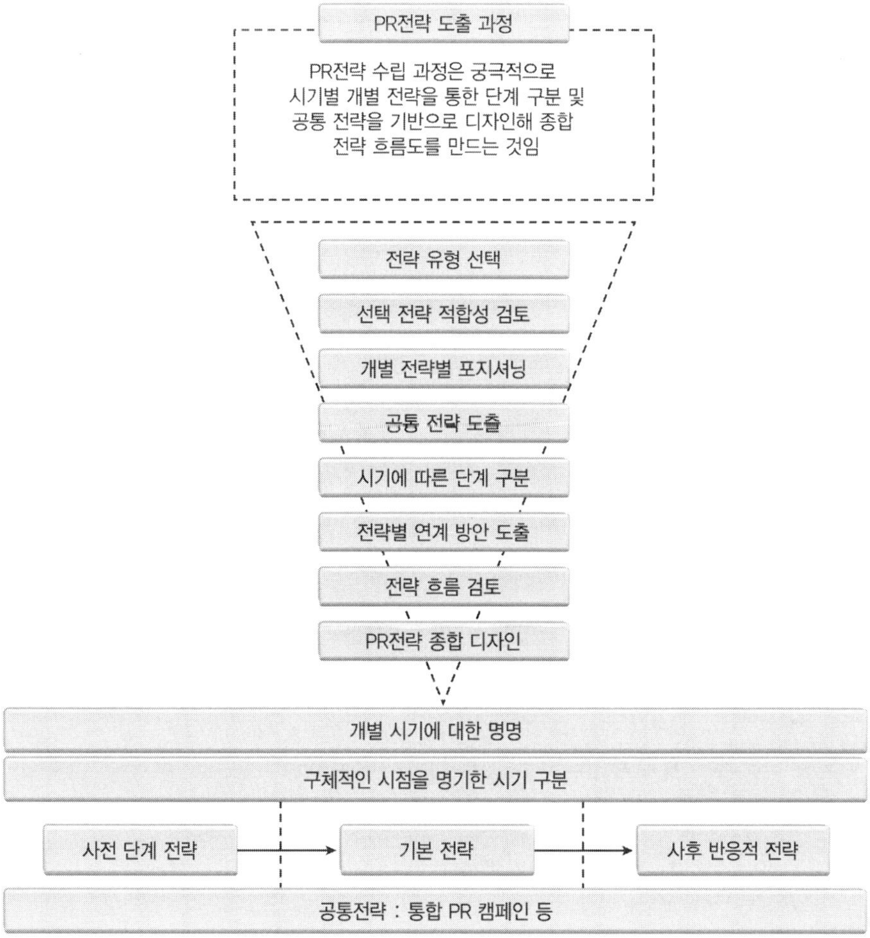

그림 2-11 PR전략 단계별 도출 과정

출처: 이종혁(2006: 90).

계 구분, 즉 시기별로 전략을 배치시켜야 한다. 6단계는, 이렇게 배치된 전략 간 상호 연계 방안을 도출하는 것으로 각 전략별 연계의 논리적 근거를 명시해야 한다. 이러한 과정을 거쳐야만 7단계에서 전반적인 전략 흐름에 대한 검토가 가능해지며, 궁극적으로 8단계에 제시하고자 했던 PR전략의 전반적인 아웃풋을 제시할 수 있다(이종혁, 2006).

이상의 거시적, 미시적 차원의 국가 해외홍보 전략에 대한 논의를 바탕으로 이 연구의 전략을 제안하면 <표 2-7>과 같다.

표 2-7 국가 해외홍보 전략 제안 (예)

목표공중 국가		PR 목표	주력 PR 콘텐츠	PR전략
개발 도상국	한국 인지도가 낮은 국가	- 한국, 한국인, 한국 문화에 대한 인지도 및 관심도 제고 - 한국에 대한 긍정적 태도 (이해도, 호감도, 친근감) 형성 제고	- 문화홍보: 지역문화, 종교, 관습, 세대별 요구에 맞는 문화 콘텐츠 제공과 교류 필요	- 국가 인지도 제고 전략 - 국가 친밀도 제고 전략
	한국 인지도가 높은 국가	- 지역사회 리더로서의 국가신뢰도 제고 - 인적·물적 교류를 통한 국가 경쟁력 확보 및 명성 제고	- 정책홍보: 개도국의 정치, 경제, 사회 발전에 도움이 되는 정책에 대한 소개, 대상국이 필요로 하는 정책 교류 (예) 새마을운동 e-Governance, 전자입찰제도, 새만금, 4대강, IT 및 과학 기술혁신 등	- 국가 신뢰도 제고 전략 - 지역세계 리더 선점 전략
선진국	한국 인지도가 낮은 국가	- 한국, 한국인, 한국 문화에 대한 인지도 및 관심도 제고 - 한국에 대한 긍정적 태도(이해도, 호감도, 친근감) 제고	- 문화홍보: 지역문화 및 지역 요구 사항에 적합한 문화 콘텐츠 제공 - 세대별 맞춤형 문화 콘텐츠 제공, 사회계층별 맞춤형 문화 콘텐츠 제공 - 한국만의 독특함이 보장된 문화 콘텐츠 제공 필요	- 소통 강화 전략 - 관계 구축 전략 - 국가 신뢰도 구축 전략 - 글로벌 이슈 선점 전략 - 국가 명성 제고 전략
	한국 인지도가 높은 국가	- 한국에 대한 왜곡 및 편파적 인식에 대한 수정 - 한국에 대한 신뢰도 및 여론 지지도 확보 - 세계 여론 영향력 국가로서의 위상 확보 - 국가 브랜드 명성 제고	- 정책홍보: 선진국 관심 이슈와 관련된 정책 위주 홍보. (예) 환경, 복지, 인권, 민주주의, 윤리, 세계화 등과 관련된 글로벌 이슈 위주	- 소통 강화 전략 - 관계 구축 전략 - 국가 신뢰도 구축 전략 - 글로벌 이슈 선점 전략 - 국가 명성 제고 전략

거시적 차원의 PR 전략을 수립한 후 구체적인 커뮤니케이션 전략을 고려해야 한다. 커뮤니케이션 전략이란 홍보 목표와 세부 실천 전술을 연결시켜 준다. PR 메시지는 PR 캠페인 과정에서 조직의 이해 관계와 목적에 기반을 두고 이해관계자, 즉 공중에게 의도한 인지, 태도, 행동 등 설득 과정을 통해 동의를 이끌어 내기 위해 선택된 핵심 키워드 조합이다(이종혁, 2006). 커뮤니케이션 메시지 전략과 전술은 정치, 경제, 사회 상황과 PR의 목적 및 목표, 목표 공중의 상황을 고려하면서 선택해야 한다.

PR 메시지는 3단계를 통해 선정될 수 있다. 우선, 기존 PR 메시지에 대한 문제점을 찾아내야 한다. 문제점 도출 시에는 기본적으로 상황(context)을 바탕으로 현재 조직이 필요로 하는 메시지가 어떤 상황에서 누구를 대상으로 어떤 이해 관계를 갖고 활용되어야 하는 메시지인가에 대한 고려를 바탕으로 문제점을 평가해야 한다. 현재 우리나라의 국가 브랜드 키워드는 '다이내믹 코리아(Dynamic Korea)' 또는 '스파클링 코리아(Sparkling Korea)'이다. 해당 키워드가 국가 해외홍보의 목표를 제대로 반영하고 있는 것인지, 해외 공중들이 해당 메시지를 들었을 때 어떤 생각을 하는지, 목표로 하고 있는 공중에게 효과적인지, 그렇지 않다면 그 이유는 무엇인지 등에 대한 검토를 통해 문제점을 발견해야 한다.

2단계는 기본 키워드를 선정하고 메시지 개발 틀을 도출해야 한다. 설득 효과를 극대화시키기 위해서는 PR 목적에 부합할 수 있도록 공중들로부터 공감을 얻을 수 있는 메시지가 개발되어야 한다. 3단계는 핵심 메시지를 도출하는 일이다. 핵심 메시지란 조직PR 목적을 기반으로 제시된 종합적인 문제 해결 방안에 대한 압축적 메시지이다(이종혁, 2006). 구체적인 커뮤니케이션 메시지 전략은 PR 공중, 목표 및 거시적 전략이 확정되지 않은 현 단계에서 논의하기에는 단계적으로 이르다고 본다.

4 채널전략 및 전술

1) 채널 전략

PR전략이 결정되면 구체적인 PR전술을 고안해야 한다. PR전술은 목표 공중과의 직접적인 접촉을 할 수 있는 통로로서 커뮤니케이션 채널을 선별하는 작업으로 시작된다.

PR전술은 적합성과 현실성을 고려해야 한다(최윤희, 2003). 전술의 적합성은 목표 공중에 실제로 도달할 수 있는가, 공중에게 의도한 효과를 거둘 수 있는가, 이 전술이 전달하고자 하는 메시지가 신뢰할 만한 것인가, 전술은 메시지의 내용과 크리에이티브에 부합한가 등을 검토하는 것이다. 현실성은 전술이 예산 범위 내에서 정해진 기간 안에 성공적으로 수행될 수 있는 것인지, 전술을 수행할 만한 전문성을 지닌 실무자나 조직이 있는 것인지 등에 대한 검토를 의미한다.

전술을 결정하고 난 후에는 구체적인 채널을 고려해야 한다. 즉, 어떤 매체가 프로그램의 목표에 가장 잘 부합되는가? 프로그램의 효과를 증대시키려면 매체들을 어떻게 배합해야

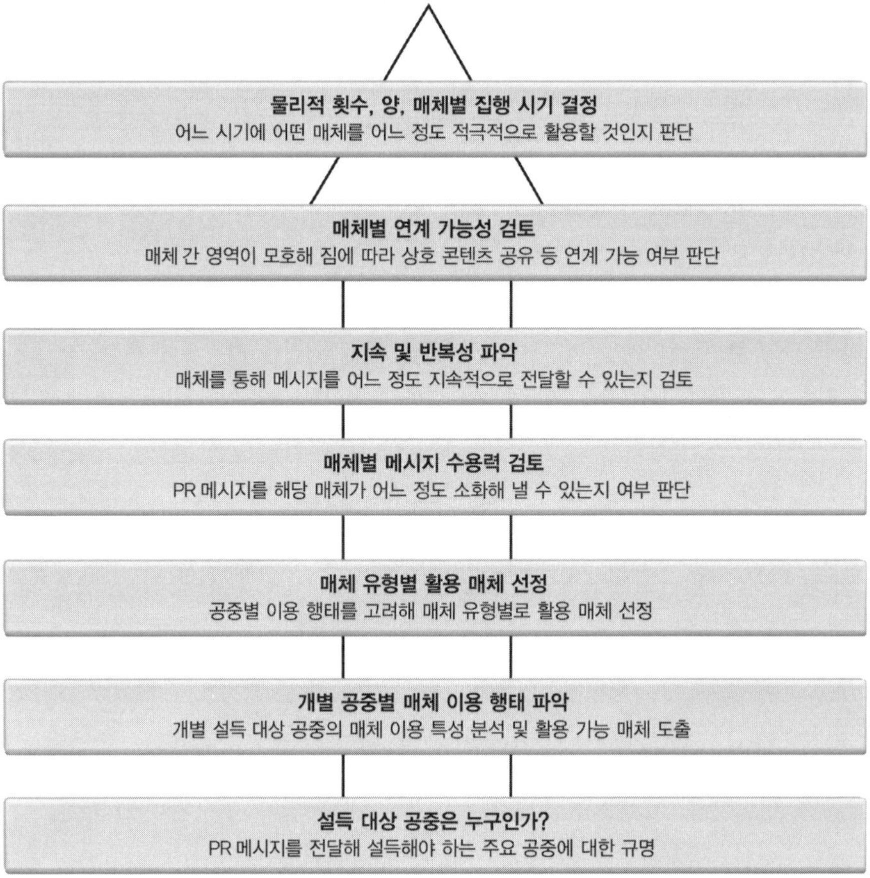

그림 2-12 PR매체 계획의 7단계

출처: 이종혁(2006: 105).

하나? 주요 공중에 도달하는 데 가장 효율적인 매체는 무엇인가 등을 고려해야 한다. 예를 들면, 목표공중의 관여도가 높으면 공중들은 주제에 관한 구체적이거나 전문적인 정보를 필요로 한다. 전통적 매체는 단지 노출이나 정보를 전달하기 위해 사용되었다. 하지만 오늘날 상호작용성 매체가 보편화되어 수용자들의 즉각적 반응을 위한 통로로 작용하고 있다.

다양한 목표공중에게 정책 메시지를 효과적으로 전달하기 위해서는 목표 공중들이 활용하고 있는 매체가 무엇인지 정확하게 파악해야 하며 효과적·효율적으로 홍보매체를 활용해야 한다. 종합편성 채널의 등장, 위성TV 및 IPTV 등 다양한 형태의 방송매체를 비롯해 최근 SNS(Social Network Service)와 같은 1인 미디어의 등장으로 홍보매체가 다원화되었다.

홍보매체가 다원화됨으로써 목표공중에게 도달할 수 있는 채널이 많아졌다는 장점도 있지만, 목표공중들이 어떤 매체를 적극 사용하고 있는지 파악하는 것이 어렵게 됨으로써 오히려 효율성은 저하되는 단점도 제기된다.

또한 매스미디어를 통한 대중적 전달에 그치던 시대와 달리 엄청난 속도의 인터넷과 1인 미디어 시대가 되면서 정책 및 이슈에 대한 정보 전달 및 확산이 엄청나게 빠른 속도로 진행되고 있지만, 반면, 정책을 둘러싼 오보의 확산, 여론 형성 및 갈등 등이 걷잡을 수 없는 속도로 확산됨으로써 오히려 정책 관리자들의 통제 범위를 넘어서는 문제가 발생하고 있다.

홍보매체는 크게 오프라인과 온라인으로 구분할 수 있다. 오프라인 매체로는 인쇄 및 광고매체, 스페셜 이벤트 및 행사, 프로모션 등을 들 수 있고 온라인으로는 이메일, 웹 사이드, SNS 등을 들 수 있다.

인쇄매체로는 신문의 퍼블리시티나 뉴스릴리스, 인쇄광고, 포스터, 다이렉트 메일(Direct Mail), 브로슈어, 정책 안내책자, 정책 관련 저서, 팩트 시트(Fact sheet), 연차보고서, 백서 등을 활용할 수 있다.

방송매체로는 각종 다양한 유형의 방송매체를 통한 공익광고, 정책 설명 방송, 각종 프로그램을 통한 PPL(Product Placement), 방송 시나리오 기획 및 제작에의 참여와 같은 방송프로그램을 활용한 Edu-Tainment Program(Education-Entertainment Program) 등을 들 수 있다. 또한 광고와 인포메이션의 결합인 인포머셜(Informercials)도 해당된다.

이 밖에 오프라인 채널 전략으로는 세미나, 학회 발표, 포럼, 공청회 개최, 기자간담회, 스페셜 이벤트, 프로모션, 공장 견학, 오픈 하우스, 준공식, 공모전, 론칭 쇼 등 목표 공중과의 직접적인 접촉을 통해 설득 효과를 높일 수 있다. 오프라인 채널은 할라한(Hallahan, 2001b)의 이벤트/집단 커뮤니케이션 매체와 일치한다. 이벤트는 참가자들이 직접 경험하는 매체이며 참석자들로부터 우호적 감성적 반응을 이끌어 내는 것이 중요하다. 우호적인 감성적 반응 유발을 위해서는 상징적 세팅, 축제 분위기 조성, 시청각 자료, 엔터테인먼트, 음악, 음식 등을 활용해야 한다. 이벤트는 정보 제공 목적 외에 공중들이 행동으로 옮기도록 동기를 부여하고 기존 신념과 태도를 구체화하는 장점이 있다.

또한 1 대1 커뮤니케이션도 이에 해당된다. 1대1 커뮤니케이션은 비구조적이고 비계획적이며 성격상 생명이 짧은 개인화된 커뮤니케이션이다. 이벤트와 마찬가지로 커뮤니케이션의 주된 형태는 구두 커뮤니케이션을 이용한 면대면 접촉을 통해 이루어진다. 학교기금 모금, 소비자 불만 처리, 지역사회 주민 갈등관리, 종업원관리 등이 포함된다.

최근 주목받고 있는 유튜브, 페이스북, 트위터, 블로그 등과 같은 SNS, 웹 사이트, 네이버와 구글과 같은 검색 엔진 등이 정책 홍보매체로서 가능성이 매우 크다. 이는 할라한(Hallahan, 2001b)의 상호작용 매체와 일치한다. 상호작용 매체는 전화와 개인 컴퓨터와 같이 사람들이 조직과 커뮤니케이션할 때 사용하는 커뮤니케이션 수단을 의미한다. 상호작용 매체 이용자들은 수동적 공공매체 수용자와는 달리 특정 주제에 흥미를 갖고 적극적으로 정보 추구 행동을 한다. 상호작용 매체는 인지도 제고뿐만 아니라 적극적인 관심과 참여를 통해 인식과 태도의 변화를 유도할 수 있는 유용한 매체이다.

매체 선택을 위해 할라한(Hallahan, 2001b)은 통합매체 모형(Integrated PR media model)을 제시했다. 이는 PR 목표에 적합한 다양한 유형의 매체 중 둘 또는 그 이상의 매체를 통합하여 사용하는 접근법을 말한다. 이 모형에서 할라한은 PR에서 사용되는 모든 매체를 다섯 가지로 분류하는데, 공공매체, 상호작용 매체, 통제된 매체, 이벤트/집단 커뮤니케이션 및 일 대 일 커뮤니케이션이다. 매체 통합은 기대하는 목표를 달성하기 위해 복합 매체의 계획적이고 조화를 이룬 이용을 의미한다. 그 예로 캠페인 초기에는 공공 매체를 통한 인지도를 증대시키는 전략이 적절하다. 그 이후 상호작용 매체나 통제된 매체를 통해 추가 정보를 제공하거나 이벤트/집단 커뮤니케이션 또는 1대1 커뮤니케이션을 통해 수용자의 행위

표 2-8 통합매체 모형

		PR 프로그램의 주요 이용 목적	예
매스 커뮤니케이션	공공 매체	인지도 구축	신문, 잡지, 라디오, TV, 전화번호부, 광고(PSAs) News Releases(Print and Video), 사진
	상호작용 매체	질문에 대한 대답: 정보 교환	전화: 자동응답 시스템, 오디오텍스트 Electronic newsrelease, Electronic faxes 인터넷: 인트라넷, 데이터베이스, 이메일, Facebook, Blog, Twitter, Homepage, Websites 스마트폰: Apps 활용, SMS 등
대인 커뮤니케이션	통제된 매체	프로모션: 구체적인 정보 제공	브로슈어, 뉴스레터, 매뉴얼, Bulletin boards, 포스터, 연례보고서, 책, Direct Mail, POP 전시, 비디오 브로셔, Information Kits
	이벤트/집단 커뮤니케이션	참석자 동원: 기존 신념과 태도 보강	연설, 강연, 전시, 회의/세미나, 시연, 스폰서/시찰, 콘테스트, 시상식, 공모전 Roundtable conferences, Panel discussion, Oral Testimony, Committee meetings, Staff meetings,
	1대1 커뮤니케이션	코멘트 수집: 문제 해결	개인 방문, 로비, 개인 편지, 텔레마케팅, 포커스그룹, Employee counseling, Face - to - Face reports

출처: Hallahan(2001: 464)을 수정 보완.

를 유발하는 전략이 필요하다.

PR 채널 전술에 덧붙여, 한정호·김상훈(2004)은 부정적 해외 언론에 대응할 수 있는 언론 전문가의 양성을 제안했다. 또한 언론활동과 현지 인사의 접촉이 매우 중요함을 강조했다. 즉, 해당 국가의 TV나 신문과 같은 전통 매체, SNS 이용보다도 1대1 면대면 커뮤니케이션을 통한 현지 네트워크 구축이 필요하다는 지적이다. 만나본 적도 없고 잘 알지도 못하는 사람과 트위터나 페이스북은 할 수 없기 때문이다. 또한 국가 외교 쟁점이나 위기관리 차원에서는 매스미디어보다 기자들과의 개인적 네트워크 구축 및 현지 외교 인력과의 관계 구축이 더 효과적일 수 있기 때문이다.

이러한 문제점은 심층 인터뷰 결과, 해외홍보 채널 전략은 물론 실행 시에 가장 어려운 부분인 것으로 나타났다. 잦은 인사 이동, 해당 국가 언어 장벽 및 예산 부족으로 인해 해외 언론 매체 기자들과의 미디어 관계(media relations) 활동이 원활하게 이루어지지 못하고 있음을 지적하고 있다.

> "해외 언론 매체들이 그 나름대로 취재 보도의 중립성을 가지고 있는 것들이 잖아요. 미국은, 특히나 유력 언론들은 특히 그래요. 자기들 나름대로 실제 윤리 가이드가 있어요. 우리나라 정부에서 돈을 주고 그 사람을 초청해서 취재를 시킨다, 이러면 아마 돈을 받고는 못 가게 돼 있어요 이 사람들이. 그렇게 되면, 편향된 기사를 쓰게 된다, 이렇게 보는 거죠. 그런 곳도 있고 다른 나라들은 뭐 그런 것들이 없는 곳도 있고. 해외 매체, 특히나 유력 매체들하고 네트워크를 구축하지만, 그게 단기적으로 되는 것은 아니에요. 우리가 어떤 일이 있다고 해서 뭐 일주일 동안 데리고 현지 가서 시찰도 해 주고, 이렇게 한다고 해서 되는 것도 아니고, 또 그 사람들이 오지도 않고. 그러니까 이제는 장기적으로 꾸준히 계속 그 사람을, 아무래도 현지에서의 역할이 중요하겠죠. 여기서는 특파원들을 대상으로 해야겠지만, 계속 만나서 설명해 주고 하는 이런 것들, 그러니까 그 사람들의 윤리 기준을 저해하지 않으면서 자질구레한 것들로 계속 소통해 나아가는 것, 이게 중요하지, 그 사람들한테 우리 기준을 다 모아서 이렇게 한다고 친한파 되는 것 아니거든. 또 그렇게 해서 될 것도 아니고. 이런 것들이 중요하겠죠."
>
> "해외에 있는 사람들이 더 잘 알 것 같은데…… 외국에 나가 있는 사람은 우선 언어에 굉장히 능통해야 하고 주요 인사들과의 잦은 만남으로 네트워크를 형성할 수 있어야 하기 때문에 1인의 역량이 매우 중요하다. 해외 언론을 다룰 수

> 있는 성향 또한 중요하다고 생각한다."
>
> "인적 네트워크가 잘 안 되어 있다. 활용할 수 있는 여건이 안 되고, 주재관이 임기가 2년이라 짧은 시간은 아니지만, 바뀌어 버리면 그 전 네트워크를 활용하기 힘들다."
>
> "해외 주요 인사나 친한(親韓) 인사에 대한 기초적인 데이터베이스가 구축되어 있지 않다. 기존에 갖고 있던 인력 풀(pool)만 답습하고 되풀이한다."
>
> "기자들과의 신뢰감 형성이다. 내가 필요할 때만 찾아가서 기사를 보도해 달라고 하는 것은 통하지 않는다. 그 사람들과 한국이라는 주제를 놓고 혹은 동북아시아라는 주제를 놓고 지적 교류와 교감이 이루어져야 한다. 홍보관으로서 어려운 부분인 중일 관계, 미중 관계, 미일 관계 등의 자료도 면밀히 봐야 한다. 그들과 대화가 될 수준으로 이해해야 하는데 이는 체계적이지 않고 개인적인 홍보관의 역량이나 노력에 맡겨져 있다. 우리가 한국 이야기만 해봐야 한국이 유럽시장에서 가지는 우선순위(priority)가 7, 8번 정도 되기 때문에 짧은 시간에 할 말을 다할 수 없다. 그것은 곤란하다."
>
> "공공기관이 나서서 해외 언론매체와 접촉하고 적극적으로 홍보를 해야 함에도 그러지 못하는데 에는 공공기관의 경직성 내지는 그러한 활동이 공공기관의 활동 영역에서 벗어나 있기 때문이 아닐까 합니다."
>
> "어쨌든 무엇보다 기자들과 만나는 것이 가장 효과적이라고 본다. 트위터나 주요 인사 접촉 등은 상당이 제한적이다. 모르는데 어떻게 트위터를 하겠나. 만난 사람에게 접촉을 해야 하니까……"

PR 채널을 활용할 때도 해당 국가의 미디어 환경에 대한 고려가 필요함을 알 수 있다. 매스미디어나 인터넷 확산이 저조한 국가의 경우 SNS와 같은 온라인 채널을 활용하기에는 현실적 제약과 효과의 문제가 따르는 것이 사실이다. 또한 매스미디어가 발달한 나라일지라도 미디어 정책에 따라 다른 양상이 나타날 수 있음을 고려해야 한다. 지방자치제가 발달해 지역신문이 활성화되어 있는 국가는 중앙 매스미디어보다는 지역별 로컬 미디어 또는 오프라인 채널이 더 효과적일 수 있다.

> "개도국의 경우 대부분의 가정에서 방송 접촉이 어려운 것이 사실이며, 따라서 온라인보다는 오프라인을 활용한다."

"내가 근무했던 주재국은 자치제가 발달되어 있고 지역 언론이 활성화되어 있기 때문에 중앙 매스미디어가 효과적이지 못했다."

이 밖에도 심층 인터뷰에서 언급은 안 되었지만 현재 해외에 정부 정책PR을 전담하고 있는 공식 채널로 국제방송교류재단, 아리랑TV를 들 수 있다. 아리랑TV는 2012년 10월 현재 해외 1억 수신 가구를 달성했을 정도로 높은 해외 도달률을 확보하고 있는 매체이다. 국내 거주 외국인들의 아리랑TV 이용 비율도 해마다 높아지고 있음을 알 수 있다. 그뿐만 아니라 해외 외국인들이 한국 문화나 정책 등에 대한 인지도를 높일 수 있는 유일한 매체가 아리랑TV라고 해도 과언이 아니다.

아리랑TV이 활약에도 불구하고 현재 국내에서 아리랑TV가 차지하는 위상은 현저히 낮은 상황이다. 아리랑TV를 효율적으로 활용하기 위해서는 법적인 지위 보장이 우선되어야 하며, 그에 따른 재원 분배도 고려되어야 한다. 국내뿐만 아니라 해외에 방송되는 아리랑TV 채널을 효율적으로 활용하면 적은 예산으로 최대의 효과를 거둘 수 있는 좋은 채널 전략 가운데 하나라고 생각한다.

2) 전술

PR전술은 PR 목표를 달성하기 위해 세웠던 전략을 현실에서 구체적으로 실현하는 활동을 의미한다. PR전술은 상황별, 지역별, 공중별, 기간별 등 다양한 환경에 따라서 창의적이고 효과적인 온·오프라인 활동들이 구현되기 때문에 이를 일일이 나열할 수 없다. 이에 효과적인 해외홍보 전술의 가이드라인을 심층 인터뷰 결과를 중심으로 정리하고자 한다.

해외홍보 담당자들에게 성공 및 실패했다고 생각하는 전술과 그 이유에 대해 질문한 결과 효과적 전술에 대한 몇 가지 제언을 도출할 수 있었다.

첫째, 제공자의 관점이 아닌 수용자의 관점에서 전술을 구상해야 한다는 점이다. 즉, 해당 국가의 문화 코드와 요구에 맞는 콘텐츠를 제공해야 함을 강조하고 있다. 유럽 개별 국가, 중동 국가, 미국 등이 모두 다른 문화 코드를 갖고 있기에 그에 공감대를 형성할 수 있는 문화 코드를 보유한 콘텐츠를 제공해야 한다는 지적이다.

"우리 생각만으로 봐서는 안 된다는 것이죠. 이슬람권에 한국 드라마가 처음에는 없었어요. 한류라고 하는 「겨울연가」, 「가을동화」가 일본, 동남아, 중국 이렇게 퍼지는데, 이슬람에는 자이툰 부대를 파병하면서, 이슬람에 대한 연구를 많이 했어요. 의견도 많이 들어보고. 그때까지만 해도 좀 생소했거든요, 이슬람에 접근하는게. (중략) 그래서 그때 해외문화홍보원에서 담당자들이 현지 위원들하고 다 같이 가서 견학도 하고 회의도 다 했어요 실제로. 그래서 그때 보니까 이슬람에 유학 온 학생들이 그러더라고요, 「겨울동화」 뭐 이런 것이 이슬람 정서하고 잘 먹힌다. 그게 좀 가정적이고 따뜻한, 뭐 이런 콘텐츠는 그쪽 사람들이 거부감이 없다. 그런데, 「올인」 같은 드라마는 정서에 잘 맞지 않는다, 도박, 이런 이야기는, 또 뭐 여성의 노출이랄까 이런 것이 많은. 그에 반해 「가을동화」, 「겨울연가」는 잘 먹히겠다. 그래서 방송사하고, 이슬람 쪽 방송사하고 이렇게 해서 가져가고. 실제로 반응이 굉장히 좋았어요. 이렇게 조사하고 준비를 해가면 돼요. 근데, 우리나라에서 인기가 있었다고, 그냥 역사나 전통 이러한 것들을 무시하고 그냥 가져가면, 잘 안 먹힌다는 거죠."

"중남미 국가의 정서와 비보이, 난타 공연의 코드가 맞았다고 생각합니다."

"요즘 싸이의 강남 스타일 뭐 그런 것도 그 사람들이 궁금하잖아요. 그러니까 좋아하죠. 반응이 좋은 이유도 다양한데, 프랑스 등 유럽에는 판소리 같은 전통문화 이런 것들을 오히려 겪어보지 못한 정말 색다른 것이다라고 느끼고 좋아해요. 우리는 별로 안 들어도 프랑스에서는 상류층이 평소에 접해 보지 못한 독특한 것에 영감을 느끼죠. 그리고 한국의 대중문화 이런 것도 좋아하고. 또 아랍권 이런 곳은 또 다르답니다. 그곳은 종교적인 특성 때문에 여성, 가족을 생각하는 그런 것들이 있기 때문에, 현지에서 좋아하는 것들은 다 달라요. 드라마 「주몽」의 시청률이 이란에서 80~90% 이렇게 나온대요. 왜 그러냐, 이란에도 우리나라 주몽과 같은 그런 신화가 있대요. 뭐 그런 동질감을 강하게 느끼는 거죠. 나라마다 그러한 배경이 있으니까 그런 콘텐츠를 좋아하는 거죠."

"한복, 이영애 패션쇼 등 지식인층은 한국의 전통 콘텐츠에 많은 관심을 보인다. 한옥, 오방색, 한식 등에 좋은 반응을 보인다. 특히 템플 스테이(Temple Stay) 등에 굉장히 반응이 좋다. 특히 대사 부인이랄지, VIP 같은 경우 가장 좋아하는 경험으로 템플 스테이를 꼽았다. 반면 일반층은 K-Pop을 가장 선호한다."

둘째, 우리 문화와 유사한 아시아 문화권에서는 더욱 더 수요자 중심의 관점으로 접근해야 함을 강조한다.

"문화가 비슷한 권역인 아시아, 특히 중국에서의 한국 전통문화 소개 시 현지 문화에 대한 깊은 이해 없이 공급자 측에서 문화 행사를 개최했을 경우 아류로 인식되어 실패한 적이 있다."

셋째, 참여와 소통의 중요성이 제기되었다. 공급자의 시각에서 일방향적으로 제공하는, 특히 한국 기념일 행사나 한국의 성과나 업적을 자랑하는 식의 전술은 역효과를 불러올 수 있다는 지적이다. 개발도상국에 대한 정책홍보 시에도 공감대를 형성하고 일방적인 교육자로서의 입장이 아니라 성장 동반자로서의 역할 매김이 중요함을 알 수 있다. 일방향적으로 보거나 듣는 행사가 아니라 체험과 교감을 통해 문화적 공감과 울림을 형성할 수 있는 온·오프라인 전술이 효과적이다. 일방향이 아닌 쌍방향의 문화 및 정책 교류를 통해 소통을 원할하게 함으로써 상호 호혜적인 관계를 구축할 수 있음을 알 수 있다.

"한국의 각종 기념일 행사에 타국의 관리를 초청해 참석시키는 등의 행사는 바람직하지 않다."

"일방적인 문화 전달이 아니라 서로 교류하는 방식의 문화 소통이 효과적이다. 또한 체험 행사도 효과적이다. 청중 참여형 행사가 반응이 좋다. 한글로 이름쓰기 행사나, 행사 마지막에 아리랑을 부르며 돌거나 하는 참여형 행사를 통해 주체와 객체가 하나 될 수 있다. 함께 참여하고 함께 만들어가는 행사가 반응이 좋다. 공동 창작 등에 많은 노력을 하고 있다."

"러시아에 출장 갔을 때 이야기다. 우리나라 현지인들과 함께 김치 등 전통음식 만들기 행사를 했던 것이 반응이 좋았다."

"거부감 없는 문화 콘텐츠의 성격(현지 선호도, 성향을 고려한 콘텐츠 구성)과 쌍방향 교류, 해외 현지 단체들과의 협동 등이 좋았다."

"개발도상국이 우리와 동질감을 느끼면서 할 수 있다는 자신감을 가지는 계기가 되었다."

"예술단체 간 상호 교류, 현지의 수요에 기반한 콘텐츠 구성으로 호응이 높았다."

"반크(Vank: Voluntary Agency Network of Korea) 같은 경우 잘못 접근하면 상당히 국수주의로 보일 수 있다. 그것은 유럽인들에게는 굉장한 금기 사항 중의 하나이다. 그것 때문에 전쟁을 치렀기 때문에 독도 문제 등이 자칫 잘못 비춰지면 역효과를 낼 수 있다. 수위 조절을 하고, 세련된 방법으로 민간에서 한국 문화의 전파, 특히 문화 교류, 한국 문화를 알려주기도 하지만 그쪽에 대해서 관심을 가져주고 자료도 나누고 공유하는 교류의 장을 많이 만드는 것이 좋다. 우리는 단방향 커뮤니케이션(one-way communication)만 하지 베트남이나 다른 나라의 문화를 알고자 하는 노력과 한국으로 초청하는 것이 부족하다. 우리의 요구만 받아달라고 할 것이 아니라 그들의 필요를 우리 속으로 끌고오는 힘이 정부 차원에서도, 민간 차원에서도 약하다."

5 효과평가: 피드백이나 PR 효과 평가 시스템과 방법에 대한 논의

PR평가는 PR활동의 마지막 단계이자, 새로운 프로세스의 시작을 의미한다. PR평가란 단순한 측정이 아닌 양적·질적 분석과 이 내용을 토대로 깊이 있는 토의를 통해 얻어내는 종합적인 PR 프로젝트에 대한 결과를 검증하는 과정이다(이종혁, 2006).

PR평가는 PR 목표에 맞춰서 이루어져야 한다. PR 목표가 인지도 제고였다면 평가 역시 인지도를 측정하는 것에 초점을 맞춰 PR 프로그램 효과를 평가해야 한다. PR평가에 활용 가능한 평가 유형은 <표 2-9>를 참고할 수 있다.

우리나라는 정부 해외홍보를 총괄하는 컨트롤 타워 조직이 부재하기 때문에 PR 기획 및 전략은 물론 PR 효과에 대한 평가조차 이루어지지 않고 있다.

표 2-9 PR평가에 활용 가능한 유형

평가 유형	설명
Appropriateness Evaluation	공중에게 전달되었을 정보의 성향과 깊이를 평가
Awareness Focus	공중이 캠페인에 대해 얼마나 무엇을 알고 있는지 평가
Descriptive Evaluation	목적과는 별도로 캠페인 진행 전/과정/후 발생한 사항에 대한 기술
Effectiveness Evaluation	목적 달성도와 성공 여부 평가
Effort Evaluation	캠페인에 투입된 인력과 시간 등 활동 노력에 대한 평가
Extensiveness Evaluation	캠페인으로 과연 해당 문제가 어느 정도 해결되었는가에 대한 평가
Formative Evaluation	캠페인 진행 중이나 후 캠페인이 얼마나 진행되었는가 평가
Impact Evaluation	캠페인의 직·간접적 효과 평가
Performance Evaluation	목표공중의 행동 변화 정도 평가

* 출처: Matera & Artigue(2000: 261)를 수정.

효과적이고 현실적인 PR 평가 시스템을 구축하기 위해 심층 인터뷰를 통해 과거 국정홍보처에서 정부 부처의 홍보활동 평가 시스템에 대한 문제점을 질문했다. 홍보 효과 평가에 대한 근본적인 문제 제기보다는 효과 측정 방법과 절차의 문제점이 지적되었다. 즉, 장기적·단기적 PR 효과 평가의 구분, 양적·질적 효과 평가의 구분, 부처별 업무 특성을 반영한 PR 효과 측정 방법 등이 필요하다는 의견이 제기되었다.

"문제라기보다는 측정지표가 기본적인 한계를 가지고 있다. 홍보평가라는 것을 정성적으로 해야 하는데 그게 시각에 따라 다르기 때문에 쉽지가 않다. 사람에 따라 다르기 때문에 평가 도구와 시스템을 만들기 힘들다."

"홍보 성과라는 것은 정량적인 것과 정성적인 부분이 있는데, 정성적인 부분의 경우 평가가 매우 어렵고, 사실 잘 안 되고 있다. 일을 하다가 아무 문제 없이 잘 넘어간 사람은 좋은 평가를 못 받고, 어떤 일이 터져서 항의를 받고, 반박하는 성명서, 보도 자료를 냈다, 찾아갔다 이런 사람은 상을 받는다. 이것을 물러서서 보면 누가 잘했냐는 것이다. 관리를 잘 해서 문제 없이 넘어간 사람은 아무런 수복을 못 받고 난리를 쳐서 관심을 받은 사람은 상을 받고 하는 문제점도 있다."

"정량평가를 강조하다 보니 실적 위주의 평가가 된다. 예컨대, 보도 자료의 내용과 상관없이 보도 자료 건수로 평가한다. 아무리 중요하고 장문인 경우도 1건, 짧고 단순한 것도 1건으로 평가된다."

"문화적인 부분을 경제적인 논리로 평가하기에 무리한 기준이 많다. 문화홍보에는 가랑비 홍보, 콩나물 물주기 홍보 등이 있는데, 문화가 알려지고 공유할 때 우리 것 좋으니 먹으라는 식은 안 된다. 서서히 젖으면서 어느새 푹 젖듯이 홍보가 되어야 한다. 장기적인 관점에서 지속적으로 진행해야지 단기적인 계량적 측정은 문제가 있다."

"해외홍보의 특수성을 무시한 평가 시스템이었다."

"이것의 문제는 각 부처마다 특색이 있는 거죠. 업무의 특성들이 있잖아요. 부처 특성을 충분히 감안하면서 평가를 해야 되는데, 그게 좀 한계점이랄까 이런 것들이 있는 거죠. 그래서 우리가 평가할 때 그룹을 나누기도 해요. 규모에 따라서 나누기도 하고, 뭐 이렇게 나누기도 하는데, 그렇다고 하긴 해도 그 그룹 안에서도 부처마다 특성이 다 다르게 있는 거죠. 그런 것들이 평가를 하기 위해서는 동일한 기준이 적용되긴 해야 되는데, 각각 가지고 있는 특성들을 다 감안하지는 못한다는 점, 이런 것들이 문제라고 볼 수 있겠죠."

조직은 PR 활동에 대한 효과 평가 결과를 기초로 다시 새롭게 문제점을 분석하고 PR 기획을 하고, 커뮤니케이션 실행을 하고, 다시 효과 평가를 해야 하는 일련의 반복적인 과정을 거듭해야 한다. 이와 같은 순환 과정을 통해 좀 더 정교하고 효과적인 정부 해외홍보 활동을 수행할 수 있다.

제 3 장 해외 사례 분석

제 3 장 해외 사례 분석

미국과 유럽을 비롯한 해외 선진국들은 국가 이미지 및 국가 브랜드를 제고하기 위해 해외홍보 기구를 설치하고 자국의 해외홍보를 전개하고 있다. 특히 미국은 홍보활동의 수준이 매우 높고 다양하게 이루어지고 있으며, 영국은 조직적이고 체계적인 홍보활동을 펼치고 있다는 점(강정석, 2010)에서 의의가 있다. 이에 이 장에서는 미국 및 영국을 중심으로 해외홍보 체계의 현황을 소개하고, 시사점을 검토한다.

제 1 절 미국

1 개요

미국 해외홍보의 경우 제2차 세계대전 당시 나치의 선전 공세에 대응하고, 이후 냉전 시기에 민주주의 진영의 진영 논리를 확산하고자 하는 목적에 그 뿌리를 두고 있다. 미국 해외홍보 체계를 살펴보면 해외홍보와 교육 및 문화 교류, 두 개의 주된 축으로 이루어져 있음을 알 수 있다. 역사적으로 미국 해외홍보 체계는 이들 주된 기능의 통합과 분화의 반복으로 요약될 수 있다.

1938년 외국과의 문화적 교류를 위해 국무부에 문화교류과(Division of Cultural Relations)

를 설치하여 학자 및 학생과 문화 분야 전문가의 교류 프로그램을 운영했다. 이후 제2차 세계대전이 종료된 후 전시 선전기관이었던 전쟁정보실(The Office of War Information)의 해외홍보 기능을 문화교류과의 문화 교류 기능과 통합하여 국무부 내에 해외홍보 및 문화실(Office of International Information and Cultural Affairs)을 창설했고, 1946년 그 명칭이 해외홍보 및 교육교류실(Office of International Information and Educational Exchange)로 변경되었다. 이렇게 해외홍보와 교육 및 문화 교류 기능이 통합되어 운영되다가, 1948년 교육교류실(Office of Educational Eschang)과 해외홍보실(Office of International information)로 국무부 내에서 이원화되었다. 이렇게 이원화되었던 기능은 1952년 국무부 내 국제교육교류담당 해외홍보실(Office of the International Information Administration with the International Educational Exchange Service)로 통합되었다.

그 후 미국 해외홍보 기능을 독립적으로 담당하는 주된 기관으로 1953년 대통령 직속의 해외홍보처(the United States Information Agency: USIA)가 설립되었다. 미국 해외홍보처는 미국 국익의 증진과 관련 외국 대중에게 미국을 알리고, 이해시킬 목적과 공산주의 진영에 대한 대응으로서 미국 민주주의의 확산을 목적으로 아이젠하워 대통령에 의해 1953년 창설되었다. 해외홍보처는 1999년까지 미국 해외홍보의 주무기관으로 존재했다. 해외홍보처는 외국에 해외홍보원(United States Information Service: USIS)을 두어 미국에 관한 정보 및 미국의 정책에 관한 내용을 출판하고 해외홍보원을 통해 해외에 전파했다. 또한, 미국의 소리(Voice of America) 등 방송 서비스를 통해 해외 대중을 대상으로 미국에 관한 긍정적인 이미지를 전달했다.

해외홍보처의 기능이 미국 및 미국 정책에 관한 홍보에 중점을 두면서 문화 교류 기능은 1958년 설치된 국무부 내의 국제문화관계국(Bureau of International Cultural Relations)이 담당하게 되었다. 이에 미국의 해외홍보 관련 기능의 경우 직접적인 해외홍보 기능은 해외홍보처가 담당하고, 교류 프로그램은 국무부가 담당하는 이원적 체계를 갖추게 된다. 그러나 민주주의 이데올로기를 선전하는 기능뿐만 아니라 비정치적인 문화 교류 기능이 요구되는 환경 변화 속에서 이러한 이원적 체계는 기능상 중복되는 부문이 발생하는 문제를 낳게 되었다.

이에 1978년 국제문화관계국의 기능을 해외홍보처에 통합하여 대통령 소속의 국제교류처(United States International Communication Agency: ICA)가 설립되었고, 이는 1982년 미국 중앙정보부(CIA)와의 약어 명칭의 혼란을 피하기 위해 원래 명칭이었던 해외홍보처로 변경되었다. 1990년대까지 해외홍보처는 가장 큰 주요 사업인 풀브라이트(Fulbright) 프로그램과 Radio Free Europe/Radio Liberty 해외방송 사업을 운영했다. Radio Free Europe/Radio Liberty의 경우 동구권 유럽의 대중들을 대상으로 민주주의 이데올로기를 선전하는 프로그램을 40여개의 언어로 방송했는데, 3천만 명의 시청자가 시청했다. 그러나 탈냉전 시기가 도래하면서 민주주의 이데올로기 선전을 중심으로 하는 해외홍보 기능이 축소되기 시작했다. 또한, 클린턴 행정부 시기 신공공관리에 기반한 행정 개혁으로 그 조직과 기능이 축소되었으며, 1999년 외무개혁 및 재조직법(The Foreign Affairs Reform and Restructuring Act)에 따라 해외홍보처는 폐지되어 비방송 홍보 기능 및 교류 프로그램 등은 국무부에 흡수되어 새롭게 창설된 공공외교 및 공보담당 차관(Under Secretary of State for Public Affairs and Public Diplomacy) 산하의 해외홍보국(Bureau of International Information Program), 교육문화국(Bureau of Educational and Cultural Affairs)으로 이관되었다. 미국의 소리(VOA) 및 자유방송(Radio Liberty) 등을 포함한 방송 기능은 새로 창설된 독립기관인 방송위원회(Broadcasting Board of Governors: BBG)로 이관되었다. 따라서 현재 미국의 해외홍보는 국무부의 해외홍보국 및 교육문화국과 독립기관인 방송위원회(BBG)를 중심으로 이루어지고 있다.

2 해외홍보 체계 및 주요 사업

미국의 해외홍보는 1999년 해외홍보처(United States Information Agency: USIA)가 폐지되고, 그 기능이 국무부에 흡수되면서 국무부 공공외교 및 공보담당 차관(Under Secretary for Public Diplomacy and Public Affairs)을 중심으로 이루어지고 있다. 국무부 공공외교 및 공보담당 차관은 정책기획실(Office of Policy, Planning and Resources), 공보국(Bureau of Public Affairs), 교육문화국(Bureau of Educational and Cultural Affairs)과 해외홍보국(Bureau of International Information Program) 등으로 조직되어 있다. 정책기획실은 장기적 관점에서 공공외교 및 해외홍보 프로그램의 전략계획을 수립하고, 각 프로그램에 대한 성과평가를 실시한다. 공보국은 미국 자국민을 대상으로 미국 외교정책에 대한 공보 업무를 담당하고 있다. 따라서 실질적으로 미국의 해외홍보 기능을 담당하고 있는 기관은 국제문화교류 프로그램에 관한 업무를 담당하고 있는 교육문화국과 해외홍보를 담당하고 있는 해외홍보국이라고 할 수 있다.

국무부 외에 해외홍보 방송을 총괄하고, 감독하는 독립기관으로 방송위원회(Broadcasting

Board of Governors: BBG)가 설립되어 있다. 1999년 이전까지 미국 해외홍보를 총괄하던 해외홍보처가 폐지되면서 해외홍보 사업과 관련된 기능은 국무부로 흡수되었고, 해외홍보 방송 기능은 방송이사회(BBG)로 이관되었다.

이 밖에 해외홍보 기능을 담당하지는 않지만, 해외홍보와 관련이 있는 기관으로 해외원조를 담당하는 국제개발처(United States Agency for International Development)가 연방독립기관으로 존재한다. 또한, 국외기관으로 각국 대사관과 각국의 미국 공보원(United States Information Service: USIS)이 해외홍보 기능을 담당하고 있다.

결론적으로 미국 해외홍보 관련 기능을 범주화하면, 해외홍보 프로그램, 교육 및 문화교류 프로그램, 해외홍보 방송 등 세 가지로 구분할 수 있다. 해외홍보 프로그램은 국무부 해외홍보국에서 담당하며, 교육 및 문화 교류 프로그램은 국무부 교육문화국에서 담당하며, 해외 방송과 관련해서는 독립기관인 방송위원회(BBG)에서 담당한다. 따라서 이들 세 기관의 기능과 프로그램을 중심으로 미국 해외홍보 체계와 구체적인 사업을 검토하고자 한다.

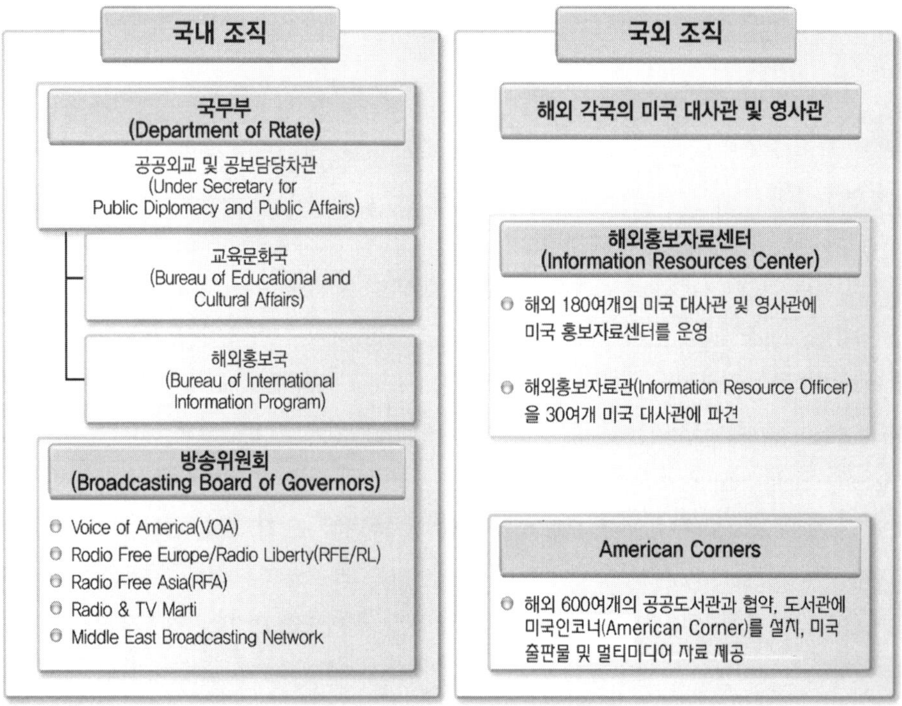

그림 3-1 미국의 해외홍보 체계

1) 해외홍보국

해외홍보국(Bureau of International Information Program: IIP)은 국무부 공공외교 및 공보 담당 차관에 소속된 조직으로 해외홍보 사업을 담당한다. 1999년 미국 해외홍보처(USIA)가 폐지되면서 미국 국무부에 신설되었다. 해외홍보국은 해외 대중의 미국 국가 이미지를 제고하기 위한 전략적 목적을 가지고 있다. 이를 위해 해외홍보국은 외국의 오피니언 리더들과 커뮤니케이션을 하며, 해외 대중을 대상으로 미국에 관한 정보를 제공하고, 미국 정책 및 미국의 가치에 대한 이해를 확산하는 기능을 담당한다. 구체적으로 해외홍보국은 다음과 같은 사업을 진행하고 있다.

(1) 미국에 대한 정보 생산

미국에 대한 정보, 미국 문화 및 미국의 정책에 대한 출판물을 다양한 언어로 생산하고, 이와 관련하여 전자정보를 제공한다. 이러한 정보는 전 세계의 미국 대사관과 미국공보원(USIS)을 통해 제공한다.

(2) 인터넷 웹 사이트 운영

21세기 정보화 시대에 맞추어 인터넷 및 SNS 등을 통해 정보를 제공하고 있다. 2007년 이후 해외홍보처는 미국의 공공외교 및 해외홍보를 강화하는 데 인터넷을 적극적으로 활용하고 있다. 이에 2008년 이후 해외홍보처는 'america.gov' 웹 사이트를 개설하여 미국의 외교정책 및 미국의 문화와 미국에서의 삶에 대한 정보를 제공하고 있는데, 현재 'america.gov' 웹 사이트는 'InfoUSA' 웹 사이트(http://usinfo.org/)로 변경되어 운영되고 있다.

(3) Strategic Speakers Program

Strategic Speakers Program은 미국의 전문가 혹은 일반시민이 해외 대중을 대상으로 미국에 대한 이해를 넓히기 위해 여러 가지 다양한 주제를 가지고 강연이나 세미나 워크숍을 외국에서 개최한다. 구체적으로 Traveling Speakers는 미국에 대한 전문가, 베스트셀러 작가, 미국연방대법원 대법관, 전임 국무장관, 미국 유명 스포츠 선수 등이 해외에서 해외 대중을 대상으로 미국의 정책, 미국 사회, 미국 문화 등을 주제로 강연, 세미나 등을 개최하는 사업이다. Citizens Dialogue는 미국의 일반 시민이 미국에서의 삶, 경험 등을 해외 대중과 공유하는 프로그램으로, 특히, 아랍계 미국 시민들이 미국 사회에 대한 이슬람계가 공헌하는 측면 등을 주제로 아랍계 대중을 상대로 개최한다. 이러한 강연 및 세미나 등은 인터넷 및 팟캐스트 등을 통해서도 제공된다.

(4) 디지털지원팀 운영

2007년에 구성된 디지털지원팀(Digital Outreach Team)은 해외홍보에 대한 온라인 역량을 강화하기 위해 조직된 것으로 온라인상에서 미국 및 미국 정책에 대한 잘못된 정보에 대해 적극적으로 대응하고, 미국의 외교정책에 대한 정확한 정보를 제공하는 업무를 담당한다. 특히, 아랍계 인터넷 사이트(주로 아랍어, 페르시아어), 블로그, 뉴스사이트 등에 초점을 두고 활동하고 있다.

(5) 대테러 커뮤니케이션센터

9·11 테러 이후 해외홍보국은 인터넷 및 멀티미디어를 통해 테러와의 전쟁에 초점을 두고 있다. 이와 관련하여 대테러 커뮤니케이션센터(Counterterrorism Communication Center)를 조직하여 테러리스트들의 커뮤니케이션을 모니터하고 인터넷을 통해 이데올로기 선전활동을 펼치고 있다. 특히, 인터넷상의 반미 메시지에 적극적으로 대응한다. 우선적으로 아랍계 인터넷 웹 사이트를 주된 대상으로 한다.

(6) Democracy Video challenge

이 프로그램은 민주주의에 대한 글로벌 담론을 확산하기 위한 프로그램으로 민주주의를 주제로 동영상 콘테스트를 실시한다. 유튜브를 통한 투표로 7개 비디오를 선정 (대륙별 선정, 북미와 남미, 유럽, 아프리카, 남중아시아, 동아시아 및 태평양 지역 등)하여 미국에 초청한다.

이 밖에도 해외홍보자료관(Information Resource Officer)을 30여개 미국 대사관에 파견하여, 해외 대중을 대상으로 교차문화(cross-cultural) 연구 및 교육 프로그램을 제공한다. 또한, 해외 180여개의 미국 대사관 및 영사관에서 미국 홍보자료센터를 운영하고 있으며, 해외 600여개의 공공도서관과 협약을 맺어 미국인 코너(American Corners)를 통해 미국에 관한 출판물 및 멀티미디어 자료를 제공하고 있다. 한국의 경우 부산 시민도서관, 대구 중앙도서관, 광주 무등도서관에 미국인 코너가 설치되어 있다.

2) 교육문화국

교육문화국(Bureau of Educational and Cultural Affairs)은 세계 각국과 미국과의 평화적

관계와 신뢰를 구축하고 상호 이해를 증진시키며 미국의 국익을 보호하는 것을 목적으로 하고 있다. 이를 위해 세계 각국과 미국과의 민간단체 간 인적 교류를 강화하며, 학생, 교사, 학자, 전문가, 차세대 지도자를 교환하여 국제 연구 프로그램 및 전문성 개발에 참여하고, 국제사회에는 미국의 역사·사회·예술·문화를 소개하고 미국인들에게는 세계의 다양한 문화에 대한 이해를 제고하는 등의 활동을 수행하고 있다. 국제 교육 및 문화 교류 프로그램은 1938년 국무부에 설치된 문화교류과(Division of Cultural Relations)에서 시작되었다. 이는 1959년 국제문화교류국(Bureau of International Cultural Relations)으로 발전했고, 1978년까지 국무부가 관련 기능을 수행하면서 계속되었다. 이후 국무부의 문화관계국에서 담당하던 교육 및 문화 교류 프로그램은 1978년 설립된 해외홍보처의 전신인 국제교류처

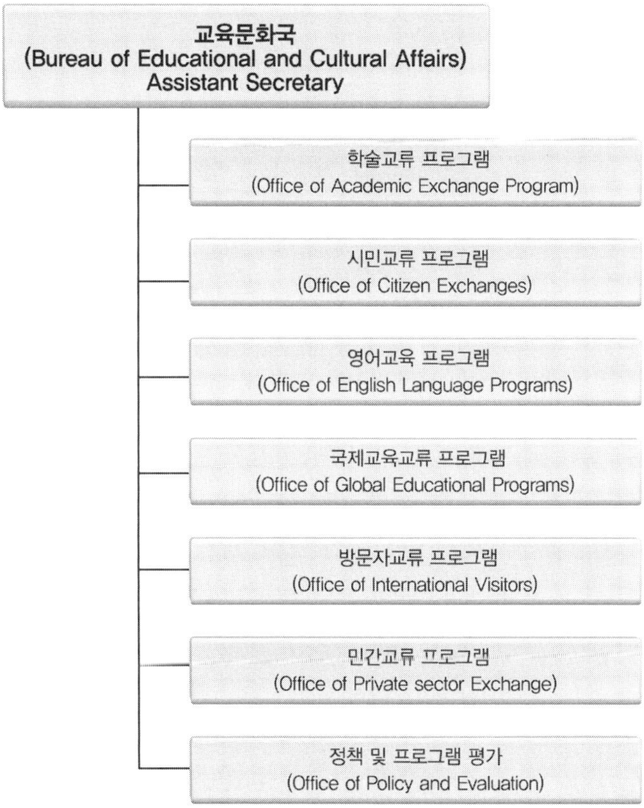

그림 3-2 미국 국무부 교육문화국 조직

(United States International Communication Agency)로 이관되어 수행되었으며, 이는 해외홍보처로 계속되었다. 그러나 1999년 해외홍보처가 폐지되면서 그 기능은 국무부의 교육문화국에서 수행되고 있다.

교육문화국의 가장 대표적인 프로그램은 풀브라이트 프로그램으로 1946년 상원의원 풀라이트(William Fulbright)가 제안한 법안에 따라 시작되었으며, 2012년 현재 전 세계 150여 개국과 프로그램을 운영하고 있다. 교육문화국의 다양한 사업은 「풀브라이트 헤이즈 법(Fulbright-Hays Act: Mutual Educational and Cultural Exchange Act)」을 근거로 시행된다.

교육문화국은 해외와의 교육 및 문화 교류를 위한 다양한 사업을 담당하고 있으며, 자국민 및 외국의 학생, 학자 등을 대상으로 사업을 펼치고 있다. 교육문화국의 주요 사업은 크게 학술 교류사업, 교육사업, 인사 교류 및 문화 교류사업으로 구분할 수 있는데, 사업에 따라 조직이 구성되어 있다.

(1) 학술교류 프로그램

교육문화국은 미국 및 외국의 대학생, 대학원생 및 학자 등을 대상으로 다양한 학술교류 프로그램(Academic Exchange Program)을 제공하고 있다. 주요 학술교류 프로그램으로 Fulbright Program, Critical Language Scholarship Program, Global Undergraduate Exchange Program, Edmund S. Muskie Graduate Fellowship Program 등을 들 수 있다. 그 중 몇몇 프로그램을 구체적으로 살펴보면 다음과 같다.

- Fulbright Program: 미국 국무부가 지원하는 가장 대표적인 프로그램으로 학술 교류를 통한 상호 이해와 협력을 증진하는 데 목적이 있다. 1946년부터 시작된 이 프로그램은 지금까지 약 300,000명이 참여했다. 이 프로그램은 해외의 학생, 학자 등에게는 미국에서 공부 및 연구할 수 있는 기회를, 미국 자국민들에게는 해외에서 공부 및 연구할 수 있는 기회를 제공하고 있다. 대략 1년에 155개 국가, 8,000명의 학생 및 학자들이 이 프로그램을 통해 미국을 방문하게 된다. 풀브라이트 프로그램은 학부 학생, 대학원 학생, 교수, 교사, 음악 및 미술 분야의 예술가, 법, 기업, 언론 분야 전문가, 과학자 및 공학자 등 다양한 분야 및 다양한 계층을 대상으로 광범위한 기회를 제공하고 있다.
- Critical Language Scholarship Program: 미국의 학생들을 대상으로 외국에서 외국어를 배울 수 있는 기회를 제공하는 프로그램이다. 미국의 학부, 석사, 박사 수준의 학생들을 대상으로 하고 있으며, 약 7~10주간 운영되는 단기 프로그램이다.

- Global Undergraduate Exchange Program: 학부 학생들을 대상으로 1학기 혹은 1년간 미국에서 공부할 수 있는 기회를 제공하는 교환학생 프로그램이다.
- Edmund S. Muskie Graduate Fellowship Program: 유라시아 국가의 석사 수준 학생들을 대상으로 미국에서 공부할 수 있는 기회를 제공하는 프로그램이다. 전공 분야에 대한 공부 외에 커뮤니티 서비스 및 인턴십을 통해 미국적 가치에 대해 접하고 공부할 수 있는 기회가 제공된다. 이 프로그램은 아르메니아, 벨라루스, 카자흐스탄, 우크라이나 등 유라시아 12개 국가의 학생들을 대상으로 한다.

(2) 시민교류 프로그램

시민교류 프로그램(Citizen Exchange Program)은 어린이, 문화, 스포츠 교류 프로그램을 지원한다.

어린이교류 프로그램으로 다음의 프로그램이 운영되고 있다.

American Serbia & Montenegro Youth Leadership Exchange

Future Leaders Exchange

German American Partnership Program

Global Connections and Exchange

Kennedy-Lugar Youth Exchange and Study

Global Connections and Exchange(GCE)

Youth Leadership Programs

문화 교류의 경우 미국의 다양한 문화적 자산 및 미국의 예술가의 다양한 작품을 전 세계 국가와 공유하기 위한 프로그램을 개발하여 제공하고 있다. 다큐멘터리 필름 제작 분야, 영화, 문학, 미술, 음악 등 다양한 분야에서 프로그램이 제공되고 있다.

(3) 영어교육 프로그램

영어교육 프로그램(English Language Programs)은 영어교육을 다양한 콘텐츠를 개발하고, 영어교육 프로그램을 해외 각국의 미국 대사관과 영사관을 통해 미국 영어를 전파하고 있다. 다양한 프로그램 중 몇몇 프로그램을 구체적으로 살펴보면 다음과 같다.

- English Language Fellow Program: 미국의 TESOL(Teaching English to Speakers of Other Languages) 교육자 및 전문가들을 외국에 파견하는 프로그램이다.
- E-Teacher Scholarship Program: 오리건대학교 온라인 시스템을 통해 대학원 수준의 영어 교수법을 해외의 영어 교육자들에게 제공하는 프로그램이다.

(4) 국제교육교류 프로그램

국제교육교류 프로그램(Global Educational Programs)은 미국에서 공부하기를 원하는 외국의 학생과 외국에서 공부하기를 원하는 미국 학생들을 지원하기 위한 다양한 프로그램을 운영하고 있다. 그 중 몇몇 프로그램을 구체적으로 살펴보면 다음과 같다.

- Hubert H. Humphrey Fellowship Program: 대학원 수준의 학생 및 중견전문가들을 대상으로 미국에서 공부할 수 있는 기회를 제공하는 프로그램이다. 미국에서 10개월 동안 대학원의 비학위 과정(non-degree graduate-level)을 제공한다.
- Community College Initiative: 브라질, 카메룬, 코스타리카, 이집트, 가나, 인도, 인도네시아, 케냐, 파키스탄, 파나마, 남아프리카, 터키의 젊은 학생들을 대상으로 미국의 community college에서 1년 동안 영어와 전공을 공부할 수 있는 기회를 제공하는 프로그램이다.
- Benjamin A. Gilman International Scholarship Program: 해외에서 공부하기를 원하는 미국 학생들에게 재정적 지원을 제공하는 프로그램이다.

(5) 방문자교류 프로그램

방문자교류 프로그램(International Visitors Program)은 해외의 전문가 및 리더 대상의 프로그램으로 해외의 정부, 민간 기업 등 각 분야의 전문가 및 리더들을 미국에 초청하여, 미국의 각 분야 전문가 및 리더들과 상호 교류할 수 있는 기회를 제공하고, 이들에게 미국의 정치, 사회, 교육, 문화 등을 소개하는 프로그램이다. 다양한 프로그램 중 몇몇 프로그램을 구체적으로 살펴보면 다음과 같다.

- 국제방문자 리더십 프로그램(International Visitor Leadership Program): 1940년부터 시작되었는데, 해외의 정치, 정부, 언론, 교육, 민간기업, 문화 등 각 분야 리더 및 잠재적 리더들을 초청하는 프로그램이다. 매년 외국 정부의 현직 혹은 전임 장관, 고위 공무원을 포함한 각 분야 전문가 및 리더 5,000여 명이 이 프로그램을 통해 미국을 방문한다.
- Edward R. Murrow Program for Journalists: 해외 각국의 차세대 저널리스트들을 초청하여, 미국 저널리스트들과의 상호 교류할 수 있는 기회를 제공하는 프로그램이다. 매년 150여 명의 저널리스트들이 초청되고, 미국 대학의 언론대학원 학생 및 교수들과 세미나를 개최한다.
- 100 Women Initiative: 2011년 클린턴 국무장관에 의해 제안된 프로그램으로, 전 세계

92개국 학계, 기업, 시민사회, 정부, 미디어 등 각 분야 100명의 여성 리더들을 미국에 초청하여, 상호 교류할 수 있는 기회를 제공하고, 여성 인권 및 성 평등 이슈에 관해 상호 논의할 수 있는 기회를 제공한다.

– African Women's Entrepreneurship Program: 2010년에 시작된 프로그램으로, 아프리카 여성 기업가들과 미국 간 네트워크를 구축하기 위한 목적으로 창설되었다. 사하라사막 이남의 아프리카 여성 기업가 특히, 중소기업의 기업가들이 그들 국가의 경제 발전에 원동력이 될 수 있도록, 아프리카와 미국 간 경제무역 진흥을 위한 목적에서 추진된다.

3) 방송위원회

방송위원회(Broadcasting Board of Governors: BBG)는 비군사적 해외홍보 방송을 담당하는 연방독립기관이다. BBG는 미국에 관한 뉴스와 정보를 라디오 및 TV 방송을 통해 해외 대중에게 전달함으로써 미국의 이미지를 개선하고, 미국의 자유 민주주의를 확산하고자 하는 데 그 목적을 두고 있다. 또한, 냉전 시기에는 사회주의 국가의 국민들을 대상으로, 냉전 이후에는 중동 국가들의 국민을 대상으로 친미국적인 메시지를 전달하고자 하는 목적도 있다. BBG는 1999년 해외홍보처의 폐지로 해외홍보처의 방송 기능을 이관받아 창설되었다.

1990년 해외홍보처는 산하에 방송담당국(Bureau of Broadcasting)을 두고, 3개의 방송서비스(Voice of America, WORLDNET, Radio & Televisión Martí)의 관리 감독을 통합하여 운영했다. 1994년 클린턴 행정부에서는 분산되어 운영되던 해외방송 서비스를 해외홍보처의 국제방송국(International Broadcasting Bureau)에서 통합하여 관리하도록 했다. 이는 1999년 BBG가 설립되면서 BBG 산하로 이관되었다.

2004년 BBG에 관한 미국 감사원(GAO)의 보고서에 따르면, BBG의 조직구조의 비효율성 및 통합·조정의 문제점을 지적하고 있다. 미국 감사원은 BBG 산하의 개별적인 방송국의 중첩된 언어 서비스, 각 방송국의 중복된 콘텐츠, 중복된 뉴스 수집 등 비효율성을 시석하고 있고, 이로 인해 조정의 어려움이 존재한다고 문제를 제기하고 있다. 이에 2004년 WORLDNET TV서비스는 Voice of America로 통합되었고, 아랍권을 대상으로 한 방송국 Alhurra, Radio Sawa, Radio Farda을 Middle East Broadcasting Networks로 통합하여 관리하고 있다.

BBG의 조직 체계를 살펴보면, BBG는 방송위원회와 산하의 국제방송국(International

Bureau of Broadcasting)으로 이루어져 있다. BBG는 9인의 위원으로 구성되는데, 국무부 장관은 당연직 위원으로 그 밖에 8인의 위원은 대통령이 임명하고 상원에 의해 승인된다. 위원장은 당연직 위원을 제외한 위원 중에 대통령이 임명한다. 법에 의해 당연직 위원을 제외하고 4명을 초과한 위원이 동일 정당 소속이 되는 것을 금지하므로 초당파적 위원회로 운영된다.

BBG는 2012년 현재 Voice of America(VOA), Radio Free Europe/Radio Liberty(RFE/RL), Radio Free Asia(RFA), Radio & TV Marti, Middle East Broadcasting Networks(MBN) 등 5개의 방송 서비스를 관리하고 있다. 또한, BBG는 산하의 국제방송국(International Bureau of Broadcasting)은 5개의 해외방송 서비스에 대해 방송 송출 서비스를 비롯한 행정 및 기술적 지원을 담당한다. 5개의 방송 서비스 중 Voice of America와 Radio & TV Marti는 국제방송국 산하에 편성되어 있으며, 나머지 3개의 방송 서비스, Radio Free Europe/Radio Liberty(RFE/RL), Radio Free Asia(RFA), Middle East Broadcasting Networks(MBN) 등은 모두 비영리기관(non-profit organization)으로, BBG의 재정을 지원받고, 관리 감독을 받는다.

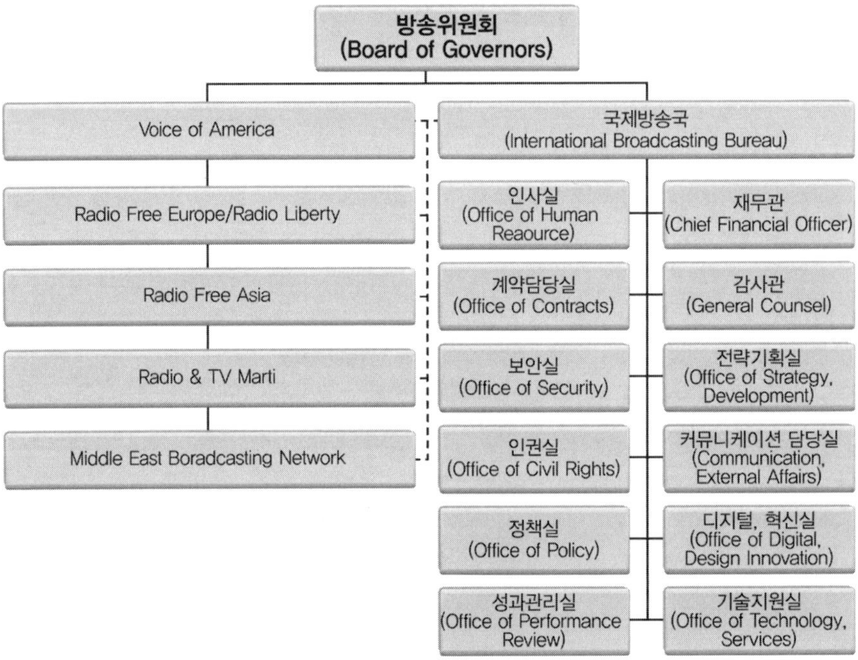

그림 3-3 방송위원회 조직 체계

BBG는 2012년 현재 3,592명의 인력을 포함하고 있으며, 2011년 기준 7억 4천 6백 90만 달러의 예산으로 운영되고 있다. BBG의 방송 서비스는 세계 100여 개국에서 방송되고 있으며, 1억 8천 7백만 청취자를 확보하고 있다. BBG 산하의 국제방송국(IBB)에는 709명의 인력이 종사하고 있으며, 2011년 예산이 2억 7천 2백만 달러이다. BBG의 조직 체계를 구체적으로 살펴보면 [그림 3-3]과 같다.

(1) Voice of America

Voice of America(VOA)는 가장 큰 미국의 해외방송 서비스로 1942년 제2차 세계대전 당시 독일 국민을 대상으로 한 라디오 방송에서 출발했다. 미국을 제외한 전 세계의 대중을 대상으로 FM 및 AM 방송을 비롯하여, 위성, TV를 통해 방송되고 있다. 또한, 인터넷 웹 사이트(www.VOANews.com)와 팟캐스트를 통해서도 방송을 서비스하고 있다. 2012년 현재 한국어를 포함한 44개의 언어로 방송되고 있으며, 매주 약 1억 4천 1백만 명의 사람들이 청취 및 시청하고 있다. 전 세계 22개 IBB 지국에서 방송되며, 약 900개 지역 계열사의 글로벌 네트워크를 통해 재송출된다. VOA에는 2012년 현재 국내외 1,209명이 종사하고 있으며, 전 세계 22개 지국에 특파원을 파견하고 있다.

VOA 헌장에 따르면, VOA를 포함한 모든 해외방송 서비스가 정확하고 객관적이며 포괄적인 뉴스를 방송하도록 요구하고 있으며, 미국 사회의 실상과 주요 사상 및 제도를 균형 있게 제시하고, 미국의 정책을 분명하게 알리는 한편, 이에 관한 책임 있는 토론과 견해를 제공하도록 명시하고 있다. 그러나 VOA가 비록 독립적인 편집권을 가지고 운영상의 독립성을 지니고 있으나, 기본적으로 미국의 이익을 대변하는 목소리로 친미국적인 메시지를 전달하는 데 1차적인 목적을 가지고 있다.

(2) Radio Free Europe/Radio Liberty(RFE/RL)

RFE/RL는 BBG로부터 재정을 지원받는 비영리기관으로 1949년 구소련연방과 구소련의 영향 하에 있던 동부 유럽 국가들을 대상으로 미국의 자유민주주의 이데올로기를 선전하기 위한 복적에서 출발했다. 냉전 종식 이후 RFE/RL는 방송 대상 지역을 확장하여, 현재 러시아를 비롯한 중앙아시아(이란, 이라크, 카자흐스탄, 우즈베키스탄, 아프가니스탄, 파키스탄 등)와 일부 동부 유럽 국가(세르비아, 루마니아 등) 21개국에 방송을 송출하고 있다. 28개의 언어로 방송 서비스를 하고 있으며, 2012년 기준 2천 4백만 명의 청취자를 확보하고 있다. 특히, 종교분쟁 및 인종분쟁으로 인해 미디어 활동이 활발하지 못한 아프가니스탄, 파키스탄 등을 포함한 중앙아시아에서 RFE/RL는 대안적인 미디어로 그 기능을 수행하고 있다.

RFE/RL는 방송 대상 국가 중 일부 방송이 자유롭게 허용되지 않은 국가의 국민들을 대상으로 방송 이외의 인터넷, 위성 라디오, 페이스북 및 트위터를 통해 뉴스를 전달하고 있다. RFE/RL는 체코 프라하에 본부를 두고 511명의 인력이 종사하고 있으며, 240명의 저널리스트와 700여 명의 프리랜서들이 활동하고 있다. RFE/RL는 2011년 기준 9천 2백만 달러의 예산으로 주당 1,069시간 방송을 제공하고 있으며, 19개의 지국을 두고 있다.

(3) Radio & TV Marti

Radio & TV Marti는 Radio Marti와 TV Marti가 합병하여 탄생한 방송국으로, 쿠바 지역에 스페인어 방송을 서비스한다. 국제방송국(IBB)의 쿠바방송사무소는 Radio & TV Martí 방송 서비스를 관리 감독한다. Radio & TV Martí는 객관적이고, 정확한 정보를 쿠바의 대중들에게 전달하는데, 언론의 자유와 미디어에 대한 접근이 제한되고, 미디어가 통제되는 쿠바에서 대안적인 뉴스 전달자로서의 기능을 수행한다. Radio & TV Marti는 TV, 위성 및 중파와 단파 라디오를 통해 일주일 7일 동안 하루 24시간 방송을 서비스한다. Radio & TV Marti는 플로리다주 마이애미에 본부를 두고 128명의 인력이 종사하고 있으며, 2011년 예산은 2천 8백만 달러이다.

(4) Radio Free Asia(RFA)

Radio Free Asia(RFA)는 RFE/RL과 마찬가지로 비영리기관으로서 BBG의 재정적 지원을 받는다. RFA는 중국, 북한, 캄보디아, 베트남을 비롯한 동아시아 및 아시아 9개국에 9개 언어로 방송 서비스를 제공한다. RFA가 대상으로 하는 국가는 대부분 언론 및 표현의 자유가 제한된 국가로 해당 국가의 대중을 대상으로 정확한 최신의 뉴스를 제공함과 더불어 언론 및 표현의 자유를 증진시키려는 목적으로 방송된다. RFA는 미국 워싱턴에 본부를 두고 있으며, 287명의 인력이 종사하고, 7개의 해외 지국을 두고 있다. 2011년 기준 3천 7백만 달러의 예산으로 주당 246시간 방송 서비스를 제공하고 있다.

(5) Middle East Broadcasting Networks(MBN)

Middle East Broadcasting Networks(MBN)은 BBG의 재정적 지원 및 관리 감독 하에 Alhurra TV와 Radio Sawa 방송 서비스를 관리한다. 2004년 미국 감사원(GAO)이 BBG에 대해 중첩된 언어와 중첩된 방송 관리를 지적함에 따라 아랍권 국가를 대상으로 한 방송국 Alhurra, Radio Sawa, Radio Farda을 하나의 통합된 관리 체계인 MBN을 설립했다.

MBN은 아랍어를 사용하는 국가, 사우디아라비아, 시리아 등을 비롯한 중동 국가와 이집트 및 리비아 등 북부아프리카의 21개 국가에 아랍어 방송을 제공한다. MBN의 Alhurra TV와 Radio Sawa는 아랍권 국가의 대중에게 왜곡되지 않은 정확한 미국에 관한 정보 및 세계 뉴스를 제공함으로써 이 지역에 민주주의 가치를 확산하고자 하는 목적에서 운영된다. 즉, 미국 및 미국 정책에 관한 정확한 정보를 제공하고, 아랍권 미디어에서 다루지 않는 인권, 언론의 자유, 표현의 자유, 종교의 자유 등에 관한 폭넓은 논의를 제공한다.

Alhurra TV는 이라크 전쟁 후 Alhurra-Iraq 채널을 개설하여 이라크에 위성방송 서비스를 제공하고 있다. Alhurra-Iraq 채널은 전쟁 후 이라크가 당면한 문제들, 새로운 민주주의 국가 건설 혹은 전쟁 후의 국가 재건 등에 초점을 둔 프로그램과 뉴스를 제공하고 있다.

Radio Sawa는 중동 국가의 35세 이하 젊은 청취자를 대상으로 하는 24시간 방송으로, 최신 뉴스 및 객관적 정보를 제공할 뿐만 아니라 서구와 아랍권의 대중음악을 비롯한 엔터테인먼트 프로그램도 방송하고 있다. 또한, MBN은 페이스북, 유튜브 등 소셜 미디어를 적극적으로 활용하여 TV 및 라디오 콘텐츠를 제공하고 있다.

MBN은 버지니아주 스프링필드에 본부를 두고 있으며, 768명의 인력이 종사하고 있다. 2011년 기준 1억 1천 1백만 달러의 예산으로 주당 515시간 방송 서비스를 제공하고 있으며, 3천 5백만 명 이상의 아랍권 국가 국민이 청취하고 있다.

표 3-1 BBG의 방송 서비스

방송사	매체 종류	방송지역	인력 (2012년)	예산 (2011년)	주당 방송 시간(2011년)	방송 언어
VOA	Radio TV	전 세계 (미국 제외)	1,209	205.1	1,893	44
RFE/RL	Radio	러시아, 중앙아시아, 동부 유럽	511	92.7	1,069	28
Radio & TV Marti	Radio TV	쿠바	128	28.4	194	1 (스페인어)
RFA	Radio	아시아	267	37.4	246	9
MBN	Radio TV	중동 북부아프리카	768	111.1	184	1 (아랍어)

*예산의 경우 단위는 백만 달러.

※ 출처: Broadcasting Board of Governors(2012: 22-40) 내용을 표로 구성.

제 2 절 영국

1 개요

미국이 1999년 이전 해외홍보처를 중심으로, 이후 국무부를 중심으로 정부기관 주도로 해외홍보 체계를 구축했던 반면, 영국의 경우 준정부기구를 중심으로 해외홍보 체계를 구축한 역사를 가지고 있다. 영국에서는 해외홍보 및 공공외교에 대한 국가의 직접적인 관여가 부정적으로 인식되었다. 영국의 경우 국가가 중심이 되어 해외홍보 및 외국과의 문화 교류를 주도하는 방식을 지양하고 장기적인 차원에서 국가로부터 독립된 기관에 의해 공공외교 활동을 추진하는 방식을 선택했다.

이에 1934년 영국문화원(the British Council for Relations with Other Countries)이 외교연방부에 설립되었다. 이 위원회가 영국문화원(British Council)으로 발전된다. 영국문화원은 외교연방부로부터 예산을 지원받으나, 운영상의 독립성이 인정된 비부처공공기관(non-department public body)의 성격을 지닌다. 영국문화원의 경우 해외홍보와 관련된 교육 및 문화 교류 사업을 담당하며, 해외홍보 방송 기능은 BBC World Service에서 담당하고 있다.

최근의 영국의 해외홍보 활동 중 하나로 'Great Campaign' 홍보활동을 추진하고 있다. Great Campaign은 왜 영국이 관광하기 좋은 국가인지, 일하기 좋은 국가인지, 투자하기 좋은 국가인지를 외국에 홍보하는 프로그램으로 관광, 비즈니스 분야, 문화산업, 스포츠, 교육 분야, 문화유산 등 모든 영역에 걸쳐 전방위적으로 영국의 자산을 홍보하는 프로그램이다. Great Campaign에는 영국총리실, 외교연방부, 문화·미디어·스포츠부, 영국무역투자청, 영국관광청, 영국문화원, BBC 등이 참여하는데, 캠페인은 12개의 주된 테마(countryside, culture, heritage, creativity, entrepreneurs, green, innovation, knowledge, shopping, sport, music and technology)를 중심으로, 각 테마의 행사는 영국에 관한 다양한 측면을 소개하고 있다. Great Campaign은 영국 국가의 이미지를 효과적으로 홍보하기 위한 목적과 런던올림픽의 잠재적인 경제적 효과를 극대화하기 위한 목적으로 2012년 런던올림픽, 엘리자베스 여왕 즉위 60주년 기념(the Diamond Jubilee of Queen Elizabeth Ⅱ)에 맞춰 추진되었다.

2 해외홍보 체계 및 주요 사업

영국의 해외홍보 및 공공외교 활동은 외국 대중과의 신뢰 관계 형성을 통해 국제사회에서 영국의 국가 이미지를 제고하고, 영국의 국가 이익을 옹호하기 위한 목적에 따라 운영되고 있다. 영국의 해외홍보 및 공공외교 체계를 살펴보면, 영국 외교연방부(Foreign and Commonwealth Office)의 정무부장관(Parliamentary Deputy Secretary of State)이 공공외교를 담당한다. 외교연방부가 재정 지원하는 영국문화원(British Council), BBC World Service 및 영국위성뉴스(British Satellite News) 등이 영국 해외홍보 활동에 관여하고 있다.

영국의 경우 준정부기관 중심의 해외홍보 및 공공외교의 역사를 가지고 있다. 따라서 비록 영국 외교연방부가 공공외교 활동에 관여하고는 있지만, 그 범위가 제한적이며 실질적인 해외홍보 체계는 영국문화원과 BBC World Service가 담당하고 있다.

영국의 해외홍보 체계의 핵심은 영국문화원이라고 할 수 있다. 영국은 1935년 이후 영국문화원을 통해 해외홍보 및 교육·문화교류 사업을 수행했다. 영국문화원은 외교연방부로부터 재정적 지원을 받지만 1935년 설립 이후 전통적으로 '팔거리(arm's length) 원칙'에 따라 자율적으로 운영되는 비부처 공공기관의 성격을 지닌다.

BBC World Service는 영국에 관한 정확한 정보를 외국 대중에게 전달하는 방송 기능을 수행한다. 외교연방부로부터 일부 재정적 지원을 받지만, 운영상의 독립성이 인정되고 있다.

결론적으로 영국 해외홍보 관련 기능을 범주화하면, 교육 및 문화 교류 프로그램, 해외홍보 방송으로 구분할 수 있다. 미국과 달리 직접적인 해외홍보 프로그램을 담당하는 체계가 존재하지 않는 이유는 직접적인 홍보 프로그램보다는 비정부기관 주도의 교육 및 문화교류 프로그램을 통한 간접적인 해외홍보 및 공공외교 전략을 선택한 결과로 볼 수 있다. 영국의 해외홍보 활동 중 가장 큰 비중을 차지하는 교육 및 문화교류 프로그램은 영국문화원에서 담당하며, 해외방송과 관련해서는 BBC World Service에서 담당한다. 따라서 이들 두 기관의 기능과 프로그램을 중심으로 영국 해외홍보 체계와 구체적인 사업을 검토하고자 한다.

1) 공공외교위원회

2004년 외교연방부와 재무부는 영국의 국가 이미지 제고를 위해 영국의 공공외교 활동의 효과성을 검토한다. 이에 2005년 카터 경(Lord Carter)의 주도로 「공공외교 검토보고서

(Review of Public Diplomacy)」가 발간되고, 공공외교위원회의 설립을 제안했다. 이에 2006년 영국 해외홍보 및 공공외교의 컨트롤 타워로서 외교연방부 내에 공공외교위원회(Public Diplomacy Board)가 설립된다.

공공외교위원회는 외교연방부 장관이 위원장이 되며, 외교연방부 커뮤니케이션 국장 및 영국 해외홍보 활동의 주체가 되는 영국문화원 원장(Director General British Council), BBC World Service 국장 등이 위원으로 구성되고, 2명의 민간 전문가가 위원으로 구성된다. 부위원장은 민간위원 중 한 명이 담당한다. 외교연방부의 공공외교 담당 기구(Public Diplomacy Group)가 위원회의 사무국 역할을 담당했다.

공공외교위원회는 영국의 해외홍보 활동 및 공공외교 정책의 조정기구로서 공공외교 전략을 설립하고, 공공외교 관련 기관들의 성과관리 및 관리감독을 담당하기 위한 목적으로 설립되었다. 그러나 영국의 비정부기관 주도 공공외교 및 해외홍보 활동의 역사적 맥락에서 2012년 현재 공공외교위원회는 자문기구로 그 역할이 제한되고, 영국문화원 중심으로 해외홍보 활동이 이루어지고 있다.

2) 영국문화원

영국문화원(British Council)은 1934년 설립되었고, 1940년 왕립헌장(Royal Charter)에 의해 기관의 지위가 확립되었다. 영국문화원은 비부처공공기관(non-departmental public body)의 성격을 지니면서, 회계상으로 기업 회계를 사용하는 공기업(public corporation)의 성격을 지닌다.

영국문화원은 외국과의 문화적 교류 및 교육 교류를 위한 목적으로 설립되었다. 영국 국민에게는 외국에서의 교육 기회를, 외국 국민에게는 영국에서의 교육 기회를 제공함으로써 상호 신뢰 관계를 구축하는 데 그 목적이 있다. 또한, 이를 위해 영어교육, 문화유산, 영국의 다원주의와 민주주의를 포함한 영국의 교육적 및 문화적 자산을 공유하는 사업을 추진한다. 이러한 교류 노력으로 외국 대중들의 영국에 대한 이해를 넓힘으로써 장기적으로는 영국의 국가 이미지를 제고하는 데 목적이 있다. 구체적으로 왕립헌장에 규정된 영국문화원의 목적을 살펴보면 다음과 같다. 첫째, 영국 국민과 외국 국민 간 상호의 문화를 이해하고, 문화 관계를 공고히 한다. 둘째, 외국 대중을 대상으로 영국 및 영어에 대한 이해를 증진시킨다, 셋째, 영국과 외국 간 문화, 과학, 교육적 협력을 증진시킨다.

영국문화원의 조직 체계를 살펴보면, 이사회(Board of Trustees)와 집행위원회(Executive

Board)를 중심으로 그 활동이 이루어지고 있다. 왕립헌장에 의해 이사회는 영국문화원 활동에 책임을 진다. 이사회는 감사위원회(Audit Committee), 보수위원회(Remuneration Committee), 인사위원회(Nomination Committee) 등 3개의 하위 위원회를 두고 있다. 집행위원회는 문화원의 전략계획 수립, 조직 및 성과관리 등 문화원 운영과 관련된 전반적인 사항을 담당한다.

외교연방부과 영국문화원의 관계를 살펴보면, 외교연방부 장관은 외회에 영국문화원의 활동과 관련하여 보고할 책임이 있다. 따라서 문화원은 외교연방부를 통해 의회에 책임을 진다. 영국문화원은 영국 외교연방부 장관(Secretary of State for Foreign and Commonwealth affairs)의 통제를 받으며, 외교연방부(Foreign and Commonwealth Office)로부터 예산을 지원받는다. 외교연방부과 영국문화원의 관계는 Management Statement와 Financial Memorandum에 의해 규정된다. 비록 외교연방부로부터 예산의 일부를 지원받으나, 영국문화원 전체 수입의 3분의 2 이상은 영어교육 및 영어시험을 통한 수입으로 자체적으로 충당된다. 따라서 영국문화원의 경우 외교연방부의 일반회계에 통합되지 않고, 별도의 기업 회계를 통해 관리된다. 이에 회계 측면에서는 공기업의 성격을 지닌다. 비록 영국문화원이 Management Statement와 Financial Memorandum을 통해 외교연방부의 관리 감독을 받고, 예산을 지원받지만, 왕립헌장에 의해 운영상의 독립성이 인정되고 있다.

2011-2012 회계연도 영국문화원의 재정수입을 살펴보면, 전체 수입 7억 3천 9백만 파운드 중 75%가 서비스 제공 및 계약 등을 통해 자체적으로 충당되었다. 정부로부터 받는 보조금의 경우 전체 수입의 25%로 1억 8천 4백만 파운드 중 외교연방부로부터 1억 8천만 파운드를 지원받고, 약 4백만 파운드는 교육보조금으로 교육부 등 교육 관련 다른 정부부처로부터 지원받는다. 정부보조금의 경우 2010-2011 회계연도 1억 9천만 파운드에서 2011-2012 회계연도 1억 8천 4백만 파운드로 감소했다. 이러한 정부보조금은 감소하는 추세로 문화원 자체수입의 비중은 커지고 있다. 이러한 재정적인 특징이 영국문화원이 독립성을 유지할 수 있는 근거가 되고 있다.

표 3-2 영국문화원 재정 수입(2011-2012 회계연도)

정부보조금	서비스 제공 수입 (영어교육 및 시험)	계약 수입	기타 수입
25% £184million	59% £432million	15% £111million	1% £12million

*출처: British Council(2012: 67).

영국문화원은 해외 대중을 대상으로 영어교육 사업 및 문화 교류 사업을 펼치고 있으며, 세계 110여 개국 201개 도시에 지역 문화원을 두고 있다. 영국문화원의 활동은 크게 영어교육, 문화예술 분야, 교육교류 사업 분야 등 3개의 영역으로 구분할 수 있는데, 구체적인 사업은 다음과 같다.

(1) 영어교육 사업

영국문화원의 가장 핵심적인 사업은 영어교육 사업으로 영어교육 교재를 개발하여 배포하고 있으며, 특히 개발도상국 및 분쟁국가에 라디오, 인터넷 및 팟캐스트를 통해 영어교육 서비스를 제공하고, 영어교사 교육훈련 프로그램을 제공하고 있다. 영국문화원의 경우 사업의 중심을 영어교육과 연계시키면서 문화원의 정책 및 사업의 안정화가 이루어졌다. 1949년 영국 정부는 해외에 영어교육을 전파함으로써 영국의 세계에 대한 영향력이 증진될 것으로 믿고, 영국문화원이 해외 대중을 대상으로 영어교육에 선도적으로 나서야 하며, 영국 교육 체계를 해외에 전파하는 일에 적극적으로 나서야 한다고 주장했다. 이에 영국문화원은 영어교육을 문화원의 주요 전략 사업으로 추진했으며, 해외홍보 활동에서 영어교육이 강조되었다. 또한, 영어교육으로 인한 수입을 통해 문화원은 안정적인 재원을 확보할 수 있게 되었고, 이를 통해 문화원은 운영상의 독립성을 확보할 수 있게 되었다.

영국문화원은 영어교육과 관련하여 다음과 같은 프로그램을 개발하고 제공하고 있다.

첫째, 직접적인 영어 교육 방식이다. 문화원은 자체 영어교육센터와 영국문화원에 의해 공식적인 영어교육기관으로 인가된 영어 학원을 통해 세계 각국에서 영어교육을 실시하고 있다.

둘째, 영어 교사 및 영어교육 관련 전문가에 대한 훈련과 상담을 제공하는 방식이다. 직접적으로 영어 수강생을 교육하는 것도 영어교육을 실시하는 중요한 방식이기는 하지만, 영어 교사 및 영어교육 관련 전문가들을 교육하고 이들에 대해 영어교육과 관련한 자문과 조언을 제공하는 것도 좀 더 폭넓은 영어교육의 실시를 위해 중요하게 다루어진다.

셋째, 영어시험을 주관하는 방식으로서 문화원의 가장 중요한 활동 중 하나이다. 영국 자체의 영어평가 시험인 IELTS(International English Language Test System)를 주관하고, 시행하고 있다.

넷째, 해당 국 정부와 직·간접적 관계를 통해 영어교육을 증진시키는 방식이다. 문화원은 영국 정부로부터의 공식적인 대외문화기관으로서의 위치를 통해 문화원이 소재하고 있는 국가의 정부와 직·간접적인 관계를 유지하고 있다. 특히 해당 국가의 영어교육과 관련하여 해당 국 정부에게 자문과 조언을 제공함으로써 영어교육이 좀 더 체계적이고 효율적으로 이루어질 수 있도록 하고 있다.

다섯째, 문화원은 영국식 영어의 사용 확대를 위해 영어 교육 체계를 개발하고 영어 시장에 대한 지속적인 조사를 시행하는 영어교육의 기반 환경에 대한 개발 노력을 기울이고 있다.

(2) 문화예술 분야

문화예술을 통한 문화 관계의 형성에 초점을 두고 있는 문화원은 매년 3,000여개가 넘는 국제 문화예술 행사를 주관하고 있는데, 여기에는 드라마·춤·음악 등의 국제 교류, 국제 영화 페스티벌, 시각예술, 순수예술, 조각, 사진 등의 전시회, 작가들과 비평가들에게 해외 위크숍 기회 제공, 전시회, 위크숍, 마케팅 활동들을 통해 영국 디자인의 우수성을 소개하는 활동이 여기에 포함된다.

(3) 교육 교류 사업

영국 교육에 대한 소개와 100여개 국이 넘는 국가에서의 교육적 필요에 대한 인식의 일환으로, 문화원에서는 정보 네트워크를 통해 영국 교육에 대한 정보를 제공하고, 교육과 관련된 정부, 연구소, 스폰서, 개인 등을 위한 훈련 프로그램을 제공하며, 영국 교육과 훈련 프로그램을 제공하는 주체들 즉 대학, 학교, 출판사들에 대한 교육과 훈련도 동시에 제공한다. 그뿐만 아니라 국제 세미나와 여름 학교(summer school) 등을 개최하며, 고등교육과 국제 연구에 대한 지원을 제공하기도 한다.

3) BBC 월드서비스

BBC 월드서비스(BBC World Service)는 공기업(public corporation)으로 BBC의 역할과 지위는 왕립헌장에 규정되어 있다. 외교연방부로부터 재정적 지원을 받으나, 독립적인 편집권이 보장되고, 운영상의 독립성이 유지된다. Broadcasting Agreement 및 Financial Memorandum에 의해 외교연방부 장관에의 관리 감독을 받는다. BBC 월드서비스의 예산 중 상당 부분을 외교연방부로부터 지원받은 재정에 의존하고 있다. 2005년 이후 재정적자 문제가 계속해서 제기되어, 자체 수입을 충당할 수 있는 방안이 강구되기 시작했다. 결국 BBC가 2014년부터 영국 국민들로부터 시청료를 받아 운영되는 계획이 준비되고 있으며, 이에 따라 BBC 월드서비스도 2014년부터 정부보조금의 비중이 줄고, 시청료를 통한 자체

표 3-3 BBC 월드서비스 예결산 내역 (단위: 백만 파운드)

	2010~2011	2011~2012
정부보조금	265.5	255.2
기타 수입	4.6	4.6
총수입	270.1	259.8
운영 비용	286.9	251.7
운영잉여금	(16.8)	8.1

출처: BBC World Service(2012: 9).

수입이 증대될 것이다.

BBC 월드서비스는 BBC 헌장에 따라 비정치적, 독립적 지위가 보장되며, 이에 정확하고 왜곡되지 않은 정보를 제공하는 데 목적이 있으며, 또한 영국 및 영국에서의 삶, 영국의 제도 및 사회, 문화를 해외 대중들에게 전달하는 데 목적이 있다. 2012년 현재 영어를 비롯한 28개 언어로 방송 서비스를 제공하고 있으며, 한 주 평균 1억 8천만 명의 청취자를 확보하고 있다. 영어 방송의 경우 하루 24시간 서비스되고 있다.

영국의 해외홍보 방송은 1932년 BBC가 BBC Empire Service를 통해 영국 제국의 식민지를 대상으로 한 라디오 단파 방송에서 시작되었다. 1938년부터 영어가 아닌 외국어 방송이 시작되었는데, 1938년 아랍어를 시작으로, 1942년에는 대부분의 유럽 언어(프랑스어, 스페인어, 독일어 등) 7개 언어로 방송 서비스가 제공되었다. 1942년 BBC Oversees Service로 명칭이 변경되었고, 특히 제2차 세계대전 당시 유럽에서 방송 서비스가 제약됨에 따라 대안적인 뉴스 매체로의 역할을 수행하며 그 명성을 얻었다. 또한, 제2차 세계대전 당시 나치 독일에 대항한 선전기관의 역할도 수행했다. 전쟁 이후 1940년 후반부터 방송언어를 40여 개로 확대했으며, 1988년에는 현재의 명칭인 BBC 월드서비스로 명칭이 변경되었다.

인터넷의 발달로 뉴스를 접하는 수단이 라디오 청취에서 인터넷으로 변화됨에 따라 BBC 월드서비스의 청취자 수도 감소하기 시작했다. 이에 1999년 BBC 월드서비스도 인터넷에 기반한 서비스를 개발 및 제공하기 위해 라디오 청취율이 낮은 독일어, 프랑스어, 핀란드어, 일본어 등 7개 언어의 방송 서비스를 종료했다. 또한, 2006년에는 아랍어 및 페르시아어 TV 뉴스 서비스를 강화하기 위해 재정상의 문제점을 극복하기 위해 불가리아어, 체코어, 헝가리어 등 동부 유럽 국가의 9개 언어와 태국어 방송 서비스를 종료했고, 2008년에는 루마니아어 방송 서비스를 종료했다. 2011년에도 재정적인 문제를 극복하고, 대부분의 유럽 국가에서 해당 국가의 언어로 방송 서비스를 제공할 필요성이 낮아짐에 따라 5개 언어의 방송 서비스를 종료했다. 이에 2012년 현재 BBC 월드서비스는 아랍어, 페르시아어, 아프리카 국가를 위한 프랑스어, 터키어 등 27개 언어와 영어로 방송 서비스를 제공하고 있다. 2000년 이후 BBC 월드서비스는 인터넷 기반의 서비스를 강화하고, 미디어 접근이 자유롭지 못한 국가들을 대상으로 라디오 단파방송을 현대화하는 데 초점을 두고 있다. 또한, 유럽연합이 결성되기 이전 유럽을 중심으로 방송 서비스를 제공했으나, 2000년 이후 아랍권, 아프리카를 주요 대상으로 한 방송 서비스에 초점을 두고 있다.

해외 대중을 대상으로 방송을 전달하는 서비스 외에 BBC 월드서비스는 BBC Monitoring을 통해 외국의 방송 프로그램을 수집, 국내에 소개하고 있다. 해외 방송이 세계 청취자들에게 영국을 소개하고 영국에 대한 이해를 넓히는 기능을 수행한다면, BBC Monitering은 해외 각국의 프로그램을 수집하여 해당 정보를 필요로 하는 영국의 정부부처, 기업, 학계 등에 제공하는 기능을 수행한다.

제 3 절 시사점

1 해외홍보 체계

해외홍보 체계와 관련하여 살펴보면, 미국의 경우 특이한 점은 독립기관으로 운영되던 해외홍보처를 폐지하고, 해외홍보와 관련한 기능을 국무부로 통합했다는 사실이다. 미국은 국무부 중심의 해외홍보 체계를 가지고 있는 반면, 영국은 비록 외교연방부가 예산을 지원하나, 운영상의 독립성이 보장된 영국문화원을 중심으로 이루어지고 있다. 즉, 정부 주도의 해외홍보 활동을 추진하는 미국과 역사적으로 팔거리(arm's length) 원칙을 고수하고 있는 영국의 사례는 대비된다.

이와 관련하여 미국의 경우 이전의 해외홍보처와 같은 기관을 부활시켜 해외홍보 및 공공외교 기능을 독립기관으로 운영하는 것이 올바른 것인지, 현재와 같이 국무부가 해당 기능을 총괄적으로 직접 관할하는 것이 올바른 것인지에 대해 논쟁이 있다. 현재와 같이 국무부가 담당하는 체계에 찬성하는 입장은 공공외교에 초점을 둔다. 이전의 해외홍보처가 공공외교보다는 미국의 이데올로기를 선전하는 데 초점을 두었다고 비판하면서, 해외홍보는 공공외교의 관점에서 새로운 미디어를 통한 외국 대중과의 의사 소통에 초점을 두어야 한다고 주장한다(Barron, 2007). 이를 위해서는 전통적인 외교 채널과의 원활한 조정이 요구되며, 따라서 외교부처에 소속되어 운영되어야 한다고 주장한다. 또한 현재의 해외홍보 체계(국무부의 공공외교 및 공보담당 차관)의 해외홍보 활동 및 공공외교 활동이 아랍 세계에서 비교적 성공적이었다는 점을 제시한다.

반면, 현재의 해외홍보 체계에 반대하는 입장은 해외홍보 및 공공외교는 장기적인 관점에서 전략적으로 접근해야 한다고 주장한다. 또한, 해외홍보 및 공공외교는 전통적 외교 채널, 즉 미국 국무부의 단기적인 관점에서 벗어나야 하며, 힘의 논리에 의해 지배되는 국제정치역학 관계의 영향에서 자유로워야 한다고 주장한다(Bardos, 2001). 따라서 해외홍보 체계는 정부로부터 독립적이고 자율성이 보장된 체계로 조직되어야 한다고 주장한다.

또한, 현재의 해외홍보 및 공공외교 체계를 개선하기 위해, 현재 국무부가 담당하는 것에서 벗어나 좀 더 강한 조정 권한을 지닌 기구를 설치해야 한다는 주장도 존재한다(Lord & Dale, 2007). 이러한 입장은 해외홍보의 근본적인 목적은 외국 대중이 미국에 호의적일 수 있도록 하는 것이며, 이를 위해서는 기존의 체계는 한계가 존재하며, 냉전 시기의 해외홍보 체계와 같은 강력한 조정 및 통합 권한이 있는 기구가 설치되어야 한다고 주장한다.

영국의 경우 역사적으로 운영상의 독립성이 인정되는 비부처 공공기관 형태로 영국문화원을 설립했고, 이러한 전통은 지금까지 이어져 문화원의 독자적인 활동은 외교연방부의 정치적인 외교활동의 간섭을 받지 않는다. 영국문화원이 비록 외교연방부의 관리 감독 하에 있지만, 외교연방부나 대사관이 정치적으로 개입하지 않는 환경에서 해외홍보 및 교류활동을 할 수 있다. 이는 외교연방부의 단기적이고 정치적인 전통 외교활동에서 장기적인 관점이 요구되는 해외홍보 및 교류활동을 분리하려는 시도로 볼 수 있다. 장기적인 관점에서 비정치적인 교류활동을 통해 자연스럽게 해외 대중의 영국에 대한 이미지를 제고하려는 목적에 기반하고 있다.

미국처럼 외교부처가 중심이 되는 체계는 해외홍보 활동이 공공외교의 일환으로 전통적인 외교활동과 조정되면서 이루어질 수 있는 장점이 있다. 반면, 그 성과가 장기적으로 나타나는 해외홍보 활동의 경우 장기적인 전략이 필요한데, 해외홍보 활동이 단기적 전통적 외교활동 및 정치적인 국제 관계의 영향을 받을 가능성이 있고, 이는 해외홍보 및 교류활동에 대한 신뢰도를 저하시킬 수 있다는 단점이 존재한다. 영국처럼 운영상의 독립성이 있는 비정부기관 형태의 해외홍보 활동은 장기적인 관점에서 전략적으로 접근이 가능하고, 정치적인 개입이 제한되어 대외 신뢰도 제고에 기여할 수 있는 장점이 있는 반면, 전통적인 외교 채널을 활용한 적극적인 사업 추진이 불가능하다는 단점이 있다.

2 해외홍보의 전략적 타깃팅

미국과 영국의 사례를 살펴보면, 국제 관계의 역사적인 흐름 속에서 두 국가 모두 해외홍보 활동의 대상을 전략적으로 타깃팅하여, 선택과 집중을 통한 해외홍보 활동 효과의 극대화를 꾀하고 있다. 미국의 경우 냉전 종식 이후에는 구소련 체제에서 벗어난 동유럽 국가 및 유라시아 국가를 대상으로 적극적인 해외홍보 활동을 펼쳤으며, 9·11 테러 이후에는 아랍권 국가를 대상으로 적극적인 활동을 펼치고 있다. 해외홍보국이 운영하는 모든 프로그램에 아랍권을 대상으로 하는 프로그램을 포함하고 있는데, 아랍계 미국 시민들이 미국 사회에 대한 이슬람계가 공헌하는 측면 등을 주제로 아랍권 국가의 대중에게 정보를 제공하고, 미국의 외교정책에 대한 정확한 정보를 아랍계 인터넷 사이트에 제공하는 팀을 창설했으며, 대테러 커뮤니케이션센터를 조직했다. 영국 또한 제2차 세계대전 당시에는 유럽을 대상으로, 냉전 이후에는 동부 유럽을 중심으로, 유럽연합이 결성된 이후에는 아랍권 국가와 아프리카를 중심으로 전략적으로 해외홍보 활동의 대상을 선택하여 자원을 집중하고 있다. 국제 관계의 흐름 속에서 국가 이미지를 제고하고, 자국의 이익을 극대화할 수 있는 해외홍보 활동 대상의 선택이 요구된다.

3 해외 방송과 인터넷을 활용한 해외홍보

미국과 영국 모두 효과적인 해외홍보 활동을 위해 방송 서비스를 적극적으로 활용하고 있다. 국가 이미지를 해외에 전파하기 위한 방송 서비스에 적극적으로 투자하고 있으며, 다양한 언어로 방송 서비스를 제공함으로써 해외홍보 활동의 효과성을 꾀하고 있다. 또한, 인터넷 시대가 도래함에 따라 해외홍보 수단으로 인터넷을 적극적으로 활용하고 있는데, 인터넷을 통해 방송 서비스를 제공할 뿐만 아니라 국가에 관한 정보 및 정책을 제공하는 인터넷 사이트를 다양한 언어로 운영하고 있다. 그리고 팟캐스트 및 소셜 미디어 등을 통해서도 해외홍보 활동을 추진하고 있다. 이러한 다양한 해외홍보 활동 수단은 일방적인 홍보 방식에서 쌍방향적 홍보 방식으로의 변화를 의미하며, 이는 커뮤니케이션을 통한 신뢰 구축 및 자연스러운 우호 관계 형성에 긍정적인 영향을 미칠 수 있다.

4 교육 및 문화 분야와의 연계를 통한 해외홍보

미국과 영국의 사례를 살펴보면, 직접적인 해외홍보 활동뿐만 아니라 다양한 분야의 교류 프로그램을 통한 간접적인 해외홍보 활동도 적극적으로 추진되고 있다는 사실을 확인할 수 있다. 미국의 경우 학술 교류, 교육 교류 프로그램 통해 다양한 분야의 학생, 전문가들에게 미국을 방문하고, 미국에서 교육을 받음으로써 미국에 대해 이해할 수 있는 기회를 다양하게 제공하고 있다. 이는 장기적으로 국제사회에서 미국에 대한 긍정적인 이미지를 제고하는 데 기여할 수 있으며, 직접적으로는 외국의 차세대 리더들에게 미국에 대한 긍정적인 이미지를 심어줄 수 있는 계기가 될 수 있다. 영국의 경우에도 영어교육과 연계된 해외홍보 활동을 적극적으로 추진하고 있으며, 문화예술 분야의 교류 프로그램을 해외홍보와 연계해서 추진하고 있다. 이처럼 미국과 영국의 교육 및 문화 교류, 청소년 교류, 언어 교육, 체육 교류 등이 개별적으로 이루어지지 않고, 해외홍보 체계 내에서 해외홍보 전략의 일환으로 연계되어 이루어지고 있다.

제 4 장 해외홍보의 내용

제 4 장 해외홍보의 내용

제 1 절 문제 제기

현재 다양한 형식과 방식으로 국가 이미지와 국가 브랜드 제고를 위한 해외홍보 노력이 진행되고 있다. 특히 다양한 기관이 스포츠, 문화 마케팅을 통한 문화홍보 활동에 힘을 기울이고 있다. 하지만 국내 정부조직의 여러 기관에 홍보 주체가 분산되어 있고 이러한 이유로 일관성 있는 홍보정책이 부재하고 인적·물적 자원 활용의 비효율성이 크다는 지적을 받고 있다. 현재의 해외홍보 접근 방식에서 근본적 문제점으로 다음과 같은 점들을 지적할 수 있다.

첫째, 일회성 활동의 차원에서 정부 해외홍보/PR이 이루어지고 있는 상황에서 상호적 소통, 쌍방향 교류 및 커뮤니케이션적 접근 방식보다는 일방적 전파의 성격을 띤다는 점을 문제점으로 지적할 수 있다.

둘째, 세계에 알리고자 하는 한국의 대외적, 대표적 문화 이미지가 아직 정립되지 않아 이미지 정체성 확립에 어려움이 있다.

셋째, 해외홍보 관련 조직을 총체적·전략적으로 관리하고 부처 간 이해를 조정하고 협의 채널을 운영할 수 있는 기구가 필요하나 이런 조직이 부재함을 한계점으로 지적할 수 있다. 즉, 관계 기관(외교부, 국제교류재단 등)이 많으나 업무 협조 컨트롤 타워가 존재하지 않아 국가별 전략적 자율 배분, 효과적인 홍보 콘텐츠 제공 등이 원활하지 못하다고 볼 수 있다.

넷째, 해외홍보 조직의 인력, 재무관리 시각에서 볼 때, 해외홍보의 수요자보다는 공급자 위주로 운영되기 때문에 홍보에 투입되는 예산과 노력에 비해 성과가 미약하고 해외홍보 담당자의 홍보 콘텐츠에 대한 전문성이 부족하여 홍보의 실효성 확보가 시급하다는 점을 들 수 있다. 또한 홍보의 주안점에 대한 원천적 검토 없이 관행대로 추진하다 보니 현지인의 니즈(needs) 등을 충분히 반영하지 못하는 점도 지적할 수 있다.

다섯째, 전술한 다양한 해외홍보의 전략모형과 이론들, 예를 들면 RACE 모델의 4단계 PR 과정 등의 합리적・이론적・전략적 접근이 현재의 홍보 방식에 의해서는 매우 힘들 것이라는 예측이다. 즉, 환경분석, 기획 과정, 커뮤니케이션 및 실행 과정, 평가 과정의 일련의 순환 과정이 맞물려 진행되기가 쉽지 않다고 할 수 있다.

제 2 절 문화홍보를 넘어 정책홍보로

"한글 수출 1호"로 화제를 모았던 인도네시아 찌아찌아족(族)을 대상으로 한 한국어 교육이 중단된 것으로 8일 확인됐다. 지난 2010년 찌아찌아족을 향한 훈민정음학회의 한글 보급 계획이 사실상 무산된 데 이은 두 번째 실패다……. 이런 배경에는 지나친 성과주의 외에도 교육하는 쪽과 받는 쪽 사이에 판이한 이해 관계가 있었다는 분석이 나온다. 인도네시아 소수민족인 찌아찌아족(약 8만 명)은 독자적 언어는 있지만 문자가 없어 고유어가 사라질 위기에 있다가 2009년 한국 훈민정음학회의 건의로 한글을 표기 문자로 도입하기로 해 관심을 모았다. 찌아찌아족 고유 언어의 발음을 한글로 적을 수 있도록 교육한다는 계획이었다. 이에 따라 2010년엔 훈민정음학회가 정덕영 씨를 현지에 파견해 1년 가까이 한글을 교육했다. 하지만 당초 기대했던 한국 정부・서울시와 교류하거나 경제 지원받는 일이 이뤄지지 않자 2010년 말 한글 보급이 중단됐다. 문화부 관계자는 "서울시가 바우바우시와 문화예술 교류・협력을 위한 의향서를 체결했지만 문화센터 건립과 도시개발 사업 협조 등의 논의가 예산 문제로 모두 백지화됐다"고 전했다. 찌아찌아족의 경우는 '외국에 한글 보급'이라는 꿈이 현실적으로 얼마나 어려운지 여실히 보여준다. 현지인들은 '한글'을 통해 '한국'의 각종 지원까지 기대하는 경우가 많기 때문에 종합・장기적 플랜이 필요하다는 점을 이야기한다……."

(조선일보, 2012년 10월 9일 사회면 신문 기사 인용).

이와 같은 해외 한글 보급 실패 사례는 한국의 문화 중심 홍보 방식의 약점과 한계를 함께 보여준다고 할 수 있다. 현재 문화홍보 중심의 해외홍보 접근 방식에서 근본적 문제점으로 다음과 같은 점을 지적할 수 있다.

첫째, 문화홍보 접근 방식으로는 대한민국이라는 국가의 전체적인 이미지와 브랜드를 전달하는 데 한계가 있다는 비판이다. 이러한 홍보 목적을 달성하는 데 문화홍보가 효과적인 수단 중 하나임에는 분명하나 문화홍보의 콘텐츠를 어떠한 내용으로 채워 나가느냐에 대한 회의적 시각이 존재한다. 즉, 문화 개념의 광범위성으로 인해 해외홍보라는 단일 전달 체계를 통해 효과성 있는 결과를 얻기에 매우 힘들다는 지적이다. 문화의 개념을 좀 더 세분화하여 구체적인 홍보 콘텐츠를 개발함이 절실하다고 하겠다.

둘째, 해외 지역 특성에 따른 문화 홍보전략이 아닌 홍보 용이성, 경비 절약 등에 입각한 천편일률적인 홍보를 시행하고 있다는 지적이다. 예를 들면, 과거 오랫동안 대표적 문화홍보로 실시한 비빔밥 행사, 태권도 시범, 한복 패션쇼에서 진일보된 다양한 문화 콘텐츠 개발과 맞춤형 홍보가 절실하다고 할 수 있다.

셋째, 홍보 콘텐츠의 다양성 측면에서 유형, 무형의 문화 중심의 홍보가 장기적으로 한국 특유의 공공정책, 경제 발전, 정치개혁 등의 다른 분야에 대한 홍보 기회를 잃는 비균형적 홍보전략 발생 등의 부작용이 있을 수 있다는 지적이다.

넷째, 현재의 공급자 중심의 일방적 시각에서 수요자 중심 혹은 쌍방향적 홍보 방식으로의 전환이 절실하다고 보인다. 특히 문화 중심의 홍보전략은 '문화' 인자의 성격상 공급자 중심의 하향식(top-down) 접근이 쉽기 때문에 현지의 수요와 관심, 그리고 이런 수요자적 시각을 바탕으로 한 전략적 접근이 용이한 정책홍보로의 홍보전략 전환이 절실하다고 판단된다.

다섯째, 중·장기적 시각에서 볼 때, 체계적인 브랜드 전략(예를 들면, 사전 단계 전략, 기본전략, 사후 반응적 전략 등)에 의해 문화홍보가 진행되지 않고, 임의적·단편적 방식으로 홍보가 진행되는 경우가 많기 때문에 해외홍보 방식의 개선, 발전, 전환, 제휴 전략에 큰 약점을 보일 수 있다는 점이다. 따라서 홍보 방식 및 홍보 내용을 전략화·구체화하고 모듈화 할 수 있는 해외홍보 개선 방안을 정책홍보적 시각에서 분석해 보고자 한다.

제 3 절 정책홍보의 내용 및 개선안

상기한 문화홍보 중심의 해외홍보 접근 방식의 부작용들이 제기됨에 따라 새로운 해외홍보 방식에 대한 대안들이 제기되고 있다. 문화홍보를 포함한 정책홍보 중심의 통합형 홍보 방식이 그 예이다. 특히 한국 정부의 공공 분야 관리에 대한 노하우와 정치·사회·경제 등의 분야별 정책을 어떻게 형성, 집행했는지에 대한 한국 정부의 성공과 실패 사례 등을 공유, 홍보하는 정책홍보에 대한 해외의 관심이 증대하고 있는 상황에서 많은 개도국이 한국적 발전모형에 관심을 가지고 그 내용을 배우고자 함에 따라 한국형 공공정책모형과 거버넌스 모델의 공유와 확산을 통한 정책홍보 방식의 중요성이 부각되고 있다. 개도국들은 과거 많은 구미식 행정개혁과 정책모형을 채택했지만 제반 여건의 차이로 인한 실패를 경험했고, 따라서 이에 국가가 어떻게 공공 분야를 관리하고 어떠한 분야별 정책을 형성, 집행했는지 한국 정부의 성공과 실패 사례에 관심이 많다고 할 수 있다. 즉, 글로벌 시대에서 한국 정부가 어떠한 공공정책과 거버넌스 모형을 선택, 운영했는지 공공관리와 정책을 포괄하는 한국적 성공적 공공 거버넌스 모형에 대한 관심이 증대하고 따라서 체계적 · 전략적 정책/행정홍보 접근 방법을 개발하여 한국형 행정개혁모형과 국가 발전 정책모델을 타국 공무원, 일반인 및 미래 국가 핵심 인재들에게 공유, 확산의 필요성 또한 커지고 있다. 또한 한국의 대외적 이미지와 브랜드를 제고하는 데 오히려 문화 중심의 홍보 방식보다 상대적으로 유리한 방식이며, 최근 우리나라의 국제적 어젠다 주도 등 최근 트렌드와도 부합한다고 볼 수 있다. 또한 한국의 정책 성공 사례 및 실패 사례들을 공유함으로써 과거 식민지 지배와 전쟁으로 폐허가 되었던 최빈국에서 반세기 만에 세계적인 경제대국으로 올라선 한국의 경험이 자국의 롤 모델이 될 수 있다는 믿음을 제공할 수 있다는 장점이 있다. 이 보고서에서는 대외적 정책홍보의 효율성과 효과성, 서비스 질 향상을 극대화하기 위해 네 가지 구체적 해외홍보 전략적 접근 방법, 즉 1) 문서화 및 모듈화 사업을 통한 정책 · 행정홍보, 2) 공공외교(public diplomacy) 및 공공정책 관련 포럼 주최를 통한 정책 · 행정홍보, 3) ODA, KSP 사업(지식공유사업)을 통한 정책 · 행정홍보, 4) Global MPA(Master's of Public Administration), Global E－School 사업(On－line 사업), Global SNS 기반 교육사업을 통한 정책 · 행정홍보 등을 제안 하고자 한다. 또한 목표공중 국가, PR 목표, 주력 PR 콘텐츠, PR 전략 등의 주요 전략 요소를 종합적으로 고려하여 1) 경제 일반 및 행정 관련 정책(10가지 정책 브랜드 대상 선정), 2) 농어업, 보건의료, 인적 자원 관련 정책(10가지 정책 브랜드 대상 선정), 3) 산업 에너지, 국토 건설, 환경 관련 정책(10가지 정책 브랜드 대상 선정) 등 총 30가지 정책 브랜드 대상을 선정하여 상기한 네 가지 전략적 접근 방식으로 분석하고자 한다.

1 문서화 및 모듈화사업을 통한 정책 · 행정홍보

한국의 발전 경험을 국제 사회와 공유하기 위해서는 적극적인 한국 발전 경험 모듈화 연구사업 등을 공모, 발굴, 시행하여 한국의 행정, 정책, 제도의 의의, 발전 과정, 성공 사례, 대(對)개도국 시사점 등을 적극적으로 체계화, 모듈화, 문서화하여 대상 국가에 홍보할 필요가 있다. 특히 개도국 대상(대상국의 수요와 해외 진출 연계 가능성을 고려함)으로 한 행정 사례 브랜드화 대상과 관련 전문가를 선정하여 모듈별 분류화, 체계화, 매뉴얼화하는 것이 필요하다고 본다.

문서화된 내용은 해당 정책담당자, 국내 컨설턴트 및 국제기구 관계자 등의 정책자문사업에도 적극 활용이 필요하고 행정부처 · 기관의 국제협력사업, 국제기구와의 공동 컨설팅 사업 추진하는 데 참고자료로 사용이 가능해 보인다. 워크숍, OECD와 지식 공유와 협력 강

표 4-1 행정, 정책, 제도의 브랜드 대상(예시)

브랜드 대상(예시)
1) 에너지산업 육성정책
2) 재정사업 성과관리제도 운용 경험
3) 공공기관 관리 체계
4) 재정관리정보 시스템 구축, 운영 경험 및 방법론
5) 외자 도입 운용 경험
6) 국채시장 발전 경험
7) 거시경제 안정화정책 운용 경험
8) 산업구조 고도화전략(사양산업 구조조정 방안)
9) 공무원 교육훈련제도/직업공무원제도 정착
10) 정부 인사 운영에서의 성과주의제도 도입
11) SOC 건설과 환경영향평가제도/상, 하수도 관리
12) 농지 이용과 생산기반 정비
13) 국가예방접종사업/의료인력 재교육사업
14) 조달행정 법 제도에 관한 틀(framework) 구축
15) 중소기업 발전지원 관련 법제
16) 고용안정제도 구축/산업재해 예방 제도 구축 및 운영/교육의 발전과 민간 부문의 역할
17) 정부업무평가제도 운영 경험
18) 국토 및 지역개발정책/공항정책 및 인프라 구축/대중교통 체계 개선/하천 정비 및 관리정책
19) 농지개혁/농업기계화 촉진정책 및 기술 개발
20) 벤처 창업 촉진을 위한 지원 시스템 구축/중소기업 육성정책

출처: 2012년 경제 발전 경험 모듈화 사업 세부과제 자료집에서 수정, 발췌.

표 4-2 행정, 정책, 제도의 브랜드 대상의 내용(예시)

브랜드 대상의 내용(예시)
1) 에너지산업 육성정책 성공 사례 홍보/브랜드화 - "한국은 에너지 다소비산업이 국가경제와 수출에서 큰 비중을 차지하고 있음에 비추어 에너지정책이 국가경제와 수출에 미치는 영향이 지대하다고 할 수 있는데 한국의 경제 성장에서 에너지의 역할에 대한 분석을 통해 개도국들에게 정책실패를 최대한 줄이면서 비용효과적 에너지정책 수단을 개발할 것인지에 대한 노하우(knowhow)를 전수할 수 있다고 봄" (부경진, 서울대학교).
2) 재정사업 성과관리제도 운영 경험 및 성공 사례 홍보/브랜드화 - "재정사업 성과관리 시스템의 구축은 한국 정부가 2000년대 들어 추진한 조세 및 재정개혁 프로그램 중 가장 성공적인 과제의 하나로 평가됨. 재정사업 성과관리제도 도입과 정착 과정에서의 한국의 경험을 정리하고 평가함으로써 유사한 제도의 도입을 추진하는 개발도상국이 유용하게 활용할 수 있는 자료로 제공 가능함" (박창균, 중앙대학교).
3) 공공기관 관리 체계 개선 방안 홍보/브랜드화 - "공기업과 공공기관의 운영 체제와 지배구조에 관한 우리나라의 제도는 경제적 효율을 지향하는 힘과 정치사회적 제약 조건 간의 갈등과 타협의 산물이라는 점에서 많은 현실적 시사점을 제공할 수 있음. 한국 정부가 사용해 온 공기업과 공공기관의 운영제도와 지배구조에 관한 제도의 내용을 정리하고, 제도 도입 배경을 분석하여 설명하며, 제도의 성과를 평가하고 개발도상국들에게 줄 수 있는 시사점을 제시함" (남일총, KDI).
17) 한국 정부업무평가제도 운영 경험 및 성공사례 홍보/브랜드화 - "한국의 정부업무평가제도의 운영 경험을 2006년 정부업무평가기본법 제정 이후부터 현재까지 종단면적 관점에서 분석하여 제도의 정착 과정과 운영 성과를 탐색하고, 한편으로는 외국에서도 벤치마킹할 수 있도록 체계적인 분석 자료를 제공함" (허만형, 중앙대학교).
18) 국토 및 지역개발정책 - "개발도상국의 경제 성장은 효율적인 경제, 산업정책과 공간정책의 공조가 필요한데 한국의 국토종합계획 정책 경험은 압축적 경제 성장 과정에서의 국토 및 지역개발 정책에 관한 가장 성공적인 벤치마킹 사례임. 국토종합계획, 낙후지역 발전정책, 저탄소 녹색도시계획의 한국 정부의 3대 국토/지역개발 정책을 중심으로 개발도상국의 국토 및 지역개발정책 방향을 제시함" (문정호, 국토연구원).

출처: 2012년 경제 발전 경험 모듈화 사업 세부과제 자료집에서 수정, 발췌.

화, 지식공유 플랫폼(platform) 구축작업, 교육 프로그램 교재화 등 다각적 활용 모색을 통해 국제 개발협력 관련 학생, 공무원 등을 대상으로 교재화도 추진할 수 있다.

상기한 바와 같이 행정, 정책, 제도의 브랜드 대상을 선정한 후 모듈화 보고서 표준 매뉴얼을 작성하여 체계적인 홍보 시스템 구축에 이용할 필요가 있다. 예를 들면, 그 내용 구성은 크게 1) 연구 내용, 2) 연구 목차, 3) 연구 방법, 4) 홍보문헌 보고서 작성, 5) 홍보문헌 보고서 활용 방안 등으로 나누어 정책홍보 내용을 정리, 분석, 제시할 수 있다.

표 4-3 예시: 한국 행정, 정책, 제도 홍보 내용의 목차

예시: 홍보 내용의 목차
1. 한국 행정, 정책, 제도의 개괄
2. 한국 행정, 정책, 제도의 의의와 발전 과정
3. 한국 행정, 정책, 제도의 성공적 사례 소개 1) 시기별 성공 사례 2) 정부 단위별 성공 사례 3) 직무 분야별 성공 사례 4) 거버넌스 차원에서의 성공 사례 5) 요약 및 시사점
4. 한국 행정, 정책, 제도의 추진 과정상 애로 사항 및 극복 방안
5. 해당국/개도국에 대한 시사점 1) 개발도상국 고유 행정 수요: 특징과 전망 2) 국제사회 대응: 해외 사례 소개 3) 제도, 조직, 문화, 콘텐츠의 융합적 접근 4) 해당 국가의 고유 제도 수립, 개발을 위한 권고안

표 4-4 예시: 한국 행정, 정책, 제도 홍보 내용

예시: 홍보 내용
1. 한국 행정, 정책, 제도의 개괄 - 다른 국가에 홍보가치가 있다고 판단되는 특정 행정관리 시스템, 공공정책 및 법, 제도 등 발굴 및 소개
2. 한국 행정, 정책, 제도의 의의와 발전 과정 - 한국의 역사적 · 시대적 발전 과정을 매개로 상기 정책 및 관리 시스템의 도입 배경 및 발전 과정에 대한 구체적 기술
3. 한국 행정, 정책, 제도의 성공적 사례 소개 - 성공적 도입, 정착, 실행 사례들을 시기별, 정부 단위별, 직무 분야별, 협력적 거버넌스 차원 등의 시각으로 다각적으로 발굴, 분석, 홍보
4. 한국 행정, 정책, 제도의 추진 과정상 애로 사항 및 극복 방안
5. 해당국/개도국에 대한 시사점 - 일방적 홍보가 아닌 해당국 시각에서 실무적으로 배워야 할 점을 쌍방향 커뮤니케이션적, 융합적 시각에서 제언함. 즉, 우리의 발전 정책과 노하우를 가르쳐 주는 방식으로 진행되는데, 물고기 잡는 방법을 알려 주는 것이라 할 수 있음.

2 공공외교 및 공공정책 관련 포럼 주최를 통한 정책 · 행정홍보

9 · 11 사태 이후 급변해 온 세계 정치질서와 정보기술의 발달로 국가 행위자 이외에 민간 분야 외교 역할과 범위의 중요성이 커짐에 따라 공공외교(public biplomacy)의 역할이 커지고 있다. 이러한 측면에서 해외 정책 · 행정홍보 방식으로 우리나라와 주요 국가의 여론 주도층 인사들 간 인적 네트워크를 형성하여 제도화된 대화 채널을 운영하고 이를 바탕으로 상호 지향적 협력 관계 강화를 도모하는 공공외교와 상설 포럼제도를 통한 정책 및 행정홍보 접근 방식이 주목받고 있다. 따라서 공공외교식 접근 방법의 성공적 정착을 위해서는 국내 대학 및 기타 연구, 교육기관과 민간 분야의 축적된 연구 및 국제 교류 역량을 기반으로 하는 대외 홍보전략이 필요하다. 이를 바탕으로 매년 양국의 정부, 재계, 언론계, 학계, 사회문화계 등의 여론 주도층 인사들이 참여하여 공동 관심사에 대해 허심탄회하게 논의하고 일부 포럼은 공동성명 등으로 그 결과를 양국 정부에 공식 건의함으로써 자연스럽게 우리나라의 정책홍보의 기회를 넓힐 수 있다고 본다. 공공외교 전략 수립 및 공공정책 관련 포럼 주최 및 상설화를 위해서는 구체적인 운영 계획이 필요한데 <표 4-5>와 같은 운영계획 내용(예시: 한국-이태리 국가 간 공공외교정책 포럼) 등을 포함시킬 수 있다. 이는 협력 가능한 분야를 5개 세부 분야로 나누어 인적 교류 및 지식 교류 협력을 추진할 수 있는 것으로 세부 항목은 표를 참조한다.

표 4-5 예시: 한국-이태리 국가 간 공공외교 정책 포럼 운영계획 내용

예시: 공공외교정책 포럼 운영계획 내용
가. 배경 및 한-이태리 양국 관계 나. 세션 및 의제 구성 방안 1) 양국의 정치, 외교안보 및 행정기관 간 협력 분야 2) 경제, 산업, 무역 협력 분야 3) 문화 및 패션, 방송 협력 분야 4) 도시 및 공간 디자인 협력 분야 5) 녹색성장에 관한 상호 협력 분야
나. 구체적 성과 도출 및 활용 방안 1) 국가 브랜드 및 국가 이미지 제고 2) 국가 브랜드 지수 제고
다. 포럼 기획 및 조직 방안
라. 홍보 방안
마. 후속 및 파생사업 추진안

3 ODA와 KSP사업(지식공유사업)을 통한 정책 · 행정홍보

협력과 경쟁이 공존하는 글로벌 사회에서 정보통신의 발달과 더불어 신뢰를 기반으로 한 관계망 형성인 네트워크 사회로의 진화가 급속히 이루어지고 있다. 이에 한국을 알고, 이해하고, 한국을 좋아하는 글로벌 리더들의 증가와 네트워크 활성화가 필요해지는 상황이다. 특히 개도국의 경우 국가 공무원들이 그 사회의 엘리트이자 리더로서 많은 부분에 영향을 미치므로 이들을 친한(親韓), 지한(知韓) 네트워크에 포함시키고 형성시킬 필요성이 증가하고 있다. 대한민국은 세계 190여개 국가 중 전쟁의 폐허를 딛고 원조를 받는 나라에서 원조를 주는 나라로 성장한 유일무이한 나라이므로 대한민국이야말로 세계 개도국의 진정한 롤모델 국가라 할 수 있다. 많은 아프리카, 아시아, 중남미 국가들이 궁금해 하는 것이 이러한 대한민국 발전의 비밀(secret)이고 ODA와 KSP(Knowledge Sharing Program)사업은 이 노하우를 직접 전해 주는 프로그램이라 할 수 있다. 즉, 국제 사회에 한국형 개발 협력 모델 수출을 통한 정책홍보사업이라 정의할 수 있겠다. <표 4-6>에서 예시한 한국형 직업공무원제도 및 인사개혁 정책 모델 내용에서 보여주듯이 성공적인 한국형 제도와 정책들을 모듈화하고 그 내용을 구체적으로 브랜드화하여 ODA 및 KSP사업 기관과 협력하여 적극 수출하고 홍보하는 ODA와 KSP 중심의 협력적 수출 모델과 콘텐츠를 개발하는 것이 무엇보다 중요하다.

표 4-6 ODA와 KSP 사업을 통한 한국형 직업공무원 제도 및 인사개혁 정책 모델 수출

예시: 한국형 직업공무원제도 및 한국형 인사개혁 정책 모델
1. 한국 인사행정제도 소개 1) 한국 인사행정제도의 의의와 변천 소개 - 한국의 인적자원관리, 인적자원 개발, 인적자원 정보 시스템 소개 - 정부 수립부터 이명박 정부 시기까지의 변천 과정 소개 2) 한국 인사행정제도의 주요 특징 - 계급제와 직위분류제, 임용제도, 교육훈련제도, 평가 및 승진제도, 보상 및 후생복지제도 등
2. 한국형 직업공무원제도의 의의와 발전 과정 1) 직업공무원제의 의의와 이론적 근거: 계급제와 폐쇄형 임용 체제 중심으로 2) 직업공무원제의 수립 요건 및 필요성: 한국적 맥락에서 3) 직업공무원제의 발달 과정 및 장 · 단점

3. 한국형 직업공무원제도의 성공적 사례 소개

1) 시기별 성공 사례
   - 1963년: 총무처 체제(~1998년)
     태동기: 채용시험제, 계급제 정착, 고충처리제도, 공개경쟁승진제도
   - 1999년: 중앙인사위원회 체제(~2007년)
     혁신기: 개방형 직위제, 성과급제, 목표관리제, 고위공무원단제
   - 2008년: 행안부 인사실 체제:
     전환기: 인사 기능의 집약화와 효율성 강화

2) 정부 단위(중앙/지방)별 성공 사례
   - 전라남도 여성공무원 출산휴가 대체인력제 도입(2003년)
   - 경상북도 인사도우미 개설 및 근무평정제도 개선(2005년)
   - 서울시 교육훈련제도 개혁(2006~2007년)
   - 농촌진흥청의 인사개혁(2008년)

3) 직무 분야별 성공 사례 소개
   - 현재 우리나라에서의 엽관제로 임명이 가능한 직무는 정무직(장차관)과 별정직(차관보 이하)임: 관료적 대응성 향상과 정치 지도자의 국정지도력 및 국정팀정신 강화에 기여
   - 정치적 임명제도 혁신의 예: 인사수석실 민정수석실 제도를 들 수 있음.
   - 인사수석실: 인재 발굴 담당
   - 민정수석실: 인재 검증 담당
   - 계약직 및 개방형 임용 채용을 많이 늘림(약 1800명): 자기개발과 경쟁의 필요성을 느끼게 하는 긍정적 효과를 가져 옴.
   - 민간경력자 일괄채용제

4) 관리 기능 차원에서의 성공 사례 소개
   - 고위공무원단(SCS) 도입 (2006년 7월 1일)과 E-HRM 도입: 효율성 측면
     (1) 고위공무원단 도입(SCS)
       a) Open position system
       b) job posting system
       c) agency flexibility 등의 하위 체제로 이루어짐
     (2) E-HRM(or HRIS) 도입
       - ICT 활용
       - 성과관리/상벌/보수/훈련/평가 등과 연계됨
       - 각 인사 기능별 홈페이지가 잘 구축됨(예: www.gosi.go.kr www.training.go.kr)
       - 대표관료제 등의 인사균형정책 개발, 발전: 형평성 측면
         • 사회적 약자 보호(민주성)/대응성
         • 지역정서 약화와 가족친화정책 발전에 기여
         • 적극적(active) 대표관료제로의 발전 도모

4. 한국형 직업공무원제도의 추진 과정상 애로 사항 및 극복 방안

5. 개도국에 대한 시사점

4 Glboal MPA, Global E-School 사업, Global SNS 등 교육사업을 통한 정책 · 행정홍보

현재 국내 많은 우수한 교육기관이 국제 협력사업과 교육 경험의 축적 등을 바탕으로, 개도국(동남아시아)의 정부 공무원들의 행정과 정책 분야의 인적 자원 개발에 관련된 많은 사업을 하고 있다. 특히 많은 대학이 현재 개도국 공무원을 대상으로 공공행정과 정책, 전자정부 · 정보정책 과정의 비전과 전략 및 사례를 연수해 주고 있다. 그 효과성이 입증되어 매년 그 교육 요청은 증대하고 있는 상황이다. 따라서 이러한 축적된 한국의 해외 교육사업의 경험을 정책 및 행정홍보 전략과 연계하여 추진할 필요가 있다. 이를 위해서는 1) 우수한 교수진 확보, 2) 우수한 e-learning 교육 시스템 구축, 3) 우수한 글로벌 교육 네트워크 확충 등의 요건들이 충족이 되어야 할 것이다. 궁극적으로는 한국형 공공 정책모형과 좋은 거버넌스(good governance) 모델의 공유와 확산을 위한 글로벌 사이버 캠퍼스 구현, 개도국 공무원과 공공 부문 미래 인재의 행정과 정책능력 개발, 한국에 대한 이해와 호감을 지닌 개도국 지한(知韓) · 친한(親韓) 국가 인재 양성, 글로벌 인적 네트워크 구축 등의 효과를 기대할 수 있고, 따라서 한국의 정책 및 행정홍보 또한 자연스러운 방식으로 진행될 수 있다고 보여 진다.

표 4-7 Global E-School 사업을 통한 해외홍보 사례

"공무원과 정치인들의 부패 문제가 심각합니다. 한국의 전자정부 시스템을 도입하면 부패를 줄이는 데 도움이 되겠습니까." (에리 와휴디·인도네시아대 행정대학원 재학)

"투명한 시스템을 갖추는 것도 중요하지만 공무원들의 의식이 변화할 수 있도록 국민들이 지속적인 관심을 보여주는 것도 중요합니다. 시스템과 의식이 함께 자리 잡을 수 있도록 일관적인 정책이 필요합니다." (권기헌 성균관대 국정관리대학원장)

지난 12일 성균관대 다산경제관 멀티미디어 강의실에서 진행된 정보정책론 수업 현장. 강의실 정면에 설치된 모니터에 등장한 학생이 영어로 질문을 던지자 교수가 해법을 제시했다. 와휴디 씨를 비롯한 20여명의 인도네시아대 학생들은 대학원 수업인 정보정책론 과목을 원격 화상을 통해 한국 대학의 교수로부터 배운다. 성균관대의 수업이 인터넷을 통해 5000㎞ 떨어진 자카르타에서 실시간으로 이뤄지고, 정식 학점으로도 인정되고 있다.

○ 화상 강의로 확산되는 '교육 한류'

한국을 찾는 유학생이 증가하고 한국 교육모델의 수출이 확대되는 등 '교육 한류(韓流)'가 화상 강의를 통해 더욱 확산되고 있다. 국내외 대학을 연결하고 강의료 등을 지원하는 한국국제교류재단에 따르면 올해 22개국 52개 대학이 124개의 한국 대학 강의를 인터넷을 통해 수강하고 있다. 사업 첫해인 지난해엔 12개국 19개 대학 학생이 35개 수업을 들은 것과 비교하면 크게 증가한 것이다. 수업당 평균 수강 인원은 20명가량으로, 전체 수강생 수도 작년 700여명에서 올해는 2500명 규모로 불어났다. 강의를 제공하는 국내 대학도 7곳에서 10곳으로 증가했다. 지난해 시작한 고려대, 서울대, 성균관대, 숙명여대, 이화여대, 중앙대, 한국외대 외에 올해는 가톨릭대, 연세대, 한양대가 추가됐다. 국제교류재단이 화상강의 지원사업을 시작한 것은 해외에서 한국 관련 교육 수요가 늘어나는 데 비해 교수 파견이나 한국학과 개설은 예산 지원과 교수 찾기 등에 어려움이 있기 때문이다. 김민정 한국국제교류재단 학자지원팀장은 "한국어나 한국학 강의뿐 아니라 행정학, 동아시아 경제학, 경영학 등 한국이 강점을 가진 분야에 대한 강의를 연결해 달라는 요청이 계속 오고 있다"고 전했다.
현지 반응도 좋다. 숙명여대가 쿠웨이트대에 제공하는 '외국인을 위한 한국어' 과목은 정원 20명에 100명이 넘는 수강 신청이 몰려 같은 수업을 두 개 더 늘렸다. 화상 강의가 확산되는 것은 한국의 교육 콘텐츠를 전파해 해외에 '친한파' 엘리트를 늘린다는 데 큰 의미가 있다는 분석이다. 김종철 서울대 아시아연구소 연구원은 "한·중·일 학생들이 각자 자국의 정책과 기업경영 환경 등을 자유롭게 토론하면서 자연스럽게 서로의 장점을 배우고 창의성을 키우게 된다"고 말했다.

○ 해외에도 구축된 교육 한류 허브

화상 강의를 받는 대학들은 인도네시아, 베트남, 일본, 태국 등 아시아 지역에 집중되어 있다. 수업을 실시간으로 받으려면 시차가 적은 것이 편하기 때문이다.
한국과 시차가 많이 나는 미주와 유럽에서는 한국학 연구 역사가 긴 대학들이 한국 관련 화상 강의를 진행하고 있다. 미국에서 최대 한국학 프로그램을 운영 중인 UCLA 한국학연구소는 아르헨티나 라플라타대와 멕시코국립대 등에 한국문화사, 동아시아정치경제학 등의 수업을 제공한다. 유럽에서는 한국 전문 교수들의 모임인 유럽한국정치학회 본부가 있는 헝가리의 센트럴유러피언대가 한국 관련 교육 허브 역할을 하고 있다."

출처: 한국경제신문 2012년 10월 16일, '한국 대학 강의 22개국서 화상으로 듣는다', http://www.hankyung.com/news/app/newsview.php?aid=2012101694081

제 4 절 정책홍보의 개선안에 관한 분석

이 연구는 전문가 설문조사 및 인터뷰를 통해 상기한 다섯 가지 정책홍보의 전략적 접근 방법에 대해 분석, 조사를 실시했다.

1 다섯 가지 정책홍보 방식의 중요도 비교 분석

개선안

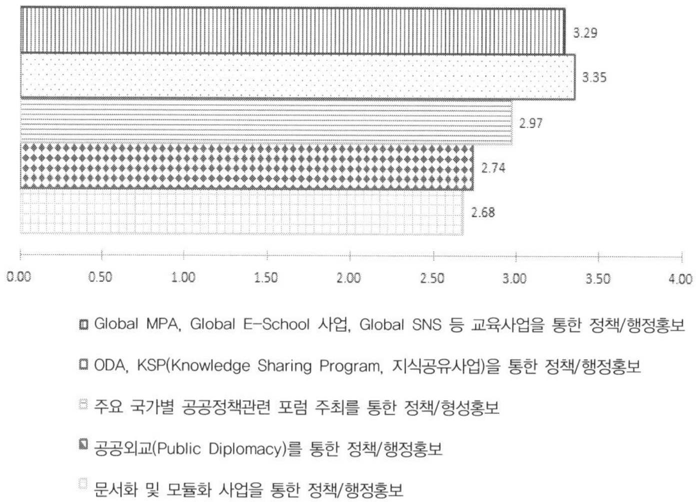

주: 열 가지 항목 중 중요도(1: 가장 중요하지 않음, 10: 가장 중요)의 평균값임.1)

개선안

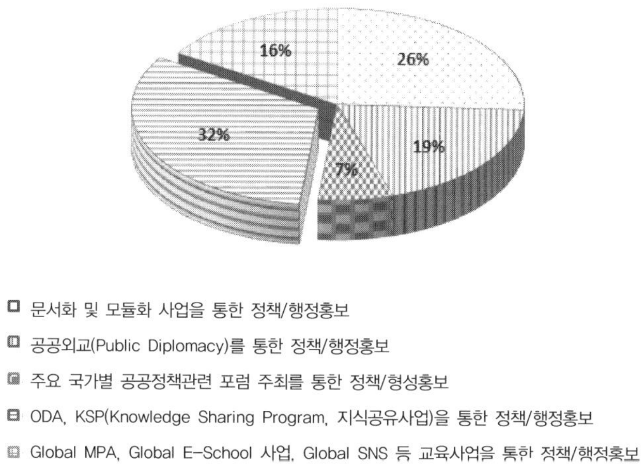

주: 열 가지 항목 중 가장 중요(10)하다고 생각되는 항목의 비율.2)

1) 막대그래프의 가장 높은 값을 가진 항목은 많은 응답자가 (가장 중요하다 생각지 않더라도) 어느 정도 중요하다고 생각하는 항목이며, 이후 4절의 막대그래프는 모두 동일한 의미임.
2) 파이그래프의 가장 높은 값을 나타내는 항목은 설문에 응답한 응답자 중 가장 많은 사람이 가장 중요하다고 여기는 항목을 의미하며, 이후 4절의 파이그래프는 모두 동일한 의미임.

분석 결과, 다섯 가지 정책홍보 접근 방식 중 ODA와 KSP사업(Knowledge Sharing Program, 지식공유사업)을 통한 정책·행정홍보가 가장 적합하다는 의견이 많았다. 다음으로는 Global MPA 등의 교육사업을 통한 정책·행정 홍보의 유용성에 대한 긍정적 의견이 많았다. 주요 국가별 포럼 주최를 통한 정책·홍보 접근 방식을 제외하고는 제시된 방식들이 비교적 유효한 것으로 평가되었다. 즉, 해외홍보 전문가들은 모듈화 사업, KSP 등의 구체적 프로그램과 교육 프로그램의 홍보 전달 방식을 통해 중·장기적, 전략적, 지속적 정책홍보 방식을 선호함을 보여주고 있다.

이러한 결과를 바탕으로 첫째, 향후 정책홍보를 통한 해외홍보의 효과성 제고를 위해서는 상기한 네 가지 방식을 적절히 혼합하여 상황에 맞게 적용하는 혼합형(hybrid) 방식 혹은 다중적(multiple) 접근 방식을 제안하고자 한다. 둘째, 목표공중 국가 혹은 홍보 대상 국가들을 1) 한국에 대한 인지도/호감도, 2) 경제 발전 수준, 3) 해당국이 필요로 하는 구체적·세부적 정책 대상 등을 기준으로 해당국에 가장 적절한 방식들을 특정화, 현지화, 모듈화하여 해당 국가 진출 기업, KOTRA, KOICA, KF 등의 유관 기관과의 협조를 통해 결정하는 것도 하나의 방식으로 제안하고자 한다.

2 우리나라의 행정, 정책 제도 중 정책홍보를 위한 브랜드 대상으로 가장 적합한 항목에 대한 분석

1) 분야 1: 경제 일반 및 행정 분야

분석 결과, 경제일반 및 행정 분야에서 정책홍보를 위한 브랜드 대상으로서 가장 적합하다고 여겨지는 분야는 1) "거시경제 안정화정책 운용 경험"으로 나타났고, 다음으로는 2) "정부 인사 운영에서의 성과주의제도 도입", 그리고 3) "자금 세탁방지 정보화 시스템 구축", 4) "재정관리정보 시스템 구축, 운영 경험 및 방법론" 등에 대한 해외홍보가 중요 브랜드화 정책 대상으로 밝혀졌다.

■ 분석에 따른 시사점

- 1980년대에 이루어진 성공적인 경제안정화 정책은, 여전히 인플레이션과 거시경제 불안을 겪고 있는 많은 개도국에 긍정적인 교훈을 주는 경험이었던 것으로 보인다.

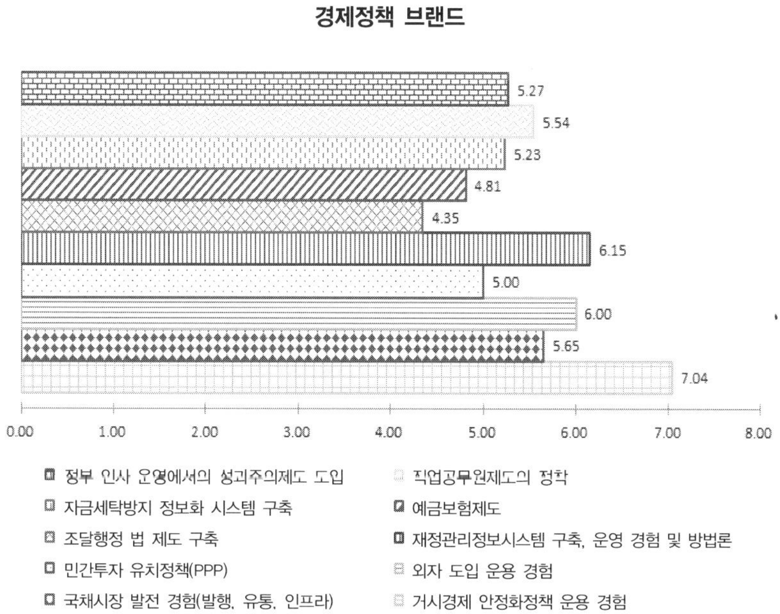

주 : 열 가지 항목 중 중요도(1: 가장 중요하지 않음, 10: 가장 중요)의 평균값임.

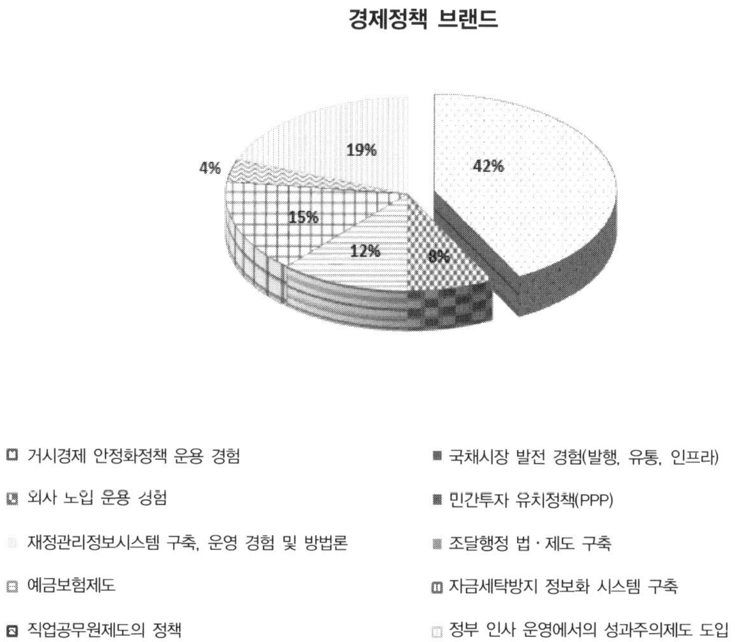

주 : 열 가지 항목 중 가장 중요(10)하다고 생각되는 항목의 비율.

개발정책의 도구 정도로 인식되었던 재정 및 통화정책이 어떤 기준에서 운용되어야 하는지, 인플레이션의 안정이 궁극적으로는 경제 성장에 어떻게 도움을 줄 수 있는지, 그리고 거시경제 정책 기조를 변화시키기 위해서는 어떤 정치적 뒷받침이 필요한지 등에 대해 우리나라의 경험을 전수하여 홍보하는 것이 필요하다고 보인다.

- 한국 정부 공무원 인사제도에서의 성과주의 추진 체계 및 운영 실태를 기술, 분석하고 이를 바탕으로 타국가의 성과주의 인사제도 도입 시의 시사점과 구체적인 집행상의 노하우 및 교훈을 제공하는 정책홍보 양식이 필요해 보인다.
- 우리나라의 자금세탁 방지제도 및 관련 시스템의 발전은 우리나라 자금 거래의 투명성을 높이고, 이를 통해 관련 국제기구의 자금세탁 방지활동에 적극 참여해 왔으며, 특히 아시아지역에서 주도적인 역할을 담당하고 있다. 이러한 성공 요인과 개선점 등을 바탕으로 대상 국가의 자금 세탁 방지 정보화 시스템 구축 및 운영에 관한 방법론 등에 대해 권고 및 홍보가 가능하다고 보인다.
- 또한, 예산제도, 국고금 관리제도, 회계제도 등에 대한 개혁에 관한 선행 경험들을 바탕으로 발전도상국의 재정개혁 및 정보화에 한국의 경험을 전하는 데 더욱 효과적이도록 홍보할 필요가 있다.

2) 분야 2: 농어업, 보건의료, 인적 자원 분야

분석 결과, 농어업, 보건의료, 인적 자원 분야에서 정책홍보를 위한 브랜드 대상으로 가장 적합하다고 여겨지는 분야는 1) "과학기술 도입과 내재화 방안"으로 나타났고, 다음으로는 2) "농지 이용과 생산 기반 정비"의 홍보, 3) "국가표준 인프라 체계 구축"이 중요 홍보 대상으로 밝혀졌다.

■ 분석에 따른 시사점

- 한국의 경제 발전 초기인 1960년대 정부의 과학기술 도입 및 내재화 전략을 추진하면서 한국에 종합적인 과학기술제도, 특히 국가 과학기술 시스템이 형성된 과정과 방법을 밝히고 그에 대한 역사적 평가와 교훈을 도출함으로써 홍보 대상 국가에 시사점과 권고안을 제시할 수 있다고 본다.
- 한국 정부가 1960년대 후반 이후 꾸준히 추진했던 경지정리사업에 관해 언제, 왜, 무엇을, 어떻게 추진했으며, 그 성과는 무엇이었는지를 파악, 정리하여 시사점을 도출,

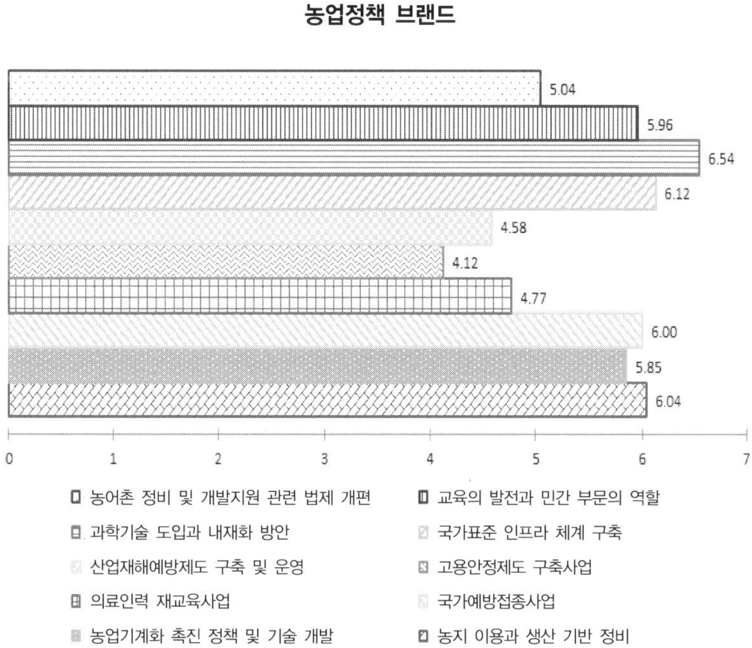

주 : 열 가지 항목 중 중요도(1: 가장 중요하지 않음, 10: 가장 중요)의 평균값임.

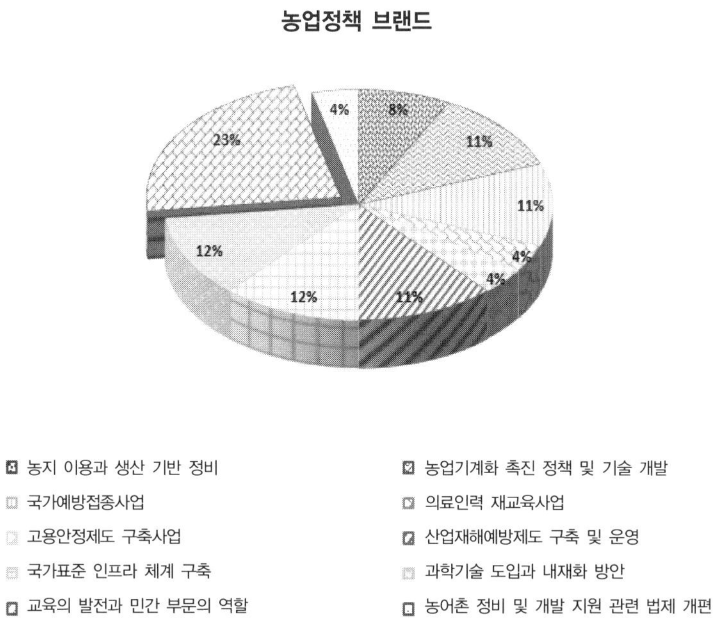

주 : 열 가지 항목 중 가장 중요(10)하다고 생각되는 항목의 비율.

그 내용들을 해외정책홍보 콘텐츠화하는 방안이 필요해 보인다.

- 한국은 1975년 한국표준과학연구원 설립을 통해 수준 높은 측정과학 기술 발전과 국가측정 표준을 확립했다. 이에 따라 한국은 오늘날 전 세계 선진국으로부터 첨단 측정과학 기술 개발을 위한 우수한 파트너로 인정받아 다양한 국제 공동연구 활동을 전개하고 모든 개도국으로부터 발전의 경험을 전수받고자 하는 성공 모델로 자리 잡음으로써 해외홍보의 정책 브랜드로서 손색이 없다고 할 수 있다.

3) 분야 3: 산업 에너지, 국토 건설, 환경 분야

분석 결과, 산업 에너지, 국토 건설, 환경 분야에서 정책홍보를 위한 브랜드 대상으로 가장 적합하다고 여겨지는 분야는 1) "에너지산업 육성정책"으로 나타났고, 다음으로는 2) "대중교통 체계 개선", 그리고 3) "하천정비 및 관리정책"의 내용이 주요 해외홍보 브랜드 대상으로 밝혀졌다.

■ 분석에 따른 시사점

- 지금까지의 한국의 괄목할 만한 경제 성장의 주요인으로서 에너지정책의 흐름을 살펴보고, 앞으로의 경제 발전의 지속적 성장을 위한 구체적 에너지 정책 개발을 시도해 볼 수 있다. 또한 현재 개도국에서 진행 중인 다양한 에너지 정책 개발에 많은 시사점을 줄 수 있다고 판단된다. 즉, 한국의 경제 성장에서 에너지의 역할에 대한 분석을 통해 개도국들에게 정책 실패를 최대한 줄이면서 비용 대비 효과적인 에너지 정책수단 개발에 대한 노하우를 개도국에 전수, 홍보할 수 있을 것으로 기대된다.
- 공공과 민간 부문의 협력 하에 버스, 철도, 택시 등 주요 대중교통 수단에 대한 교통정책의 변천 과정 및 이에 대응한 한국의 대중교통정책 추진전략 등은 신흥 개발도상국가는 물론 공공 중심의 대중교통을 운영하는 선진국에게도 주요한 정책 사례가 될 것으로 판단된다.
- 아울러, 우리나라 수자원 개발의 틀에서 하천정비의 발전 과정과 함께 관련된 관리정책의 성공과 실패에 대한 분석을 통해 한국의 수자원 개발 차원에서의 하천 정비 및 관리정책의 역사와 각 시기별 도입된 정책 및 사업, 추진 체계, 배경 및 내용, 평가 그리고 시사점 등을 정책 브랜드화하여 홍보할 수 있다고 보여진다.

산업정책 브랜드

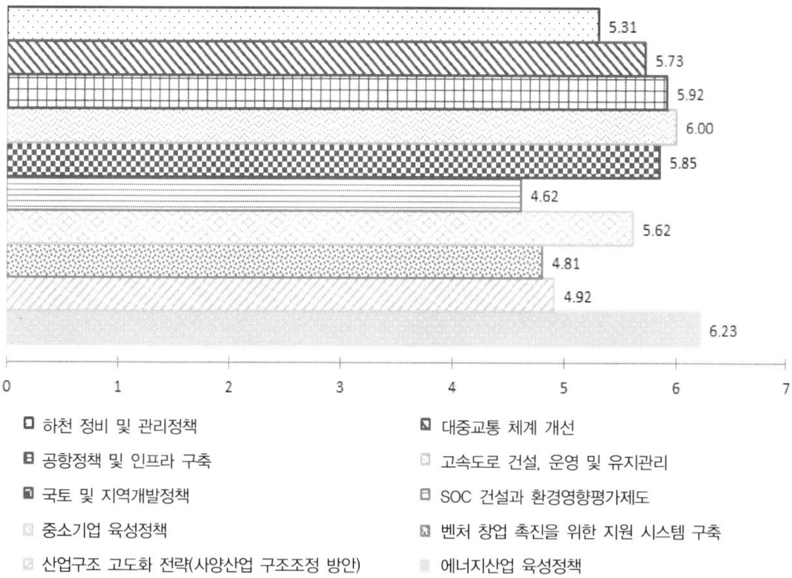

주 : 열 가지 항목 중 중요도(1: 가장 중요하지 않음, 10: 가장 중요)의 평균값임.

산업정책 브랜드

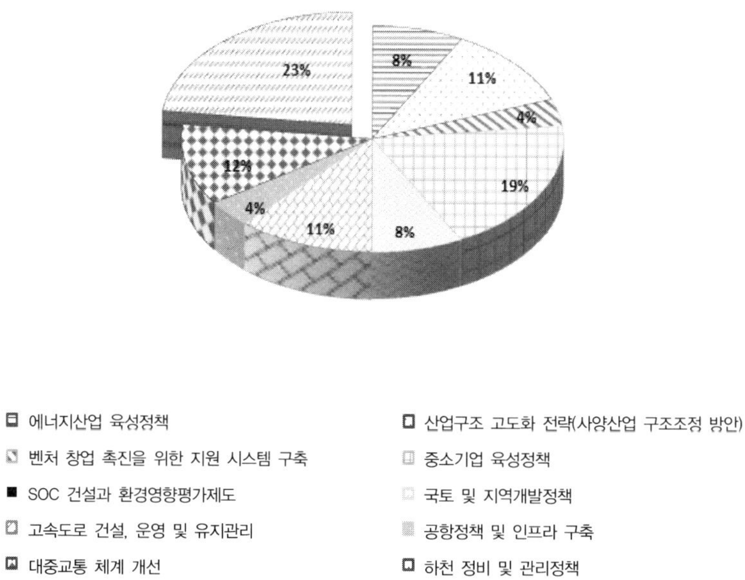

주: 열 가지 항목 중 가장 중요(10)하다고 생각되는 항목의 비율.

제 5 장 해외홍보의 전달 체계 방안

제 5 장 해외홍보의 전달 체계 방안

제 1 절 우리나라 해외홍보 전달 체계의 현황

1971년 국가의 해외문화홍보조직이 첫 출범한 이래로 해외홍보 업무를 담당하고 있는 기관은 끊임없이 변화를 겪어 왔으며, 현재 우리나라 해외홍보 분야의 주무는 문화체육관광부 소속의 해외문화홍보원이 담당하고 있다.[1] 그러나 여전히 해외홍보 업무와 사업은 해외문화홍보원을 포함한 약 12개 행정기관으로 분산되어 있으며, 직·간접적으로 해외홍보 업무에 관여하고 있는 것으로 나타났다.

중앙행정기관의 수준에서는 문화체육관광부와 외교통상부가 해외홍보 업무를 주요한 업무로 담당하고 있으며, 소속기관의 수준에서는 해외홍보의 주무부처인 해외문화홍보원 이외에도 교육과학기술부 소속의 국립국제교육원이 국제교육 교류와 협력을 수행함으로써 간접적으로 해외홍보 업무를 수행하고 있다. 이 밖에도 한국문화예술교육진흥원, 한국관광공사, 한국콘텐츠진흥원, 한국국제교류재단(KF), 국제방송교류재단(아리랑방송), 대한무역투자진흥공사(KOTRA), 한국국제협력단(KOICA) 등의 다양한 유관 기관이 해외홍보와 관련된 다양한 사업을 집행하고 있다.

1) 해외문화홍보원은 1971년 12월 문화공보부 소속 해외공보관으로 발족한 이후 정부조직법 개정으로 기관 소속이 수차례 변경되었다. 1990년 문화부와 공보처가 분리되면서 공보처 소속으로 변경되었으며, 국정홍보처가 발족한 1999년에는 해외홍보원으로 소속 및 기관 명칭이 다시 변경되었다. 이후 2008년에 문화체육관광부 소속 해외문화홍보원으로 개편되면서 현재에 이른다.

이렇듯 우리나라의 해외홍보 업무가 여러 기관으로 분산되어 수행되다 보니 업무 소관과 주도권을 놓고 수시로 신경전을 벌이는 일이 발생했고, 그로 인해 비효율 및 혼선을 초래하고 있다는 비판을 받고 있다(유재웅, 2011; 한정호 · 김상훈, 2004). 이러한 문제 인식에 따라 이명박 행정부는 지난 2009년 대통령 직속으로 국가브랜드위원회를 설치했으며, 해외홍보 분야의 핵심 행정부 차원으로 각 부처에서 추진하는 국가 브랜드 관련 사업을 통합 · 조정하는 컨트롤 타워의 기능을 수행하고 있다. 그러나 국가브랜드위원회 또한 여전히 해외홍보 업무를 수행하는 다양한 기관간의 관계 정립 문제를 내포하고 있다(유재웅, 2011).

이에 이 장에서는 해외홍보 업무와 관련된 기능을 수행하는 기관을 대통령자문위원회, 중앙행정기관, 소속기관, 유관 기관 차원으로 나누어 각 기관의 행정자원 및 주요 사업을 검토하고, 이를 토대로 우리나라 해외홍보 전달 체계의 문제점을 분석한다.

1 대통령자문위원회

1) 개요

이명박 대통령은 2008년 광복절 경축사에서 국가 브랜드의 중요성을 강조함으로써 국가브랜드위원회 설치를 천명했다. 이에 국가브랜드위원회는 우리나라의 전반적인 발전 수준에 비춰 저평가된 국가 브랜드의 체계적인 관리를 위해 대통령 직속으로 지난 2009년 1월 22일에 출범했다.

출범 이후 각종 포럼 및 캠페인, 공모전 등을 주최하고 있으며, 신뢰받고 품격 있는 대한민국이라는 비전하에 국제사회 기여 확대, 문화자산의 가치 확산, 글로벌 소통 강화, 범국민 역량 통합 등의 네 가지 전략을 제시하고 있다.

2) 행정자원

(1) 조직

국가브랜드위원회는 효율적 운영을 위해 5개의 분과위원회를 두고 있는데, 이는 기획 분과위원회, 기업 · IT 분과위원회, 문화 · 관광 분과위원회, 국제협력 분과위원회, 글로벌시민 분과위원회 등이다. 또한 위원회 운영을 지원하기 위한 사업지원단을 두고 있으며, 사업단에는 기획총괄국, 기업 · IT국, 문화 · 시민국, 대외협력국 등의 4개의 국으로 운영되고 있다

([그림 5-1] 참조). 국가브랜드위원회의 각 분과위원회와 사업지원단의 업무를 정리하면 <표 5-1>과 같다.

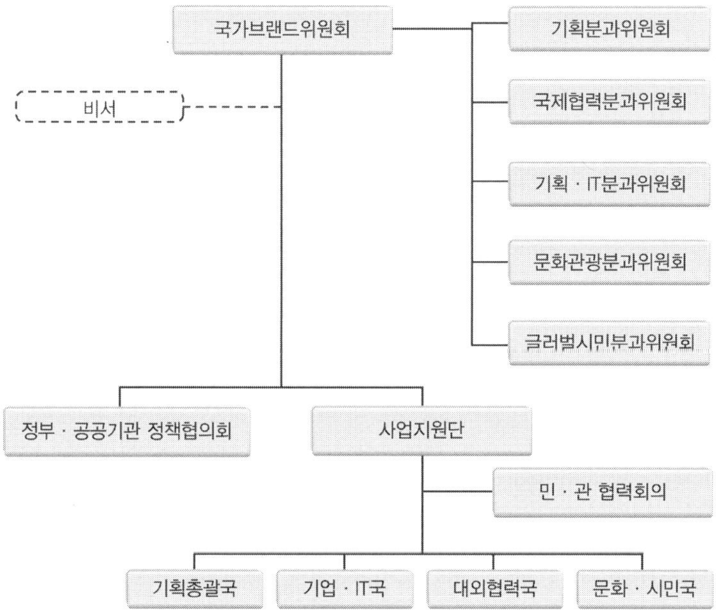

그림 5-1 국가브랜드위원회 조직도

자료: 국가브랜드 위원회 홈페이지, www.koreabrand.go.kr 참조(검색일: 2012. 7. 20).

표 5-1 국가브랜드위원회의 분과위원회 및 사업지원단의 주요 업무

구분		주요 업무
분과위원회	기획 분과위원회	• 국가 브랜드 가치 제고를 위한 전략 및 기본계획, 연차별 실행계획의 수립, 주요 국가 브랜드 정책 및 사업의 조정에 관한 사항, 제도 개선 및 법령 정비에 관한 사항, 국가 브랜드 관련 예산의 효율적 사용 및 조정 등에 관한 사항
	기업 · IT 분과위원회	• 기업 브랜드와 정보통신 기술을 활용한 국가 브랜드 제고 전략의 수립, 법제도 개선 지원, 국내 기업의 해외 진출 및 브랜드 진흥 활동 지원, 국내외 방송 네트워크 등을 활용한 국가 브랜드 홍보 등에 관한 사항
	문화관광 분과위원회	• 문화 콘텐츠 및 관광 산업 진흥을 통한 국가 브랜드 제고 전략 수립, 문화 교류 확대 및 외래 관광객 유치 확대 전략 수립, 법제도 개선 지원, 국제행사 유치 방안 등 문화관광을 통한 국가 브랜드 가치 제고에 관한 사항
	국제협력 분과위원회	• 국제사회 기여 확대 방안 관련 기본전략, 해외자원봉사 활동 발전 방안, 재외동포 네트워크 구축 등 국제협력 교류를 통한 국가 브랜드 가치 제고에 관한 사항

	글로벌시민 분과위원회	• 대국민 홍보, 다문화 사회 인식 제고, 성숙한 시민사회를 위한 캠페인 등을 통한 국가 브랜드 가치 제고에 관한 사항
사업 지원단	기획총괄국	• 국가 브랜드 가치 제고를 위한 전략 및 기본 계획, 연차별 실행계획의 수립 • 주요 국가 브랜드 정책 및 사업의 조정에 관한 사항 • 국가 브랜드 가치 제고를 위한 제도 개선 및 법령 정비에 관한 사항 • 국가 브랜드 관련 예산의 효율적 사용 및 조정 등에 관한 사항 • 위원회 운영 총괄 및 기획 분과위원회, 정부·공공기관 정책협의회 운영에 관한 사항 • 국가 브랜드 평가지수의 개발 및 관리 등에 관한 사항 • 국가 브랜드 슬로건, 로고 등 브랜드 디자인에 관한 사항 • 위원장 등의 지시 사항 관리, 국회 · 대통령실 및 감사 관련 업무, 서무 · 인사 · 회계 · 법령 운영 · 물품관리 등 사업단의 운영에 관한 사항 • 그 밖에 다른 국의 소관에 속하지 아니하는 사항
	기업 · IT국	• 기업브랜드-국가 브랜드 연계 및 IT 활용 국가 브랜드 제고 전략 수립에 관한 사항 • 전략에 따른 기본계획 및 연차별 실행계획 수립에 관한 사항 • 각 중앙행정기관의 연도별 이행계획 점검 및 평가 계획의 수립 및 총괄 • 국가 브랜드 전략 수립 관련 기초 연구 및 정책개발에 관한 사항 • 기업 · IT 분과위원회 운영에 관한 사항 • 유관 민간단체 등의 활동 지원에 관한 사항
	문화 · 시민국	• 문화 콘텐츠 · 관광산업 진흥을 통한 국가 브랜드 제고 전략 수립에 관한 사항 • 전략에 따른 기본계획 및 연차별 실행계획 수립에 관한 사항 • 해당 중앙행정기관의 이행계획 점검 및 평가에 관한 사항 • 문화관광분과위원회 및 글로벌 시민분과위원회의 운영에 관한 사항 • 전문위원회 운영에 관한 사항 • 대언론 브리핑 · 인터뷰 등 대변인 업무 등에 관한 사항 • 지방자치단체 브랜드 관련 사항 • 유관 민간단체 등의 활동 지원에 관한 사항
	대외협력국	• 국제사회 기여, 국제 협력을 통한 국가브랜드 제고 전략 수립에 관한 사항 • 전략에 따른 기본 계획 및 연차별 실행계획 수립에 관한 사항 • 해당 중앙행정기관의 이행계획 점검 및 평가에 관한 사항 • 국민참여 방안 마련 등 국내 홍보에 관한 사항 • 국제협력분과위원회 및 민관 협력회의 운영에 관한 사항 • 해외홍보전략회의 운영 지원 등에 관한 사항 • 해외홍보, 국제 협력 및 국제 교류에 관한 사항 • 다국어 홈페이지 구축 운영, 해외 모니터링 패널 선정 및 관리, 온라인 DB 구축 및 정보활용 등에 관한 사항 • 유관 민간단체 등의 활동 지원에 관한 사항

* 자료: 법제처의 「국가법령정보센터」 국가브랜드위원회 운영세칙. (시행 2009.3.30. 정부산하기관 및 위원회 고시 제2009-1호, 2009.3.30 제정).

(2) 인력

국가 브랜드의 분과위원회는 위촉 위원 중 위원장을 제외한 10인 이내의 위원을 구성할 수 있으며, 2012년 현재 국가브랜드위원회 홈페이지에서 제시된 위촉직 위원은 총 31명이며,[2] 당연직 위원은 12명이다.[3] 또한 사업지원단의 인력의 살펴보면 기획총괄국 11명, 기업·IT국 11명, 문화·시민국 8명, 대외협력국 7명으로 총 37명으로 구성되어 있다.

(3) 예산

2012년 현재 국가브랜드위원회의 예산은 약 67억 4천여만 원이며, 2010년 이래로 감소하고 있다. 국가브랜드위원회의 예산 증감을 살펴보면 2010년 대비 2011년 예산은 10.3%, 2011년 대비 2012년 예산은 23.0% 감소했다(<표 5-2> 참조). 재원의 문제는 업무 활동의 활성화를 방해하는 요인으로 작용할 수 있다는 점을 미루어볼 때(한정호·김싱훈, 2004), 국가브랜드위원회의 예산 감소 현상은 지금의 국가브랜드위원회가 처한 현실을 반영하는 것이라 할 수 있다.

표 5-2 국가브랜드위원회 예산(2010-2012)

(단위: 백만 원, %)

구분	2010년 예산·기금	2011년 예산·기금	2012년 예산·기금
일반회계	9,798	8,762	6,749
증감		△1,036 (△10.3)	△2,013 (△23.0)

* 자료: 문화체육관광부(2010, 2012). 「예산·기금운용계획 개요」.
주: ( )는 연평균 증감률임.

3) 주요 기능 및 사업

국가브랜드위원회는 사람과 제품을 포함한 대한민국의 이미지를 총체적으로 관리하는 역할을 맡고 있으며, 그 기능을 세 가지로 나누어 살펴볼 수 있다.

2) 기획분과위원회의 위원 6명, 글로벌 시민분과위원회 위원 6명, 기업·IT분과위원회 7명, 국제협력분과위원회 7명, 문화관광분과위원회 5명이다.

3) 국가브랜드위원회 당연직 위원은 기획재정부 장관, 행정안전부 장관, 국무총리실 실장, 교육과학기술부 장관, 문화체육관광부 장관, 방송통신위원회 위원장, 외교통상부 장관, 지식경제부 장관, 서울특별시시장, 법무부 장관, 국토해양부 장관, 대통령실 기획관리실장 등이다.

첫째, 국가 브랜드 관련 범정부적 컨트롤 타워 기능을 수행한다. 둘째, 국가 브랜드 정책 사업의 효율적 집행을 지원한다. 셋째, 민간 협력 및 국민의 참여를 확대·강화한다. 즉, 국가 브랜드위원회는 국가 브랜드 제고를 위한 사회 각 부문의 참여를 확대하고 범국민적 역량을 통합하는 역할을 하며, 각 부처에서 추진하는 국가 브랜드 관련 사업을 통합·조정하는 컨트롤 타워의 기능을 수행하고 있다.

또한 국가브랜드위원회는 국제사회 역할 확대, 첨단기술과 제품 발굴·홍보, 매력적인 문화·관광, 다문화 포용·외국인 배려, 글로벌 시민 의식 함양 등 5대 중점 분야를 선정하여 전 부처가 참여하는 54개 추진 과제를 수행하고 있다(<표 5-3> 참조).

표 5-3 국가브랜드위원회 5대 중점 분야 및 과제

중점 분야	과제명(주관기관)
국제사회 역할 확대	① 한국과 함께하는 경제 발전(기획재정부) ② 해외봉사단 통합 브랜딩(외교통상부) ③ 글로벌 코리아(외교통상부) ④ UN 참전용사 국내·외 감사 행사(국가보훈처) ⑤ 한국형 이러닝(e-leaming) 개발도상국(교육과학기술부) ⑥ 국제금융기구를 활용한 우리나라 위상 강화(기획재정부) ⑦ 국내 법률 시스템 해외 수출(법무부) ⑧ 농업 협력 ODA 확대(농림수산식품부) ⑨ 글로벌 농업기술 협력(농촌진흥청) ⑩ 국제적 회계신인도 개선(금융위원회) ⑪ 우리나라 주도의 아시아 산림협력기구 설립(산림청) ⑫ 유엔사막화방지협약(UNCCD) 제10차 총회 개최(산림청) ⑬ 전자정부 수출(행정안전부) ⑭ 한국형 근대화 성공 모델 새마을운동 세계화(행정안전부) ⑮ 과학수사의 세계화(행정안전부) ⑯ 아시아 개도국 수치예보 지원사업 참여(기상청) ⑰ 아태지역 기후 변화 대응 역량 제고(기상청) ⑱ WMO 극미량 온실가스 세계 표준센터 설립(기상청)
첨단기술과 제품 발굴·홍보	① 대한민국 명품 브랜드 발굴 및 홍보(지식경제부) ② 수출 중소기업 글로벌 브랜드 육성 지원(중소기업청) ③ 비영어권 시장 진출 중소기업 브랜드 개발 지원(특허청) ④ 우수제품 보증 브랜드 제도(지식경제부) ⑤ 국가 브랜드 맵 조사 및 모니터링(지식경제부) ⑥ 한국형 첨단도시, U-city 해외 수출(국토해양부)

	⑦ 고속철도 해외 진출(국토해양부) ⑧ 중국 내 한계 기업에 대한 청산 지원 방안(지식경제부)
매력적인 문화 · 관광	① 한국어 보급 확대 및 세계화(문화체육관광부) ② 태권도 명품화(문화체육관광부) ③ 한국 의료 브랜드 구축(보건복지부) ④ 한국적 스타일의 종합브랜딩(문화체육관광부) ⑤ 해외박물관 한국실 설치 및 한국자료 보급(문화부/외교부) ⑥ 해외 주요 도서관 한국자료 보급(문화부/외교부) ⑦ 문학작품의 번역사업(문화체육관광부) ⑧ 재외문화원 거점화(문화체육관광부) ⑨ 안내표시판, 메뉴판의 일본어 · 중국어 표기 확대(문화체육관광부) ⑩ 국토환경디자인 개선사업(국토해양부) ⑪ 전통문화 예술 브랜드화(문화체육관광부) ⑫ 한식 세계화(농림수산식품부) ⑬ 아태무형문화유산 보호 및 교류를 위한 선도 역할 강화(문화재청) ⑭ 세계적인 명품 고도 육성 ⑮ TOPIK, 한국어능력시험의 대표브랜드화(교육과학기술부) ⑯ 해외 작은 도서관 조성 지원(문화체육관광부) ⑰ 국가 브랜드 공연 신작 개발 및 문화 교류 활성화(문화체육관광부) ⑱ 세계 최고의 공항 서비스 제공(국토해양부) ⑲ 동북아 최고의 한류 · 문화 콘텐츠 허브 조성(서울시) ⑳ 도시에 매력을 더하는 디자인 시정(서울시)
다문화 포용 외국인 배려	① 따뜻한 다문화 사회 만들기(여성가족부) ② 외국인을 위한 온라인 민원 서비스 확대(법무부) ③ 외국인 근로자 체류 단계별 지원 체계 구축(노동부) ④ 다문화 이해 증진을 위한 교육 콘텐츠 개발(교육과학기술부) ⑤ 이주여성 긴급지원센터지부 추가 설치(여성가족부) ⑥ 농어촌 다문화가족 지원(농림수산식품부) ⑦ 더불어 사는 다문화 사회 구현(행정안전부)
글로벌 시민 의식 함양	① 글로벌 시민의식 함양(여성가족부)

자료: 국가브랜드위원회 홈페이지, www.koreabrand.go.kr 참조(검색일: 2012.7.20).

이 밖에도 이미지 제고(커뮤니케이션 강화)를 위해 네트워크 강화, IT · 온라인 소통, 글로벌 이벤트 활용, 해외 언론 홍보 등에 강점을 두고 12개 과제를 수행하고 있다(<표 5-4> 참조).

표 5-4 국가브랜드위원회 이미지 제고를 위한 과제

구분	과제명(주관기관)
네트워크 강화	① 세계 학생 교류(교육과학기술부) ② 재외동포 통합 네트워크 구축(외교통상부) ③ 한국 바로 알리기(교육과학기술부) ④ 해외 주요 인사 초청(외교통상부) ⑤ 글로벌 한국학 육성(교육과학기술부) ⑥ 해외 초·중등학교 한국어 과목 채택 지원(교육과학기술부) ⑦ 재외교육기관 선진화(교육과학기술부) ⑧ 외국 공무원 초청 연수 및 방문교육(행정안전부)
IT·온라인 소통	① 디지털로 소통하는 대한민국 만들기(방송통신위원회) ② 영어 전용 라디오방송(FM) 도입(방송통신위원회)
글로벌 이벤트 활용	① 글로벌 이슈 문화행사 개최(외교통상부)
해외 언론 홍보	① 해외 미디어 홍보(문화체육관광부)

자료: 국가브랜드위원회 홈페이지, www.koreabrand.go.kr 참조(검색일: 2012.7.20).

2 중앙행정기관

1) 문화체육관광부

(1) 개요

문화체육관광부가 해외홍보 전반에 걸친 업무를 담당하는 것은 아니지만 문화체육관광부의 문화콘텐츠산업실, 문화예술국, 관광산업국, 체육국, 미디어정책국에서 국제 교류와 관련된 업무를 수행하며 일부 해외홍보 활동을 전개하고 있다.

(2) 행정자원

먼저, 일부 해외홍보 관련 업무를 담당하고 있는 문화체육관광부의 세부 조직을 살펴보면 첫째, 문화콘텐츠산업실의 문화산업정책과, 영상콘텐츠산업과, 게임콘텐츠산업과, 저작권정책과에서 관련 업무를 맡고 있다. 둘째, 문화예술국의 문화여가정책과, 국어정책과, 국제문화과, 예술정책과, 공연전통예술과, 문화예술교육과에서 관련 업무를 수행하고 있다. 셋째, 관광산업국의 관광정책과, 국제관광과에서 관련 업무를 담당하고 있다. 넷째, 체육국의 국제체육과와 마지막으로 미디어정책국의 미디어정책과, 방송영상광고과, 출판인쇄산업과에서 일부 해외홍보 업무를 수행하고 있다. 각 부서별 해외홍보와 관련된 업무는 <표 5-5>와 같다.

표 5-5 문화체육관광부 부서별 해외홍보 관련 업무

부서		해외홍보 관련 업무
문화콘텐츠 산업실	문화산업정책과	• 문화산업 분야와 관련된 남북 교류 · 해외 진출 및 국제 교류에 관련된 사항의 총괄
	영상콘텐츠 산업과	• 영화 · 비디오물 · 애니메이션 · 음악 · 대중문화예술 · 패션 · 엔터테인먼트 산업의 남북 교류 · 해외 진출 및 국제 교류에 관한 사항
	게임콘텐츠 산업과	• 게임물 · 게임산업 · 캐릭터 · 만화산업의 남북 교류 · 해외 진출 및 국제 교류에 관한 사항
	저작권정책과	• 세계지적재산권기구(WIPO) 등 저작권 관련 국제기구, 외국정부 및 기관과의 협력에 관한 사항 • 저작권 관련 국제조약 및 협정에 관한 사항 • 해외 저작권 보호 · 진흥 및 남북한 간 저작권 교류 · 협력에 관한 사항 • 대외통상 관련 국제협약 · 협정 등의 체결에 따른 문화체육관광 분야의 후속 대책 수립에 관한 사항 • 문화체육관광 관련 대내외 통상환경 및 무역정책에 관한 정보, 자료의 수집 등에 관한 사항 • 문화체육관광 관련 국제통상기구, 외국정부 및 기관과의 통상 협력에 관한 사항
문화예술국	문화여가정책과	• 남북 문화 교류 및 협력 증진에 관한 사항 • 이민자의 문화 활동 지원 및 문화 향유 실태 조사연구
	국어정책과	• 한글날 행사, 한글 산업화, 한글 가치 확산 및 진흥 · 홍보에 관한 사항 • 한국어 보급기관의 설치 · 지원 등 한국어 보급에 관한 사항 • 외국인 · 다문화가정 등에 대한 한국어 교육정책에 관한 사항
	국제문화과	• 문화 교류에 관한 기본계획의 수립 • 국가 브랜드 제고를 위한 문화 분야 전략 수립 및 조정 • 문화예술에 관한 국제협약 및 문화협정에 관한 사항 • 국제문화예술기구 및 외국 정부기관과의 협력 • 재외 문화원 및 문화홍보관에 관한 지원 계획의 수립 · 조정 및 평가 • 재외 문화원 및 문화홍보관 운영에 대한 지원 • 재외 문화원 신설 · 확충사업의 집행 및 특화사업 · 브랜드화사업의 기획 • 국가 간 수교 관련 국제문화 교류 사업의 추진 • 문화 분야 대외 원조에 관한 사항 • 국제 문화교류 분야 국제 전문인력의 양성에 관한 사항 • 해외문화홍보원에 관련된 업무 • 각 부서 및 소속기관의 국제 문화교류 업무 총괄 • 국제 문화교류 사업 추진협의체의 운영

	예술정책과	• 문학 · 조형예술 분야의 국제 교류 및 해외 진출에 관한 사항
	공연전통예술과	• 공연예술 및 전통예술 분야의 남북 · 국제 교류 및 해외 진출에 관한 사항 • 전통예술의 대중화 · 산업화 · 세계화에 관한 사항
	문화예술교육과	• 문화예술교육과 관련된 국제 교류에 관한 사항
관광산업국	관광정책과	• 남북 관광교류 · 협력의 증진에 관한 사항 • 한국관광공사 및 한국관광협회중앙회와 관련된 업무
	국제관광과	• 해외 관광객 유치 및 홍보에 관한 입안 및 시행 • 국제관광기구 및 외국 정부와의 협력 증진 • 국제관광박람회 및 국제관광 행사의 지원 등에 관한 사항 • 국제관광시장의 조사분석 • 해외 관광객을 위한 관광프로그램의 개발 • 의료 · 공연 · 태권도관광 등 융복합 관광상품 개발 • 한국관광 브랜드 육성 · 지원 • 국제회의, 인센티브 관광, 전시 등(MICE) 산업 육성 및 전시산업과의 연계 지원 • 국제회의, 인센티브 관광, 전시 등(MICE) 산업 전문인력의 양성 • 국제회의의 국내 유치 촉진 및 지원 • 국제회의시설 건립 및 국제회의 전담 조직 설립 · 운영의 지원 • 관광안내 체계의 개선 및 편의 증진에 관한 사항 • 관광기념품 등 관광상품의 개발 · 육성 및 유통에 관한 사항 • 전통음식의 관광상품 개발에 관한 사항 • 문화관광자원의 안내 및 해설 전문인력의 양성에 관한 사항 • 한국 방문의 해 사업에 관한 사항 • 관광 편의시설업(관광유흥음식점업, 관광극장유흥업, 외국인전용 유흥음식점업, 관광식당업, 시내순환관광업만 해당한다)에 관한 사항 • 관광객 이용시설업(관광공연장업, 외국인전용 관광기념품판매업만 해당한다)에 관한 사항
체육국	국제체육과	• 국제 체육 교류 진흥을 위한 계획의 수립 및 시행 • 국제경기대회 유치 · 개최 및 참가 지원에 관한 사항 • 국가 간 · 국제기구와의 체육교류 · 협력 및 국제 체육회의 등에 관한 사항 • 남북한 체육 교류 및 협력에 관한 사항 • 국제체육 관련 정보 및 자료의 수집 · 보급 • 태권도의 진흥 및 세계화에 관한 사항
미디어 정책국	미디어정책과	• 문화 미디어와 관련된 남북교류 · 해외 진출 및 국제 교류에 관한 사항 • 외국 신문 · 정기간행물 지사 · 지국의 설치에 관한 사항
	방송영상광고과	• 방송영상산업 · 광고산업 분야의 남북 교류 · 해외 진출 및 국제 교류에 관한 사항 • 국제방송교류재단 및 한국방송광고공사와 관련된 업무
	출판인쇄산업과	• 출판물 국제유통 시스템 구축 및 출판 유통 포럼에 관한 사항 • 출판 · 인쇄산업 분야의 남북 교류 · 해외 진출 및 국제 교류에 관한 사항

자료: 법제처의 「국가법령정보센터」 문화체육관광부와 그 소속기관 직제 시행규칙.
(시행일 2012. 9. 7, 문화체육관광부령 제133호).

표 5-6 문화체육관광부 해외홍보 관련 부서별 예산(2010-2012) (단위: 백만 원, %)

구분		2010년	2011년	2012년
문화콘텐츠산업실	예산 · 기금	300,448	334,464	381,916
	증감		34,016 (11.3)	47,452 (14.2)
문화예술국	예산 · 기금	439,867	447,036	487,189
	증감		7,169 (1.6)	40,153 (9.0)
관광산업국	예산 · 기금	885,857	921,683	978,953
	증감		35,826 (4.0)	57,270 (6.2)
체육국	예산 · 기금	730,294	840,282	863,369
	증감		109,988 (15.1)	23,087 (2.7)
미디어정책국	예산 · 기금	120,794	152,345	152,427
	증감		31,551 (26.1)	82 (0.1)

주: ( )는 연평균 증감률임.
자료: 문화체육관광부(2011, 2012). 「예산 · 기금운용계획 개요」.

다음으로, 해외홍보 관련 업무를 담당하고 있는 각 부서별 예산을 살펴보면 <표 5-6>과 같다. 각 부서별 예산이 해외홍보와 직접적으로 관련 있는 예산이라 할 수 없지만, 지난 3년간의 각 부서별 예산을 검토함으로써 관련 예산의 규모를 간접적으로 확인할 수 있다. 지난 2010년 이래 문화체육관광부 해외홍보 관련 부서들은 모두 예산이 증가하고 있음을 알 수 있다. 2012년 현재 해외홍보 관련 부서 중 관광산업국의 예산이 9,789억 원으로 가장 많았으며, 미디어정책국의 예산이 1,524억 원으로 가장 낮았다.

(3) 주요 기능 및 사업

문화체육관광부는 문화 · 예술 · 영상 · 광고 · 출판 · 간행물 · 체육 · 관광에 관한 사무와 국정에 대한 홍보 및 정부 발표에 관한 사무를 관장하는 기능을 담당한다.

이와 관련하여 문화체육관광부는 문화가 창조하는 더 큰 대한민국이라는 비전하에 여섯 가지 영역의 차원을 제시하며 추진 과제를 제시하고 있다. 여섯 가지 영역은 1) 문화 향유권 확대, 2) 문화 소통, 문화자원의 융화, 3) 미래형 문화 · 체육 · 관광산업 육성, 4) 창조 역량 강화, 5) 공생 발전 문화생태계 조성, 6) 세계 속의 문화강국 위상 제고이다. 이 중

표 5-7 문화체육관광부 해외홍보 관련 과제

추진 과제	세부 과제
국가 대표 문화공간 조성	대한민국역사박물관 건립
	국립서울미술관 건립
	한글박물관 건립
	국립아시아문화전당 건립
주요 국제행사 계기 국가 이미지 제고	2012 런던올림픽 성과 극대화
	「2018 평창동계올림픽대회 및 장애인동계올림픽대회 지원 특별법」 및 시행령 · 시행규칙 제정
	안성세계민속축전 개최
	제78회 세계펜대회 개최
전략적 해외 진출 강화	아시아뮤직마켓 개최
	해외 한국어 보급 확대
	태권도 올림픽 핵심 종목 유지
	서울아트마켓 개최
국가 브랜드 제고를 위한 제반 여건 조성	재외문화원 증설 및 코리아센터 건립 확대
	OECD 관광위원회 개최

* 자료: 문화체육관광부(2012).

여섯 번째의 영역이 해외홍보 업무와 관련된 것으로 4개 추진 과제별 14개의 세부 과제를 수행한다. 4개 추진 과제는 1) 국가 대표 문화공간 조성, 2) 주요 국제행사 계기 국가 이미지 제고, 3) 전략적 해외 진출 강화, 4) 국가 브랜드 제고를 위한 제반 여건 조성이며, 각각의 세부 과제는 <표 5-7>과 같다.

2) 외교통상부

(1) 개요

외교통상부는 대외 외교의 업무를 총괄하는 우리나라의 중앙행정기관으로 문화외교국을 중심으로 해외홍보 업무를 담당하고 있다. 문화외교국은 문화외교의 관점에서 문화협정의 교섭 및 관련 국제 협력 업무, 문화원에 관한 업무, 문화외교 분야 인적 교류 관련 업무 등의 수행을 통해 해외홍보 활동을 전개하고 있다.

(2) 행정자원

먼저, 해외홍보 관련 업무를 담당하고 있는 외교통상부의 문화외교국의 부서는 공공외교정책과, 문화예술협력과, 문화교류협력과 등 3개의 과로 구성된다. 각 부서별 해외홍보와 관련된 업무는 <표 5-8>과 같다.

표 5-8 외교통상부 문화외교국 해외홍보 관련 업무

부서		해외홍보 관련 업무
문화외교국	공공외교정책과	• 공공외교 및 문화 분야 국제 협력에 관한 외교정책의 수립·시행 및 총괄·조정 • 한국국제교류재단에 대한 지도·감독 및 그 사업계획의 수립·승인·시행 관련 업무의 총괄 • 유엔의 전문기구 중 문화 및 교육 분야 관련 기구에 관한 외교정책의 수립·시행 및 총괄·조정 • 아시아 및 오세아니아 지역의 문화협정 체결 교섭, 문화협정에 따른 국가 간 협력 및 문화공동위원회 등 정부 간 협력체의 설치·운영 • 국외 한국학 및 한국어 관련 외교정책의 수립·시행 • 국외 문화 관계 사료의 수집·연구
	문화예술협력과	• 문화외교 관련 각종 국제 교류 사업계획의 수립 및 시행 • 재외공관 문화전시장화 사업의 수립·시행 및 부내 문화예술품 관리 • 재외공관의 문화외교 활동에 대한 관리·지원 및 평가 • 문화원 관련 업무 • 미주 지역의 문화협정 체결 교섭, 문화협정에 따른 국가 간 협력 및 문화공동위원회 등 정부 간 협력체의 설치·운영 • 문화외교 분야 인적 교류 사업에 관한 업무 • 지방자치단체의 국제 교류에 대한 지원 • 문화홍보 외교사절에 관한 업무 • 문화외교 활동과 관련된 대외 홍보 업무
	문화교류협력과	• 체육 분야 외교정책의 수립·시행 및 총괄·조정 • 청소년 국제 교류 협력 조정 및 지원 • 관광 분야 외교정책의 수립·시행 및 총괄·조정 • 교육·학술 분야 국제교류 협력 관련 업무 • 제1호부터 제4호까지에서 정한 사항 외의 문화 교류 협력에 대한 지원 • 구주, 중동, 아프리카 지역의 문화협정 체결 교섭, 문화협정에 따른 국가 간 협력 및 문화공동위원회 등 정부 간 협력체의 설치·운영

* 자료: 법제처의 「국가법령정보센터」 외교통상부와 그 소속기관 직제 시행규칙.
(시행 2012. 7.22, 대통령령 제23644호).

표 5-9 외교통상부 문화외교 및 국제교류 예산(2010-2012)

(단위: 원, %)

구분	2010년	2011년	2012년
일반회계	2,063,972,000	3,584,000,000	5,171,003,000
증감		1,520,028,000(73.6)	1,587,003,000(44.3)

주: ( )는 연평균 증감률임.
자료: 대한민국국회(2010-2012).「각 연도 예산」.

다음으로, 외교통상부의 '문화외교 및 국제 교류' 프로그램의[4] 예산을 통해 해외홍보와 관련된 업무의 예산을 간접적으로 확인할 수 있다(<표 5-9> 참조). 2012년 현재 문화외교 및 국제 교류 예산은 5,171,003,000원이며, 지난 3년간 예산은 증가하는 경향을 보였다.

(3) 주요 기능 및 사업

외교통상부는 외교정책의 수립·시행, 외국과의 통상 및 통상 교섭과 대외경제 관련 외교정책의 수립·시행 및 총괄·조정, 국제 관계 업무에 관한 조정, 조약 및 그 밖의 국제협정, 문화 협력, 대외홍보, 재외동포 정책의 수립, 재외국민 보호·지원, 국제 정세의 조사·분석 및 이민에 관한 사무를 관장하는 기능을 담당한다. 특히 해외홍보 업무를 담당하고 있는 문화외교국은 문화를 매개체 또는 수단으로 하는 외교활동을 담당하고 있으며, 서로 다른 국가·국민 간 철학, 정보, 예술, 생활양식, 가치 체계 등 문화 교류를 통해 상호 이해를 증진시키는 기능을 수행한다.

이를 위해 문화외교국은 10여 가지의 사업을 제시하고 있으며(<표 5-10> 참조), 타국 국민에게 자국에 대한 친밀감을 높이고, 더 나아가 상대국 내 자국 국가 브랜드를 제고하여 영향력을 증대시키고자 한다.

표 5-10 외교통상부 문화외교국 주요 사업

사업	내용
문화협정 및 문화공동위	• 양자간 문화협정 체결 및 문화공동위 운영을 통해 문화 교류의 제도적 기반 마련
대(對)유네스코 외교	• 유네스코에 대한 외교를 강화함으로써 문화 분야에서의 국제규범 형성에 참여하고, 우리 문화유산의 우수성을 알리기 위해 노력

4) 문화외교 및 국제 교류 프로그램은 예술단체 교류 및 예술품 전시 등을 통해 문화외교를 추진하고 외교홍보를 강화하려는 것으로 '문화외교 강화'라는 1개의 단위사업과 '쌍방향 문화 교류 증진' 등 8개 세부 사업으로 구성되어 있다(외교통상부, 2011).

해외 문화행사	• 공연, 전시, 영화제 등 각종 해외 문화행사를 개최 · 지원하여, 다양하고 역동적인 우리 문화를 소개하고, 양국간 우호친선 관계 증진에 기여
재외공관 문화전시장화 사업	• 재외공관 청사 및 관저에 우리나라의 우수 예술품을 지원하여 우리 문화 예술홍보의 장으로 적극 활용
지자체 국제교류 지원	• 지자체 대외 교류 업무 지원, 양해각서 체결 등 지자체가 국제화 역량을 강화할 수 있도록 지원
스포츠 외교	• 국제스포츠대회 유지 지원, 태권도 시범단 파견 등 스포츠 외교를 통해 국제 친선 증진 및 국가 브랜드 제고를 위해 노력
영화 및 드라마 방영 지원	• 아프리카 · 중남미 등 민간이 진출하기 어려운 지역을 대상으로 한 한국 드라마 방영, 재외공관이 주도하는 한국영화제 등을 통해 한국 알림
테마형 문화외교사업	• 인류 공동의 이슈를 선정하여 공연 · 전시 등이 어우러지는 종합 문화행사를 개최, 국제사회의 인식을 제고하고 국내적 이해 기반 넓힘
문화외교활동	• 정부의 문화외교 활동
공공외교	• 예술, 지식, 미디어, 언어, 원조 등을 수단으로 상대국 국민에게 직접 다가가는 외교

자료: 외교통상부 홈페이지, www.mofat.go.kr 참조(검색일: 2012.7.20).

3 소속기관

1) 해외문화홍보원

(1) 개요

해외문화홍보원은 1948년 8월 15일 정부 수립과 동시에 외무부 정보국 선전 · 문화과로 시작하여 정부의 대외선전 업무를 담당했다. 이후 1961년 6월 22일부터는 정부의 대외선전 업무를 공보부에서 이관받아 과(문화선진국 선진과) 수준에서 수행해 오다가 1971년 12월 31일 문화공보부의 소속기관인 '해외공보관'으로 발족하게 되었다. 현재의 해외문화홍보원은 2008년 2월 29일 문화체육관광부의 소속기관으로 개편되어 한국 문화의 해외홍보 및 국가 이미지 제고에 관한 사무를 관장하고 있다. 2009년 5월 「문화체육관광부와 그 소속기관 직제 시행규칙」이 개정됨에 따라 재외 문화원 업무가 문화체육관광부 국제문화과로부터 이관되어 문화원 운영 지원 및 확대 · 신설 업무를 수행하고 있으며, 2010년 7월 문화체육관광부 국제 문화 교류 업무가 이관되어 국가 간 수교사업 등 국제 문화 교류 사업을 활발히 추진하고 있다(문화체육관광부, 2010).

(2) 행정자원

먼저, 해외문화홍보원의 조직은 「문화체육관광부와 그 소속기관 직제」 및 동 직제 시행규칙(2012.5.23.)에 의해 1기획관, 5과로 운영하고 있다. 5개의 과는 기획운영과, 해외문화홍보사업과, 해외문화홍보콘텐츠과, 외신협력과이다([그림 5-2] 참조). 해외문화홍보원의 각 부서별 업무를 정리하면 <표 5-11>과 같다. 2010년 5월 현재 해외문화홍보원의 정원은 53명으로, 별정직 1명, 일반직 48명, 기능직 4명이다.

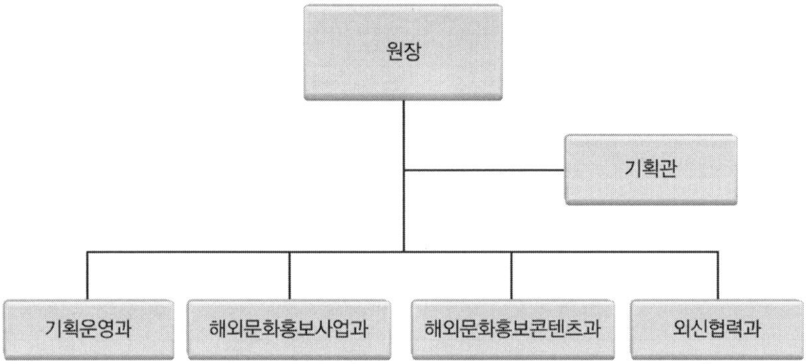

그림 5-2 해외문화홍보원 조직도

자료: 해외문화홍보원 홈페이지, www.kocis.go.kr 참조(검색일: 2012.7.20).

표 5-11 해외문화홍보원의 주요 업무

부서	주요 업무
기획관	• 각종 해외문화 홍보정책 및 현안 업무의 기획 · 조정 · 지원 · 조사 · 연구 업무 • 국제 문화예술정보의 수집 및 관리 • 재외공관의 문화예술 활동 지원 • 해외동포 문화예술인에 대한 지원계획의 수립 및 추진 주요 한국 문화 소개 행사 종합계획의 수립 · 추진
기획운영과	• 해외문화홍보 기본 계획의 수립 • 주요 계기 및 국정 현안에 대한 해외 홍보계획 수립 • 해외문화 홍보 관련 정부·민간협력 네트워크 구축 · 운영 • 해외문화 홍보 관련 정보의 수집 · 관리 · 조사 및 평가 • 문화홍보 분야 국제 전문인력의 양성에 관한 사항 • 예산의 편성 및 집행의 조정 • 보안 및 관인 관리 • 문서, 정보공개, 민원 관리에 관한 사항

	• 공무원의 임용 · 복무 · 교육훈련 · 연금 · 급여 그 밖에 인사에 관한 사항 • 물품 · 국유재산의 관리 • 자금의 운용·회계 및 결산 • 그 밖에 다른 과의 주관에 속하지 아니하는 사항
해외문화홍보사업과	• 재외공관의 문화 홍보활동 지원 및 관리 • 국가 이미지 홍보사업 추진 • 한국 소개 문화행사 개최 및 지원 • 국내외 및 해외동포 문화예술인 · 단체에 대한 지원계획의 수립 · 추진 • 국내외 학술연구단체 간 교류 지원 • 국가 간 수교 관련 국제 문화 교류 사업의 지원 및 집행 • 재외 문화원 특화사업의 지원 및 집행 • 재외 문화원 브랜드화사업의 지원 및 집행 • 주한 외국기관 및 외국인에 대한 문화교류 지원 • 해외 인사 초청 및 방한활동 지원
해외문화홍보콘텐츠과	• 해외홍보용 정부대표 인터넷 홈페이지 운영 • 한국 관련 해외홍보 자료 데이터베이스 구축 • 해외 정책고객 서비스 운영 • 해외 홍보자료의 제작 · 배포 • 한국 소개자료의 해외 출판 지원 • 재외공관의 홍보자료 제작 지원 • 주요 국제행사의 한국 소개 자료 지원 • 온라인을 활용한 해외홍보 사업 • 해외홍보용 영상자료의 제작 및 배포 • 국내외 외국어 방송을 통한 국가 이미지 홍보 • 국내외 방송과 해외홍보 프로그램 공동 제작 및 교류 지원
외신협력과	• 한국 관련 외신논조의 분석·평가 • 한국 관련 오보 · 왜곡 보도 대응 • 해외 언론의 한국 관련 취재 등 지원 • 해외 언론용 기사 자료 및 특집 자료의 제작 · 배포 • 정부 주요 발표문 및 보도자료의 영문 번역 지원 • 외국 언론인 방한 초청 • 상주 외신 지원에 관한 사항 • 정상외교 및 국빈 방한 행사 홍보 지원

자료: 법제처의 「국가법령정보센터」 문화체육관광부와 그 소속기관 직제.
(시행 2012. 9. 5, 대통령령 제 24079호) 및 동 직제시행규칙.
(시행 2012. 9. 7, 문화체육관광부령 제133호).

다음으로, 해외문화홍보원의 예산을 살펴보면 2010년 현재 해외문화홍보원의 예산은 52,262백만 원이며, 지난 3년간 증가하고 있다. 해외문화홍보원의 예산 증감을 살펴보면, 2010년 대비 2011년 예산은 7.2%, 2011년 대비 2012년 예산은 25.7% 증가했다.

표 5-12 해외문화홍보원 예산(2010~2012)

(단위: 백만 원, %)

구분	2010년 예산·기금	2011년 예산·기금	2012년 예산·기금
일반회계	38,805	41,593	52,262
증감		2,788 (7.2)	10,669 (25.7)

주: ( )는 연평균 증감률임.
자료: 문화체육관광부(2010, 2012). 「예산·기금운용계획 개요」.

(3) 주요 기능 및 사업

해외문화홍보원은 한국문화의 해외홍보 및 국가 이미지 제고에 관한 사무를 관장하는 기능을 담당하며, 해외문화홍보 총괄지원기관으로 역할을 하고 있다. 해외문화홍보원이 현재 수행하고 있는 사업은 매우 다양하며, 이는 <표 5-13>과 같다.

표 5-13 해외문화홍보원의 주요 사업

구분	주요 사업
소통·협력·나눔의 국제 문화 교류	• 선진국 이외의 중앙아시아, 중동, 아프리카 등과의 교류 확대 • 수교 기념 문화행사를 통한 상호 교류 협력 기반 구축 • 문화 ODA 등 국가 위상에 걸맞은 문화 나눔 확산
한국 문화 소개	• 전 세계에 확산 중인 '한류'를 통한 한국 이미지 확산 • 현지 예술단과의 합동 공연, 공동전시 등을 통한 쌍방향 문화 교류 추진 • 민간 문화예술 해외 교류 지원
주한 외국인이 교감하는 한국 문화의 장	• 주한 미군 대상 한미 우정 콘서트 개회 • 외국인 유학생, 근로자 대상 한국 문화 체험 기회 제공
한국을 소개하는 간행물	• 기본 간행물(Facts about Korea 등 4종) 기획, 수시 간행물 발간·배포 • 유네스코 세계유산, 만화, 애니메이션 등 연성 콘텐츠 홍보물 확대
해외 홍보영상을 통한 한국 알리기	• 국가 이미지 광고 품질 향상을 통한 공감대 확산 • 차별화된 영상물 제작·보급, IT 강국으로서의 이미지 부각 • 해외 저명 채널 활용 한류 프로그램 방영 확대
한국 소개 프로그램 제작·방송	• 한국 문화에 대한 이해 증진 및 국가 이미지 제고 프로그램 제작·방영
온라인 속 글로벌 코리아	• 정부대표 영문 홈페이지 Korea. net 9개국 다국어 서비스 • 해외 문화홍보 자료를 종합해 정보 허브 구축 • 블로그, 트위터 등 소셜 미디어 활용 글로벌 네트워크 구축

한국에 대한 인식 높이기	• 국제학술회의, 세미나 공동 개최 활성화 • 국내 관련 전문가 파견 및 유관 기관 협력 지원 • 간행물, 영상물, 온라인 콘텐츠 수시 제공
해외 언론인 및 주요 인사에게 한국 방문 기회 제공	• 국가별, 테마별 다양한 초청 프로그램 개발, 한국에 대한 올바른 인식 확산 • 초청 인사에 대한 네트워킹 및 지속적 관계 유지 • 해외 언론의 한국에 대한 긍정적 이해 도모
외신 취재 지원을 통한 공감대 확산	• 상주 외신 및 방한 외신 취재 지원 • 각국 주요 인사 방한 시 수행기자단에 대한 체계적 취재 지원
한국에 대해 잘못 알려진 사실 바로잡기	• 인터넷 오류 전담 인력 배치, 상시 오류 시정 활동 • 각종 민간단체 및 개별 활동가의 오류 시정 활동 지원 • 해외에서 열리는 한국 바로 알리기 강좌 개최 지원
한국 바로 알리기 활동 지원	• 배낭족 및 대학생 봉사단 대상 한국 문화 소개 콘텐츠 제공 • 국내외 네티즌 대상 참여형 이벤트 개최 • '해외청년문화봉사단' 파견을 통한 민간 홍보활동 지원
동해 표기, 독도영유권 문제 해결 노력	• 외교부, 동북아역사재단 등 유관 기관과 협력 체계 구축 • 반크, 동해연구회 등 민간단체와 협력 • 해외 언론인 대상 설명회 개최 및 홍보 콘텐츠 제공
재외 한국문화원 신설 · 확충	• 2012년까지 31개국 37개소로 확대 • 코리아센터 설립 확대, 핵심 거점 문화권 역량 제고
현지 문화 수요에 맞는 다양한 사업 지원	• 20개 문화원의 지역별 특성을 반영한 특화사업 기획 및 지원 • 각종 강좌, 정기 전시, 공연, 영화 상영, 도서실 운영 등 경상사업 지원
한국어 및 한국 문화 강좌, 세미나 개최	• 한국 역사, 미술, 음악, 무용, 문학, 건축, 태권도, 한복, 전통공예, 대중문화 등 한국 문화를 알릴 수 있는 다양한 강좌 및 세미나 프로그램
문화 워크숍, 단체관람, 견학 프로그램 운영	• 주재지 국민 및 한인동포 2, 3세를 대상으로 한국의 우수한 전통문화를 체험할 수 있는 다양한 문화 워크숍 프로그램 등
한국 드라마 및 영화 상영 행사 지원	• 다양한 장르의 우수한 한국 영화 및 드라마 상영, 현지 영화제 개최시 한국 영화 상영
IT 멀티미디어 전시관 운영	• 한국의 IT 첨단정보기술을 체험할 수 있는 공간으로 다양한 영상 콘텐츠와 사진 등 디지털 자료를 통해 한국 문화 소개
공연, 전시 등 다양한 문화 이벤트 개최	• 지역 커뮤니티와 공동 개최를 통한 문화 교류 행사, 전통음악 · 뮤지컬 등 무대 예술 공연, 전시 행사 등
현지 축제, 행사 등을 통한 한국문화 알리기	• 주재지 내 다양한 축제 참가를 통한 한국문화 홍보, 지역 커뮤니티와 함께하는 교육 프로그램 지원
도서 · 영상자료실 운영	• 한국 문화 한글 · 여행 소개 서적, 그림책 · 잡지 · 연감 · 신문 등 열람 및 대출 서비스, 한국 영화 · 드라마 · 한국 전통음악 등 상영

자료: 해외문화홍보원(2011).

2) 국립국제교육원

(1) 개요

국립국제교육원은 재외동포 교육과 국제교육 교류·협력을 위해 설립된 기관으로서 1962년 모국 수학생 지도를 위한 서울대학교 학생지도연구소로 출발했다. 1992년 국제교육진흥원으로 개편되었고, 2001년부터 행정 서비스의 질적 향상을 위해 책임운영기관으로 지정된 재외동포 교육 전문기관이다.

글로벌 시대에 부합하는 종합 인재 개발의 지향이라는 비전에 걸맞게 다섯 가지 발전 목표를 제시하고 있다. 1) 재외동포 교육을 선도, 지원하는 기관, 2) 국제교육 교류의 중추적 수행기관, 3) 외국이 유학생 유치 및 국외 인적 자원 관리기관, 4) 영어 공교육 강화를 위한 원어민 영어 보조교사 및 정부 초청 영어봉사 장학생 초청 사업 수행 기관, 5) 지속적인 업무혁신을 통한 고객 만족 우수기관이다.

(2) 행정자원

먼저, 국립국제교육원의 조직은 원장 1명을 두고 있으며, 기획관리부, 국제교류부, 영어교육지원부, 글로벌 홍보 및 인턴사업단으로 구성된다([그림 5-3] 참조). 2012년 4월 현재 국립국제교육원의 정원은 75명으로, 계약직(고위공무원단: 원장) 1명, 특정직 31명, 일반직 및 기능직 43명이다.

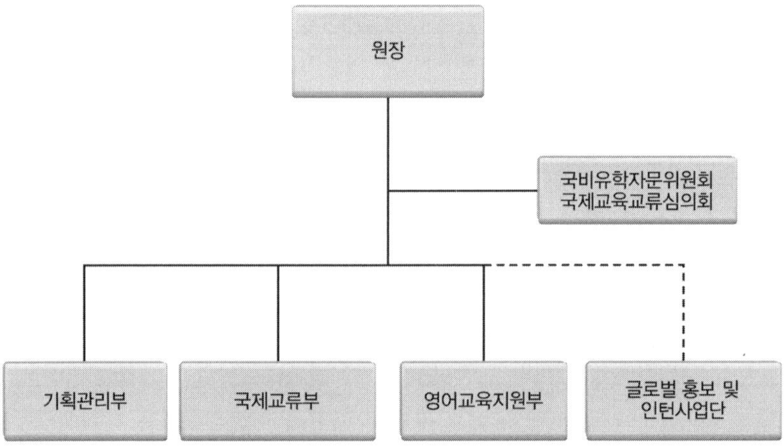

그림 5-3 국립국제교육원 조직도

자료: 국립국제교육원 홈페이지, www.niied.go.kr 참조(검색일: 2012.7.20).

표 5-14 국립국제교육원 예산(2010~2012)

(단위: 백만 원, %)

구분	2010년 예산 · 기금	2011년 예산 · 기금	2012년 예산 · 기금
국립국제교육원 지원	65,400	62,633	72,334
증감		△2,767 (△4.2)	9,701 (15.5)

주: ( )는 연평균 증감률임.
자료: 교육과학기술부(2010, 2012). 「예산 및 기금운용계획 개요」.

다음으로, 국립국제교육원의 예산을 살펴보면, 2012년 현재 국립국제교육원의 예산은 72,334백만 원이며, 2011년 대비 15.5% 증가했다. 그러나 2011년의 예산은 2010년 대비 4.2% 감소한 것으로 나타났다.

(3) 주요 기능 및 사업

국립국제교육원은 대외동포 교육전문기관으로 국제교육 교류 · 협력의 중심기관으로서의 역할과 기능을 수행하고 있다. 이를 위해 네 가지 운영 목표 하에 세부사업을 제시하고 있다. 네 가지 운영 목표는 1) 재외동포 교육의 내실화, 2) 국제교육 교류 · 협력의 활성화, 3) 외국인 유학생 유치 강화, 4) 영어 공교육 강화를 위한 원어민 영어 보조교사 사업 활성화이다. 각각의 운영 목표에 따른 세부 사업은 <표 5-15>와 같다.

이를 통해 국립국제교육원은 다양하고 전문화된 재외동포 교육 · 국제교육 교류 · 협력 프로그램 운영과 최첨단 정보화시설 · 기숙사 시설을 완비, 한국 교육의 세계화 중심기관으로서 역할과 기능을 수행한다.

표 5-15 국립국제교육원의 주요 사업

구분	사업
재외동포 교육	• 국제화 인적 자원 개발 및 육성 • 해외 현지 연수 및 재외동포 교육용 교재 개발 보급 • 한국어교육 정보 시스템 운영 및 「Education in Korea」 발간
국제교육 교류 · 협력	• 한국 정부 초청 외국인 장학생 초청 · 관리 • 외국 정부 초청 장학생 선발 · 파견 • 일본 공과대학 유학생 및 국비유학생 선발 파견 관리 • 한국 · 일본 교육 교류 • 한국 · 중국 교육 교류 • 주요 국가(전략지역 국가) 대학생 초청 연수

외국인 유학생 유치 강화	• 제2외국어 교원 국외연수 • 유학 국제교육 교류 관계자 초청 연수 • 한국 유학 안내 시스템 관리 • 해외유학박람회 개최 및 한국 유학 안내 자료 제작 배포
영어 공교육 강화를 위한 원어민 영어 보조교사 사업 활성화	• 원어민 영어 보조교사 및 TalK 장학생 선발 • 연수 운영 및 지원 · 관리

자료: 국립국제교육원 홈페이지, www.niied.go.kr 참조(검색일: 2012.7.20).

4 유관기관

1) 한국문화예술교육진흥원

(1) 개요

한국문화예술교육진흥원은 문화예술교육지원법에 의거하여 설립된 문화체육관광부 산하 공공기관으로 삶의 질 향상을 위한 문화예술교육 실현이라는 비전에 따라 운영되고 있다. 해외홍보 업무와 관련해서는 국제 협력사업을 수행하며 관련 활동을 전개하고 있다.

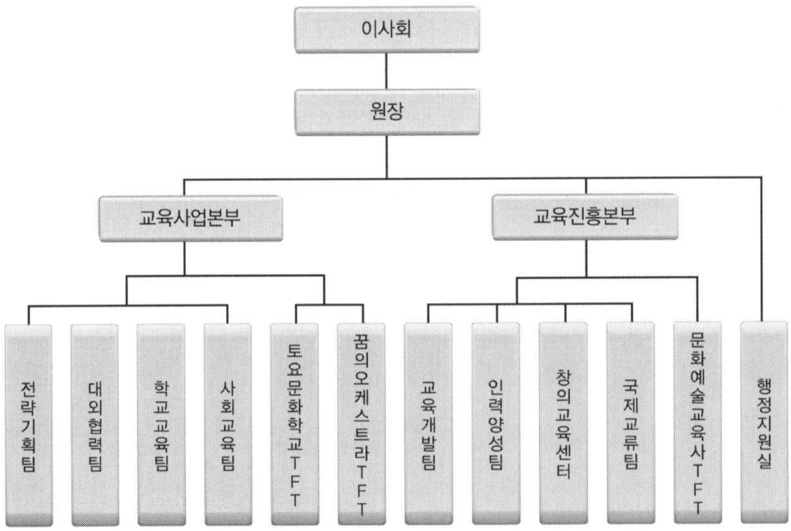

그림 5-4 한국문화예술교육진흥원 조직도

자료: 한국문화예술교육진흥원 홈페이지, www.arte.or.kr 참조(검색일: 2012.7.20).

(2) 행정자원

먼저, 한국문화예술교육진흥원의 조직은 이사회와 원장 밑에 교육사업본부와 교육진흥본부를 두고 있다([그림 5-4] 참조). 한국문화예술교육진흥원의 인력은 2012년 현재 상임임원 1명과 직원 24명을 포함하여 전체 25명이다.

다음으로, 한국문화예술교육진흥원의 예산 규모를 살펴보면, 2012년 현재 약 790억 원이며, 사업비가 97.0%로 예산의 대부분을 차지한다(<표 5-16>).

표 5-16 한국문화예술교육진흥원 지출결산 및 예산(2010~2012) (단위: 백만 원)

구분	2010년 결산	2011년 결산	2012년 예산
사업비	65,007	62,963	76,619
인건비	779	923	1,322
경상운영비	798	763	1,070
차기 이월	0	0	0
차입상환금	0	0	0
배당	0	0	0
기타	0	0	0
지출 합계	66,584	64,649	79,011

자료: 공공기관 경영정보 공개시스템, www.alio.go.kr 참조(검색일: 2012.7.20).

(3) 주요 기능 및 사업

한국문화예술교육진흥원은 전 국민이 일상적 삶 속에서 문화예술교육을 받을 수 있는 환경을 조성하고 지원함으로써, 국민의 문화복지를 실현하고 국가 경쟁력 강화를 위한 창의적 인재를 양성하는 기능을 담당한다. 세부적인 기능으로는 문화예술교육에 관한 종합계획의 수립·시행, 문화예술교육에 대한 국민의 인식 제고, 교원에 대한 문화예술교육 관련 전문성 강화 지원, 문화예술교육사의 양성 및 연수, 문화예술 관련 교육과정 및 교육 내용의 연구·개발 및 보급 지원, 교육시설 및 교육단체의 지원·평가, 문화예술교육에 필요한 시설 및 장비의 확충·관리, 문화예술교육 연구의 지원, 학교문화예술교육과 사회문화예술교육과의 연계, 문화예술교육 협력망의 구축 및 운영, 그 밖에 문화예술교육의 지원에 관해 필요한 사항 등이다.

한국문화예술교육진흥원의 주요 사업으로는 학교문화예술교육 지원, 사회문화예술교육 지원, 문화예술교육 전문인력 양성사업, 문화예술교육 학술 연구 및 조사, 창의교육센터 운

표 5-17 한국문화예술교육진흥원 국제 협력사업의 세부 내용(2011)

구분	내용	세부사업
해외정보 교류	• 아시아 태평양 지역 문화예술교육 관련 정보 교류와 발전을 위해 한국문화예술교육진흥원을 중심으로 아시아 각국 기관이 협력하여 문화예술교육 통합 정보 웹사이트 운영	• 아시아-태평양 문화예술교육 옵저버토리 웹 사이트
해외기관 협력 프로젝트	• 해외 우수 문화예술교육기관과의 양해각서 체결 및 공동 프로젝트를 통해 각 기관의 전문성을 살리면서 문화예술교육 시너지 효과 창출	• 해외 전문가 초청 워크숍 • 저개발국, 재외동포 문화예술교육 지원사업
해외홍보	• 한국의 문화예술교육 현황과 성과를 해외에 널리 알리고, 다양한 해외 기관과의 협력을 통해 세계로 뻗어나갈 수 있도록 문화예술교육 관련 소식을 공유	• 영문 홈페이지, 트위터, 페이스북 등 온라인을 기반으로 국내 문화예술교육 현황과 성과 알림 • 해외 문화예술 관련 잡지에 한국의 문화예술교육의 현황을 기고 등을 통해 다양한 해외 기관과의 협력

자료: 한국문화예술교육진흥원 홈페이지, www.arte.or.kr 참조(검색일: 2012.7.20).

영, 문화예술교육 국제 교류 업무 등을 수행하며, 이 중에서도 문화예술교육 국제 교류 업무(국제 협력사업)은[5] 해외홍보 활동과 밀접한 관련이 있다. 2011년 현재 국제협력사업의 세부 내용을 살펴보면 <표 5-17>과 같다.

2) 한국관광공사

(1) 개요

한국관광공사는 한국관광공사법에 의거하여 관광 진흥, 관광자원 개발, 관광산업의 연구·개발 및 관광 관련 전문 인력의 양성·훈련에 관한 사업을 수행함으로써 국가경제 발전과 국민복지 증진에 이바지함을 목적으로 설립된 기관이다.

(2) 행정자원

먼저, 한국관광공사의 조직은 4개 본부, 14실·뷰로·단, 42개 팀·센터, 5개 국내지사, 5

5) 국제협력사업은 문화예술교육의 국제적 네트워크를 구축하는 사업이다. 이는 미국, 유럽 등 선진국에 국한하지 않고, 남아메리카, 중앙 및 동남아시아권 등 세계적 네트워크를 구축하기 위함이다.

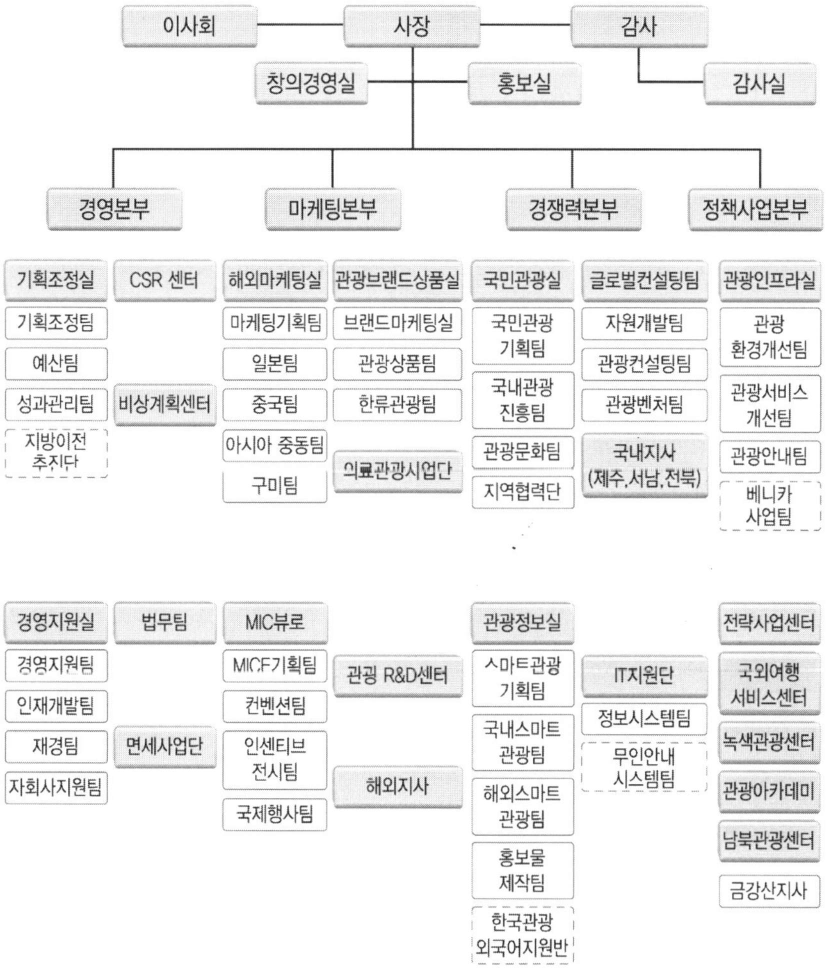

그림 5-5 한국관광공사 조직도

자료: 한국관광공사 홈페이지, www.visitkorea.or.kr 참조(검색일: 2012.7.20).

개 지역협력단, 31개 해외지사, 4개 임시조직으로 구성된다([그림 5-5] 참조). 2012년 현재 인력은 기관장 1명, 상임이사 3명, 상임감사 1명, 직원 602명 총 607명이다.

다음으로, 한국관광공사의 예산 규모를 살펴보면, 2012년 현재 약 5,300억 원이며, 사업비가 47.4%로 많은 부분을 차지하고 있다.

표 5-18 한국관광공사 지출 결산 및 예산(2010~2012) (단위: 백만 원)

구분	2010년 결산	2011년 결산	2012년 예산
사업비	158,383	492,589	251,350
인건비	29,297	42,491	29,803
경상운영비	87,500	124,440	77,822
차기 이월	30,984	176,194	97,169
차입상환금	18,250	58,136	15,091
배당	36,084	53,924	0
기타	197,033	99,978	58,669
지출 합계	557,531	1,047,752	529,904

자료: 공공기관 경영정보 공개시스템, www.alio.go.kr 참조(검색일: 2012.7.20).

(3) 주요 기능 및 사업

한국관광공사는 국제관광진흥, 국민관광 진흥, 관광자원 개발, 관광산업의 연구·개발, 관광 관련 전문 인력의 양성·훈련, 부대사업 등의 기능을 수행한다. 이를 위해 4대 전략과 10대 전략과제를 제시하고 있으며, 이는 <표 5-19>와 같다.

이 밖에도 한국관광공사는 해외 마케팅, 국제회의 유치, 국제 협력, 국제 관광 이벤트 마케팅, 관광안내 정보 서비스, 지자체·유관기관 협력, 국내 관광 수용 태세 개선, 국내 관광 진흥, 남북관광 교류, 관광자원 개발, 재원 조달 등의 사업을 수행하며, 세부 내용은 <표 5-20>과 같다.

표 5-19 한국관광공사 4대 전략 및 10대 전략과제

4대 전략	10대 전략과제
글로벌 관광 마케팅 경쟁 우위 확보	• 해외 시장별 마케팅 강화 • 고부가가치 관광 마케팅 확대
관광 서비스 경쟁력 강화	• 인트라바운드 마케팅 강화 • 관광 인프라 개선 및 서비스 확대
관광산업 미래 가치 창출 선도	• 관광산업 R&D 역량 강화 • 관광 네트워크 구축 및 협력사업 추진 • 새로운 고객 가치 창출 및 관광 서비스 영역 확대
고객 중심 지속 가능 경영 체계 고도화	• 경영효율화 및 조직 역량 강화 • 사회적 책임 강화 및 고객 지향형 기업문화 조성 • 재무안정성 확보 및 합리적 재무관리

자료: 한국관광공사 홈페이지, www.visitkorea.or.kr 참조(검색일: 2012.7.20).

표 5-20 한국관광공사의 주요 사업

구분	세부 사업
해외 마케팅	• 시장별 특성에 맞는 유치전략 수립 추진 • 해외 관광 마케팅 – 시장별 유치전략 수립 – 방한 관광상품 개발, 판촉 – 초청 지원(여행업자, 언론인, 유관 인사 등) – 소비자 대상 홍보 이벤트 개최, 전시박람회 참가 한국 홍보 – 신규, 잠재시장 개척 – MICE 등 대량 인센티브 관광객 유치 – 해외 광고(TV, 인쇄매체, 온라인 등) • 마케팅 지원 활동 – 주요 관광시장 조사분석 관광 통계 및 시장정보 제공 – 한국관광 홍보 간행물 및 영상물 제작・배포 – 한국관광 홈페이지(kto.visitkorea.or.kr) 운영 및 정보 제공 – 관광사진 공모전 실시 • 해외지사 안내
국제회의 유치	• 유치 가능 국제회의 발굴 • 국제회의 유치에 대한 원스톱 서비스 제공 – 국제회의 유치 절차 안내 및 자문 – 유치제안서 작성 및 환영 서신 제공 – 보조금 지원(유치제안서 인쇄, 국제기구 간부 사전 답사, 기념품 등) – 한국홍보 간행물 및 영상물 제공 – 한국 홍보데스크 운영 지원 – 공사 해외 지사망을 통한 유치활동 지원 • 국내 개최가 확정된 국제회의 주관 단체에 대한 지원 • 컨벤션 마케팅 활동 • 컨벤션산업 육성 기반 조성 • 컨벤션 정보 수집 및 제공 • 국제기구와의 협력활동
국제 협력	• 국제회의 유치 의향 조사(국제기구 가입 2,500여개 국내단체 대상) • 국제기구 자료에 의한 유치 가능 국제회의 조사 • 유치 가능성이 높은 국내단체에 대한 세일즈콜 및 유치 권유 활동 • 유관 인사 방한 초청 시원 • PATA(아시아태평양관광협회) : PATA 이사회, AGM 참가, PATA Travel Mart 한국 공동 홍보관 운영 등 • UNWTO(세계관광기구) : 공동 세미나 및 포럼 개최, 관광시장 동향 및 통계자료 공유 등 • SKAL : 2012 SKAL 세계총회 개최 지원 • ICCA, UIA, AACVB : 한국 MICE 통계 자료 제공, 유치 데이터 정보 교류 등

국제 관광 이벤트 마케팅	• 개최 사업 – R-16 Korea Sparkling – Korea in Motion – Fun Ski & Snow Festival – T2마당 행사 개최 – 축제사업
관광안내정보 서비스	• 관광정보 사이트 운영 • 관광안내 전화 1330 운영 • 관광안내소 운영
지자체 · 유관기관 협력	• 지자체와의 공동 네트워크 구성 – 광역지자체와의 관광협의회 개최 – 지자체 공무원 관광 관련 교육 지원 • 지자체 관광홍보 마케팅 지원 – 지역 축제 · 대형 이벤트 · 박람회 및 설명회 개최 지원 – 지역 관광 소재 발굴 및 상품화 지원 • 지자체 관광 인프라 개선 지원 – 지역 관광 수용 태세 점검 실시 • 관광업계 및 단체와의 공동 협력사업 (업무협정, 제휴, 공동사업 등) • 관광업계 육성을 위한 제도 개선 및 컨설팅 지원 • 전국 관광기념품 공모전 주관 • 업계 대상 관광정보 제공(이메일)
국내 관광 수용 태세 개선	• 국내 수용 태세 개선 • 관광 전문인력 교육 • 국내 종사원 국가자격시험관리
국내 관광 진흥	• 이 달의 가볼만 한 곳 추천 • 국내 여행 상품 개발 및 육성 • 시티투어 활성화 • 청소년 관광 활성화 • DMZ 일원 관광 활성화 • 소외계층 관광 활성화 • 한국 관광 서포터즈 운영 • 주한 외국인 국내 여행 활성화
남북관광 교류	• 남북관광 교류 협력 환경 조성 • 국제회의 유치에 대한 원스톱 서비스 제공 • 금강산관광사업 업무 활성화
관광자원 개발	• 관광자원 개발 및 기획 – 정부 국책사업 발굴 및 선도 – 관광레저형 기업도시 시범사업 참여 추진 – 관광자원 개발 사업 및 지자체 협력 개발사업 수행 • 관광개발 컨설팅 • 관광레저 도시 참여

재원 조달	• 관광 진흥 사업을 위한 재원 조달 사업 – 한국관광공사 면세점(DUTY FREE KOREA) 운영

자료: 한국관광공사 홈페이지, www.visitkorea.or.kr 참조(검색일: 2012.7.20).

3) 한국콘텐츠진흥원

(1) 개요

한국콘텐츠진흥원은 문화산업진흥기본법에 의거하여 콘텐츠 전 분야를 아우르는 총괄 진흥기관이다. 콘텐츠산업 진흥으로 국가의 창조경제 활성화와 국민의 문화적 삶의 질 향상에 기여라는 미션과 글로벌 콘텐츠, 스마트 KOCCA라는 비전을 통해 사업을 수행하고 있다

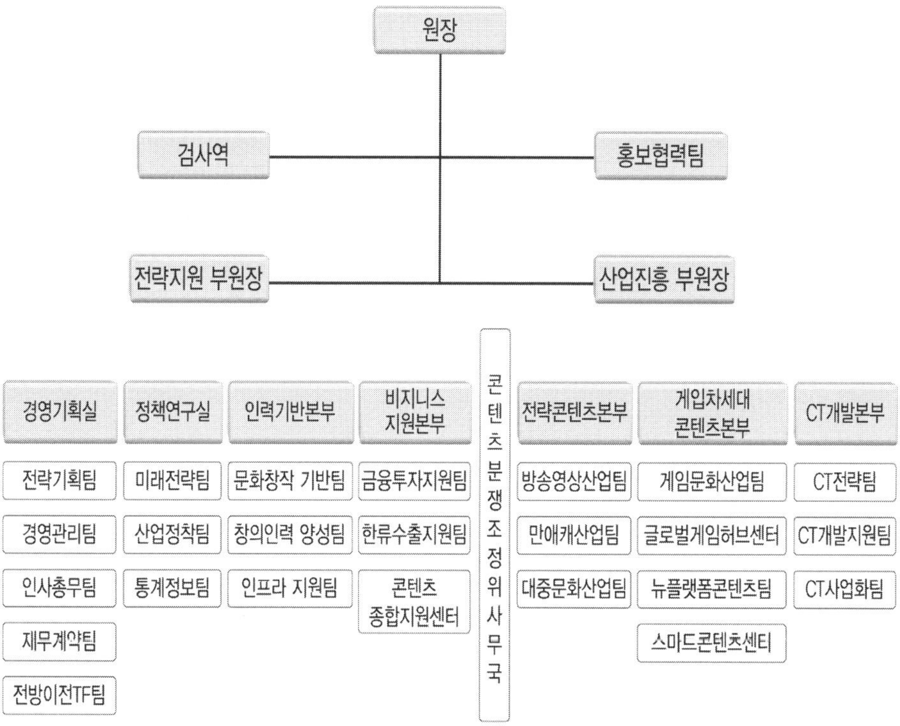

그림 5-6 한국콘텐츠진흥원 조직도

자료: 한국콘텐츠진흥원 홈페이지, www.kocca.kr 참조(검색일: 2012.7.20).

(2) 행정자원

먼저, 한국콘텐츠진흥원의 조직은 원장 하에 전략지원 부원장과 산업진흥 부원장을 두며, 5개 본부, 2개 실, 25개 팀 · 센터, 1개 사무국으로 구성된다([그림 5-6] 참조). 2012년 현재 인력은 기관장 1명, 상임이사 2명, 직원 186명 총 189명이다.

다음으로, 한국콘텐츠진흥원의 예산 규모를 살펴보면, 2010년 현재 약 2,880억 원이며, 사업비가 93.4%로 예산의 대부분을 차지한다.

표 5-21 한국콘텐츠진흥원 지출 결산 및 예산(2010~2012) (단위: 백만 원)

구분	2010년 결산	2011년 결산	2012년 예산
사업비	156,515	200,365	268,921
인건비	11,578	11,975	14,037
경상운영비	5,300	4,638	5,075
차기 이월	26,530	83,992	0
차입상환금	0	0	0
배당	0	0	0
기타	16,103	12,444	0
지출 합계	216,026	313,414	288,033

자료: 공공기관 경영정보 공개시스템, www.alio.go.kr 참조(검색일: 2012.7.20).

(3) 주요 기능 및 사업

한국콘텐츠진흥원은 문화산업 진흥을 위한 정책 및 제도의 연구 · 조사 · 기획, 문화산업의 창업, 경영 지원 및 해외 진출 지원, 국내외 콘텐츠 자료의 수집 · 보존 · 활용, 방송영상물의 방송매체별 다단계 유통 · 활용 · 수출 지원, 방송영상 국제 공동 제작 및 현지어 재제작 지원 등의 기능을 담당하고 있다. 무엇보다도 우리나라 콘텐츠산업이 창조경제를 선도할 글로벌 콘텐츠 리더로 성장할 수 있도록 다양한 지원사업을 펼치고 있으며, 이는 <표 5-22>와 같다.

표 5-22 한국콘텐츠진흥원의 주요 사업

구분	주요 사업
콘텐츠 제작	• 방송영상 – 방송영상 콘텐츠 제작 지원 – 방송 콘텐츠 포맷 제작 지원 – 방송영상 콘텐츠 창작 기반 구축 – 수출용 방송 콘텐츠 재제작 지원 • 게임 – 게임 과몰입 예방과 해소 – 기능성 게임 활성화 지원 – e스포츠 활성화 지원 – 게임 글로벌 서비스 플랫폼 지원 – 게임기업 인큐베이션 – 모바일게임센터 운영 – 차세대 게임 콘텐츠 제작 지원 • 만화 애니캐릭터 – 캐릭터 창작 역량 강화 및 기반 조성 – 국산 캐릭터 유통 전문매장 구축 – 국산 캐릭터 개발 프로젝트 지원 – 우수만화 글로벌 프로젝트 지원 – 만화 연재 지원 – 글로벌 애니메이션 본편 및 공동 제작 지원 – 애니메이션 후속 시즌 제작 지원 – 프리프로덕션 및 단편 애니메이션 제작 지원 – 산학 애니메이션 프로젝트 제작 지원
차세대 콘텐츠	• 차세대 콘텐츠 – 스마트콘텐츠센터 운영 – 가상현실 콘텐츠 지원 – 차세대 콘텐츠 동반성장 지원 – 스마트 콘텐츠 어워드 & 컨퍼런스 개최 – 글로벌 서비스 인프라 및 마케팅 지원 – 스마트 콘텐츠 해외 진출 현지화 지원 – CG프로젝트 제작 지원 – 차세대 콘텐츠 대상 • 창작 인프라 – 3D입체영상 중계 시스템 구축 – 독립제작사 제작 인프라 지원 – DC 제작 활성화 지원 – HD드라마 타운 조성 – 디지털방송콘텐츠지원센터 조성

글로벌 시장 진출	• 전략시장 - 글로벌콘텐츠센터(GCC) 운영 - 해외사무소 운영 - 국제방송문화 교류 지원 • 마케팅 - 해외전시 마켓 참가 지원 - 신흥시장 개척 지원 - 국제방송영상 견본시(BCWW) 개최 - 국제콘텐츠 콘퍼런스(DICON) 개최 - 캐릭터라이선싱 페어 개최 - 게임 해외 수출 활성화 지원 - 대한민국 콘텐츠 어워드
산업 기반 강화	• 인력 양성 - 3D입체 콘텐츠 전문인력 양성 - 콘텐츠 창의 인재동 반사업 - 국가전략 직종사업-방송영상/게임/기획창작 과정 - 콘텐츠 전문인력 양성 - 사이버콘텐츠 아카데미 운영 - 게임국가 기술자격 검정 - 드라마 프로듀서 스쿨 운영 - 콘텐츠 융합형 교육 활성화 지원 - 해외 전문가 연계 프로젝트 교육 • 창의 육성 - 대중음악 창작 기반 강화 - 글로벌 뮤직 네트워크 구축 지원 - K-Pop 해외 쇼케이스 개최 지원 - 한국 패션문화 해외 진출 지원 - 대중문화예술인지원센터 운영 - 대한민국대중문화예술상 - 이야기산업활성화 - 지식서비스 분야 아이디어 상업화 지원 • 연구정보 - 지역문화 산업경쟁력 강화 - 게임산업 및 게임문화 동향정보 제공 - 콘텐츠산업 통계조사 및 통계정보 시스템 운영 - 콘텐츠산업 분기별 동향분석 - 월간 국내 콘텐츠시장 동향 - 해외 콘텐츠시장 동향조사 - 콘텐츠산업백서 발간 - 만화산업백서 발간

	- 애니메이션산업백서 발간 - 캐릭터산업백서 발간 - 음악산업백서 발간 - 게임백서 발간 • 유통 소비 - 콘텐츠 분쟁조정 지원 - DC이용자 보호 활성화 - 콘텐츠산업 공정거래환경 조성 - 거래사실인증제도 활성화 - 콘텐츠 제공 서비스 품질 인증
콘텐츠 R&D	• 기술 개발 지원 - 콘텐츠산업기술 지원사업(지정공모) - 콘텐츠산업기술 지원사업(자유공모) - 글로벌 프로젝트 기술 개발사업 - 문화기술공동연구센터 • 사업화 지원 - 기술사업화 컨설팅 - 정보 제공 • 문화기술 인증 - 기업부설창작연구소(부서) 인정제도

자료: 한국콘텐츠진흥원 홈페이지, www.kocca.kr 참조(검색일: 2012.7.20).

4) 한국국제교류재단

(1) 개요

한국국제교류재단(Korea Foundation)은 한국국제교류재단법에 의거하여 대한민국과 외국 간의 각종 교류사업을 시행함으로써 국제사회에서 한국에 대한 올바른 인식과 이해를 도모하고 국제적 우호 친선을 증진하는 데 이바지하는 기관이다. 세계와 소통하는 국제 교류 선도 기관을 비전으로 제시하고 있으며, 세 가지 전략 목표(한국이해 심화 및 저변 확대, 중장기적 교류 파트너십 구축, 문화 교류 협력 및 다문화 이해 증진)에 따라 사업을 수행하고 있다.

(2) 행정자원

먼저, 한국국제교류재단의 조직은 2실, 4부, 1센터, 6해외사무소로 구성된다([그림 5-7] 참조). 2012년 현재 인력은 기관장 1명, 상임이사 2명, 직원 76.5명 총 79.5명이다.

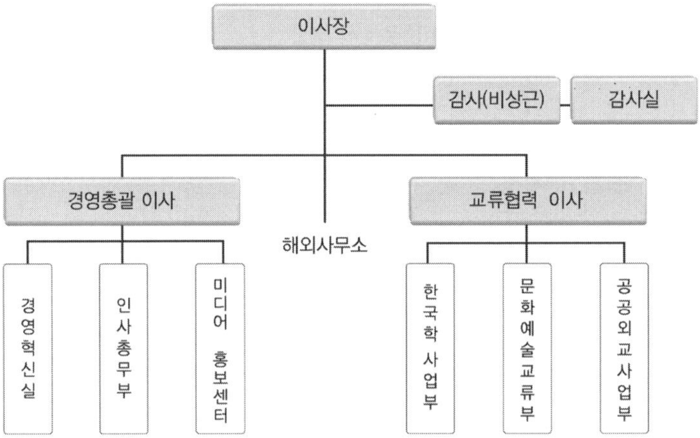

그림 5-7 한국제교류재단 조직도

자료: 한국국제교류재단 홈페이지, www.kf.or.kr 참조(검색일: 2012.7.20).

다음으로, 한국국제교류재단의 예산 규모를 살펴보면, 2012년 현재 약 1,000억 원이며, 사업비가 49.2%로 많은 부분을 차지하고 있다.

표 5-23 한국국제교류재단 지출 결산 및 예산(2010~2012) (단위: 백만 원)

구분	2010년 결산	2011년 결산	2012년 예산
사업비	67,008	55,326	49,322
인건비	6,016	6,030	6,665
경상운영비	3,632	4,144	5,931
차기 이월	0	0	0
차입상환금	0	0	0
배당	0	0	0
기타	1,464	4,916	38,313
지출 합계	78,120	70,416	100,231

자료: 공공기관 경영정보 공개시스템, www.alio.go.kr 참조(검색일: 2012.7.20).

(3) 주요 기능 및 사업

한국국제교류재단은 국제교류를 목적으로 하는 각종 행사의 주관·지원 및 참가, 국제교류를 목적으로 하는 인사의 파견 및 초청, 국외 한국 연구의 지원 및 연구 결과의 보급, 국제사회에서의 한국에 대한 올바른 인식과 이해를 도모하기 위한 제반 활동, 외국의 주요 국제교류기관과의 교류·협력을 통한 국제적 우호 친선의 증진, 국제사회에서 한국의 위상을 제고하고 민족적 유대감을 고취하기 위한 재외동포 관련 단체의 활동에 대한 지원 등의 기능을 담당하고 있다.

이를 위해 한국국제교류재단은 다섯 가지 핵심 사업을 제시하고 있다. 1) KF Global e-School, 2) KF Global Seminar, 3) KF Global Internship, 4) KF Forum, 5) KF Assembly이다(<표 5-24> 참조).

표 5-24 한국국제교류재단의 핵심 사업

핵심 사업	내용
KF Global e-School	• 국내외 유수 대학의 교수진이 각 분야의 한국 관련 강좌를 실시간 화상 강의 방식으로 제공하는 사업
KF Global Seminar	• 국내외 각계 저명인사 및 차세대 지도자들이 모여 주요 글로벌 이슈에 대한 지혜를 나누는 소통의 장을 마련하고 한국을 중심으로 한 인적 네트워크를 구축하는 사업
KF Global Internship	• 세계적인 정책연구소와 박물관에서 인턴이나 객원연구원으로 활동할 수 있도록 하는 사업
KF Forum	• 국내외 저명인사(세계적인 석학, 국제기구 대표, 해당 분야 전문가)를 초빙하여 국내 오피니언 리더 및 각계 전문가들을 대상으로 강연회를 개최하는 사업
KF Assembly	• 국제사회에서 한국에 대한 올바른 인식과 이해를 도모하고자 다양한 국제 교류활동을 펼치는 사업

* 자료: 한국국제교류재단 홈페이지, www.kf.or.kr 참조(검색일: 2012.7.20).

5) 국제방송교류재단(아리랑국제방송)

(1) 개요

국제방송교류재단은 방송의 국제교류 협력 사업을 통해 한국에 대한 국제사회의 올바른 이해와 국제적 우호 친선의 증진을 도모하는 한편, 방송영상물의 질적 향상을 위한 사업을 수행, 지원함으로써 방송·영상·광고 산업의 진흥 및 문화·예술의 선양에 이바지하고자 설립되었다. 무엇보다도 대한민국에 대한 국제사회의 종합적인 이해 증진과 국가 브랜드 이미지 제고를 위해 전 세계를 대상으로 TV방송(해외방송 및 국내방송)을 실시하고 있다.

(2) 행정자원

먼저, 국제방송교류재단의 조직은 2본부, 1실, 12팀 · 센터로 구성된다([그림 5-8] 참조). 2010년 현재 인력은 기관장 1명, 직원 145명 총 146명이다.

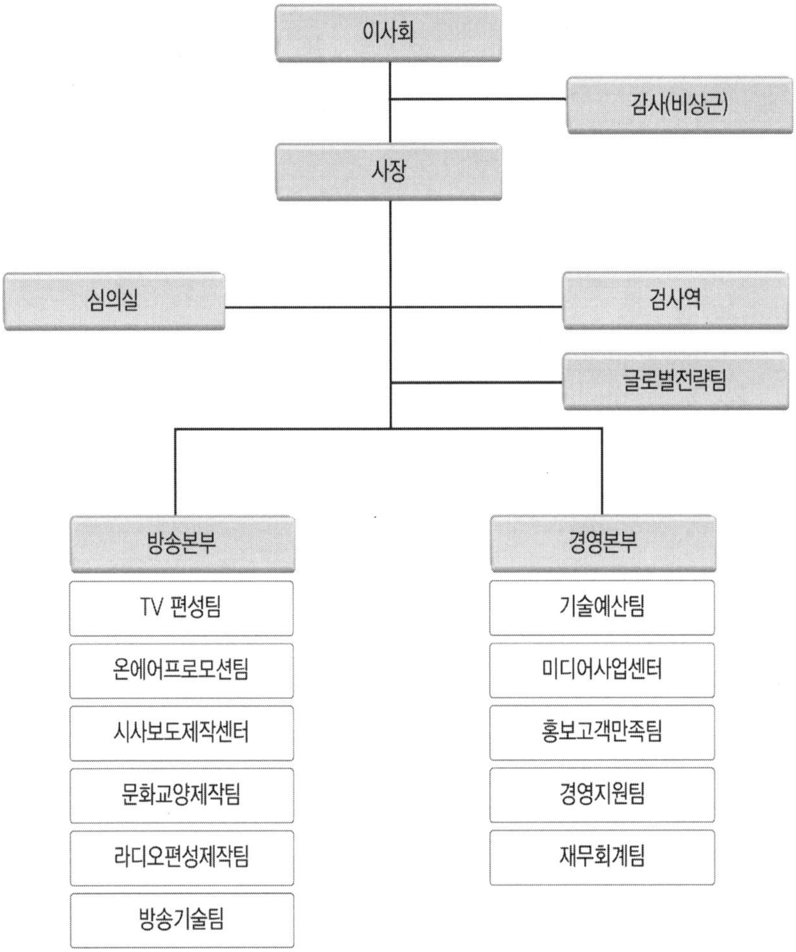

그림 5-8 국제방송교류재단 조직도

자료: 국제방송교류재단 홈페이지, www.arirang.co.kr 참조(검색일: 2012.7.20).

다음으로, 국제방송교류재단의 예산 규모를 살펴보면, 2012년 현재 약 564억 원이며, 사업비가 69.8%로 예산의 대부분을 차지하고 있다(<표 5-25> 참조).

표 5-25 국제방송교류재단 지출 결산 및 예산(2010~2012)

(단위: 백만 원)

구분	2010년 결산	2011년 결산	2012년 예산
사업비	37,595	40,188	39,420
인건비	8,969	9,467	9,500
경상운영비	4,841	4,965	4,430
차기 이월	0	0	0
차입상환금	0	0	0
배당	0	0	0
기타	1,490	1,490	3,100
지출 합계	52,895	56,110	56,450

자료: 공공기관 경영정보 공개시스템, www.alio.go.kr 참조(검색일: 2012.7.20).

(3) 주요 기능 및 사업

국제방송교류재단은 핵심 사업을 다섯 가지로 제시하고 있으며, 이는 1) 국가 이미지 제고 및 국제 사회의 이해 증진을 위한 해외 위성방송 사업, 2) 주한 외국인의 한국 이해 증진 및 내국인의 세계화 의식 제고를 위한 국내 방송사업, 3) 방송영상물의 국제경쟁력 제고를 위한 지원 사업, 4) 해외매체를 통한 우리 방송물의 방송 지원 사업, 5) 해외 방송사와의 국제교류 협력 사업을 제시하고 있다.

6) 대한무역투자진흥공사(KOTRA)

(1) 개요

대한무역투자진흥공사는 무역 진흥과 국내외 기업 간의 투자 및 산업기술 협력의 지원 등에 관한 업무를 수행하여 국민경제 발전에 기여하기 위해 설립된 기관으로 우리나라 국가 PR 활동을 수행하는 역할을 담당하고 있다. 또한 2003년 외국인 투자 유치 전담조직인 인베스트 코리아(Invest Korea)를 출범시키면서 국내 투자환경의 효율적인 해외홍보 활동을 전개하고 있다.

(2) 행정자원

먼저, 대한무역투자진흥공사의 조직은 5본부, 21실 · 센터, 7단, 9개 지역본부, 113개 해외무역관, 1개 공항사무소 구성된다([그림 5-9] 참조). 2012년 현재 인력은 기관장 1명, 상임이사 5명, 상임감사 1명, 직원 639,625명으로 총 646,625명이다.

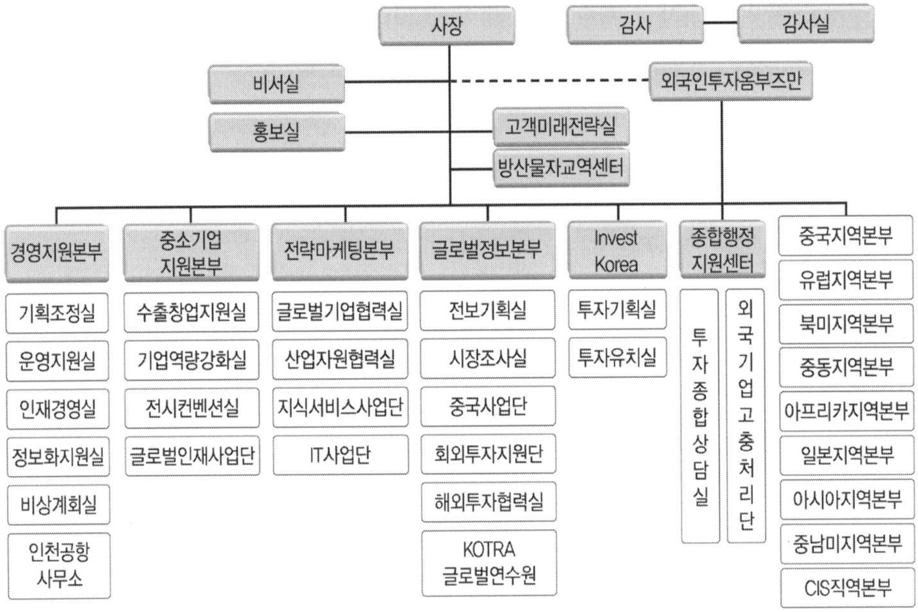

그림 5-9 대한무역투자진흥공사 조직도

자료: 대한무역투자진흥공사 홈페이지, www.kotra.or.kr 참조(검색일: 2012.7.20).

다음으로, 대한무역투자진흥공사의 예산 규모를 살펴보면, 2012년 현재 약 3,037억 원으로, 사업비(65.5%)가 예산의 대부분을 차지하고 있다(<표 5-26>).

표 5-26 **대한무역투자진흥공사 지출 결산 및 예산(2010~2012)** (단위: 백만 원)

구분	2010년 결산	2011년 결산	2012년 예산
사업비	190,644	177,588	198,912
인건비	83,454	82,561	91,931
경상운영비	11,834	13,215	10,252
차기 이월	0	0	0
차입상환금	0	0	0
배당	957	6,859	0
기타	7,389	35,361	2,600
지출 합계	294,278	315,584	303,695

자료: 공공기관 경영정보 공개시스템, www.alio.go.kr 참조(검색일: 2012.7.20).

(3) 주요 기능 및 사업

대한무역투자진흥공사는 국내 기업을 위한 해외시장 개척, 해외 진출 지원 및 정보 조사, 외국인 투자 유치, 정부 수임사업 수행, 무역투자 전문인력 양성, 국가 브랜드 제고 및 방산물자 등의 수출 지원 등의 기능을 담당하고 있다. 대한무역투자진흥공사가 수행하고 있는 세부 사업은 <표 5-27>과 같다.

표 5-27 대한무역투자진흥공사의 주요 사업

구분	세부 사업
해외시장 개척 지원	• 지사화사업 • 수출상담회 • 무역사절단 • 해외시장 서비스 • 설명회 • 전시사업 • 온라인마케팅사업 • IT지원센터 • 수출인큐베이터 • 해외공동물류센터
무역투자정보 지원	• 통상환경 및 정보조사 • 무역자료실 운영 • 간행물 판매 코너 운영 • 해외시장 컨설팅
전략사업 · 해외 진출 지원	• 지식 서비스 • 보증 브랜드 • 정부 조달 • 그린사업 • 자원 건설 플랜트 • 프랜차이즈 해외 진출 지원 • 해외 진출 지원
글로벌 인재 채용 지원	• 전 세계 KOTRA 해외조직망을 통한 원스톱 글로벌 인재 채용 지원 정부부처 및 유관기관과의 공조를 통한 종합 지원 체계 구축
국제 비즈니스 전문가 양성	• 신흥시장 진출, 글로벌 마케팅, 외국인 투자 유치, 해외투자 진출, 녹색성장/환경 등의 분야에서 교육과정 제공
외국인 투자 유치 지원	• 투자 유치 활동 • 투자종합상담센터 • 창업지원연구센터

	• 외투기업 고충처리 • 국제공동 R&D 지원 • 금융산업 유치
방산물 교역 지원	• 정부부처(지경부, 국방부, 방사청), KOTRA, 민간 분야 전문가(금융, Offset 등)로 구성된 민관합동조직인 '방산물자교역지원센터' 운영

자료: 대한무역투자진흥공사 홈페이지, www.kotra.or.kr 참조(검색일: 2012.7.20).

7) 한국국제협력단(KOICA)

(1) 개요

한국국제협력단은 정부 각 부처에서 분산 실시하던 대외무상원조·기술협력사업을 통합하여 1991년도 4월에 설립된 정부출연기관이다. 우리나라의 대외원조(ODA) 중 무상원조를 전담 수행함으로써 개발도상국의 경제·사회 발전을 지원하고 이들 국가와의 우호협력 관계 및 상호 교류를 증진하여 국제개발 협력을 증진하는 것을 목적으로 하고 있다. 이러한 목적을 달성하기 위해 국내 초청 연수, 전문가 파견, 해외봉사단 파견, 개발조사, 인프라 건축, NGO 지원, 재난복구 지원, 국제기구협력사업 등 다양한 형태의 사업을 실시하고 있다.

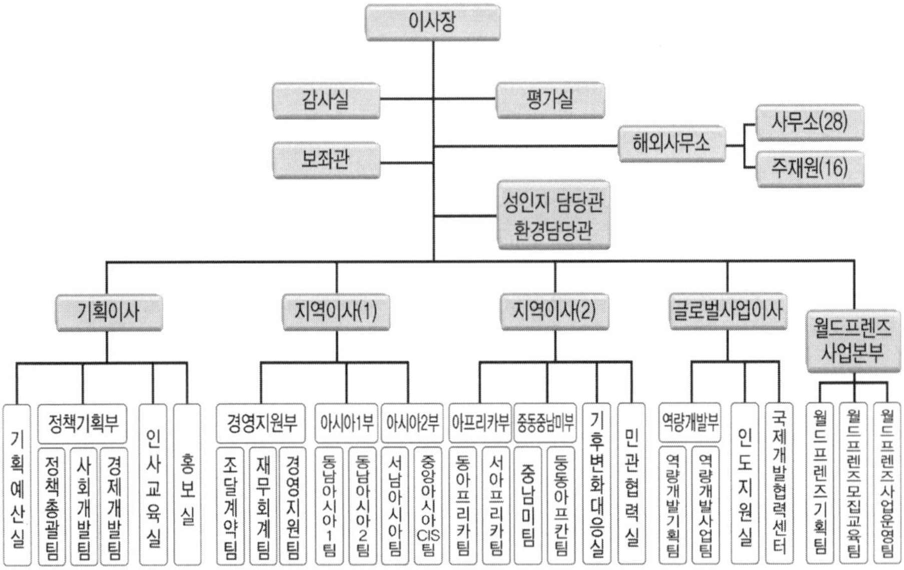

그림 5-10 한국국제협력단 조직도

자료: 한국국제협력단 홈페이지, www.koica.go.kr 참조(검색일: 2012.7.20).

(2) 행정자원

먼저, 한국국제협력단의 조직은 7부, 1본부, 8실, 20팀 · 센터, 2담당관, 해외사무소로 구성된다[그림 5-10] 참조). 2010년 현재 인력은 기관장 1명, 상임이사 4명, 직원 268명으로 총 273명이다.

다음으로, 한국국제협렵단의 예산 규모를 살펴보면, 2012년 현재 약 4,975억 원으로, 사업비(96.5%)가 예산의 많은 부분을 차지하고 있다(<표 5-28> 참조).

표 5-28 한국국제협렵단 지출 결산 및 예산(2010~2012)

(단위: 백만 원)

구분	2010년 결산	2011년 결산	2012년 예산
사업비	480,619	469,217	479,918
인건비	14,650	16,783	16,837
경상운영비	730	707	722
차기 이월	21,258	0	0
차입상환금	0	0	0
배당	0	0	0
기타	5,583	10,421	0
지출 합계	522,840	497,128	497,477

자료: 공공기관 경영정보 공개시스템, www.alio.go.kr 참조(검색일: 2012.7.20).

(3) 주요 기능 및 사업

한국국제협력단은 세계적인 선진 원조기관으로 도약하기 위해 '국민과 함께하는 원조', '원조 시스템의 선진화', '한국적 개발 프로그램 발전'이라는 비전하에 효과적이고 효율적인 무상원조사업을 수행하고 있다. 무엇보다 개발도상국의 경제사회 발전 지원을 위한 우리나라의 대외무상 원조사업을 전담 실시힘으로써 국가 이미지와 브랜드 제고에 크게 기여하는 기능을 담당하고 있다. 한국국제협력단이 수행하고 있는 주요 사업은 <표 5-29>와 같으며, 국제사회가 우리나라에 요구하고 있는 우리나라의 경제 발전 경험을 효과적으로 개도국에 전파하여 이들의 빈곤 퇴치에 최적의 기여가 될 수 있는 방향으로 사업을 전개하고 있다.

표 5-29 한국국제협력단의 주요 사업

주요 사업	내용
국별 협력사업 (프로젝트/프로그램)	• 개도국의 특정 개발 목표 달성 및 정부의 지역외교 전략에 부응코자, 각 협력 대상국별 개발정책에 부합하는 중장기 지원전략을 바탕으로, 물적·기술적 협력사업을 유기적으로 연계하여 종합적으로 지원하는 사업
WFK (해외봉사단)	• 개도국의 주민들과 함께 생활하며 그들의 경제사회 발전에 실질적인 기여를 목적으로 교육 및 직업훈련, 농수산업, 보건위생, 농촌 개발, 정보통신 등 분야에서의 봉사활동에 우리의 청·장년들이 참여하는 사업
다국가 연수사업	• 개도국의 지속 가능한 개발에 필요한 기술 습득과 역량 개발을 지원하기 위해 협력 대상국의 기술인력, 연구원, 공무원 등을 초청하여 우리의 개발 경험 및 기술을 전수하는 등의 인적 자원 개발 사업
국제기구 협력사업	• 양자로 직접 지원이 어려운 사업에 대해 국제기구를 통해 지원함으로써 원조 효과를 제고하고, 국제기구와의 협력을 통해 우리 원조의 가시성을 제고하는 사업
민관협력사업	• 개도국의 빈곤 완화와 복지 증진을 위해 활동하고 있는 국내 기업 및 민간단체의 해외원조사업을 지원하고, 민간 부문의 전문성과 경험, 개도국 지역사회와의 유대 관계 등을 활용하여, 정부 차원의 공적 개발원조 사업을 보완하고 국민 의식·국제화에 기여하는 국민 참여형 개발 원조사업
기후 변화 대응 사업	• 기후 변화에 특히 취약한 자연화경과 산업구조를 보이는 개도국의 기후 변화 적응 능력을 강화하면서, 저탄소 패러다임으로 경제산업 발달을 동시에 달성하기 위해 지속 가능한 지원을 전개하는 사업
해외긴급 구호사업	• 해외에서 발생하는 자연재해 즉 지진, 태풍, 쓰나미 등의 긴급재난에 대해 현지 인력 파견, 긴급구호물자 제공, 구호금 지원, NGO 활동 지원 등을 통해 피해국 및 국민들의 피해 복구 노력을 지원하는 사업

자료: 한국국제협력단 홈페이지, www.koica.go.kr 참조(검색일: 2012.7.20).

5 해외홍보 전달 체계의 문제점

해외홍보 업무를 직·간접적으로 수행하고 있는 12개 기관의 현황과 전문가들을 대상으로 실시한 인터뷰 및 설문조사의 결과를 토대로 우리나라 해외홍보 전달 체계의 문제를 다음과 같이 세 가지로 제시할 수 있다.

첫째, 해외홍보 업무의 유사 기능 및 중복의 문제이다. 현재 한국의 해외홍보 전달 체계를 살펴보면 해외문화홍보원을 중심으로 중앙행정기관으로는 문화체육관광부와 외교통상부, 소속기관으로 국립국제교육원, 이 밖에도 기타 다양한 유관 기관 등에 의해 연관된 업무가 수행되고 있음을 알 수 있다. <표 5-30>은 이를 반영하는 것으로 관광, 교육, 국제회의, 문화예술, 스포츠, 영상 및 콘텐츠, 한국어 등 7개 업무로 구분하여 유사 기능을 담당하고 있는 기관들을 제시했다.

표 5-30 업무별 관련 기관과 활동

구분	관련 기관과 활동
관광	• 한국관광공사 – 국제 관광 이벤트 마케팅 – 관광안내정보 서비스 – 남북관광 교류 • 문화체육관광부 관광산업국 – 해외 관광객 유치 및 홍보 – 해외 관광객을 위한 관광 프로그램 개발 – 한국 관광 브랜드 육성 · 지원 등
교육	• 국립국제교육원 – 재외동포 교육: 해외 현지연수 및 재외동포 교육용 교재 개발 보급 – 국제 교육교류 협력: 한국 정부 초청 외국인 장학생 초청 · 관리, 외국 정부 초청 장학생 선발 · 파견, 주요 국가 대학생 초청 연수 • 한국국제협력단 – 다국가 연수사업: 협력 대상국의 기술인력, 연구원, 공무원 등을 초청하여 우리의 개발 경험 및 기술 전수
국제회의	• 해외문화홍보원 – 한국에 대한 인식 높이기: 국제학술회의, 세미나 공동 개최 활성화, 국내 관련 전문가 파견 및 유관기관 협력 지원 • 한국문화예술교육진흥원 – 해외전문가 초청 워크숍 및 해외 기관과의 협력 • 한국관광공사 – 국제회의 유치 – 국제 협력: 국제회의 유치 의향 조사, 국제기구 자료에 의한 유치 가능 국제회의 조사 • 한국국제교류재단 – KF Global Seminar, KF Forum, KF Aseembly • 문화체육관광부 관광산업국 – 국제회의의 국내 유치 촉진 및 지원

문화예술	• 해외문화홍보원 – 한국 문화 소개: 전 세계에 확산 중인 '한류'를 통한 한국 이미지 확산, 현지 예술단과의 합동 공연, 공동전시 등을 통한 쌍방향 문화 교류 추진, 민간 문화예술 해외 교류 지원 – 주한 외국인이 교감하는 한국 문화의 장 – 공연, 전시 등 다양한 문화 이벤트 개최 • 한국문화예술교육진흥원 – 온라인을 기반으로 국내 문화예술교육 현황과 성과 알림 • 외교통상부 문화외교국 – 해외 문화행사: 공연, 전시, 영화제 등 강종 해외문화 행사를 개최 · 지원하여, 다양하고 역동적인 우리 문화를 소개하고 양국간 우호 친선 관계 증진에 기여 • 문화체육관광부 문화예술국 – 문화예술에 관한 국제협약 및 문화협정에 관한 사항 – 문학 · 조형예술 분야의 국제 교류 및 해외 진출에 관한 사항 – 공연예술 및 전통예술 분야의 남북 · 국제 교류 및 해외 진출에 관한 사항 – 문화예술교육과 관련된 국제 교류에 관한 사항
스포츠	• 외교통상부 문화외교국 – 스포츠 외교: 국제스포츠대회 유지 지원, 태권도 시범단 파견 등 스포츠 외교를 통해 국제 친선 증진 및 국가 브랜드 제고 • 문화체육관광부 체육국 – 국제경기대회 유치 · 개최 및 참가 지원 – 태권도의 진흥 및 세계화
영상 및 콘텐츠	• 해외문화홍보원 – 한국을 소개하는 간행물 – 해외홍보 영상을 통한 한국 알리기 – 한국 소개 프로그램 제작 · 방송 – 한국 드라마 및 영화 상영 행사 지원 – IT 멀티미디어 전시관 운영 – 도서 · 영상자료실 운영 • 한국콘텐츠진흥원 – K-Pop 해외 쇼케이스 개최 지원 • 외교통상부 문화외교국 – 영화 및 드라마 방영 지원 • 국제방송교류재단 – 해외매체를 통한 우리 방송물 지원 사업 • 문화체육관광부 문화콘텐츠산업실, 미디어정책국 – 영화 · 비디오물 · 애니메이션 · 음악 · 대중문화예술 · 패션 · 엔터테인먼트 산업의 남북 교류 · 해외 진출 및 국제 교류에 관한 사항 – 문화 미디어와 관련된 남북 교류 · 해외 진출 및 국제 교류에 관한 사항

	– 외국 신문 · 정기간행물 지사 · 지국의 설치에 관한 사항 – 방송영상산업 · 광고산업 분야의 남북 교류 · 해외 진출 및 국제 교류에 관한 사항 – 출판 · 인쇄산업 분야의 남북 교류 · 해외 진출 및 국제 교류에 관한 사항
한국어	• 해외문화홍보원 – 한국어 및 한국 문화 강좌, 세미나 개최 • 문화체육관광부 – 해외 한국어 보급 확대 • 국립국제교육원 – 한국어교육 정보 시스템 운영 • 문화체육관광부 문화예술국 국어정책과 – 한글날 행사, 한글 산업화, 한글 가치 확산 및 진흥 · 홍보에 관한 사항 – 외국인 · 다문화가정 등에 대한 한국어 교육 정책에 관한 사항

이와 마찬가지로 해외홍보 관련 기관 간 서비스 중복의 심각성을 묻는 설문조사 결과를 살펴보면, 서비스 중복이 심각하다는 견해는 46.7%로 가장 높게 나타났으나 심각하지 않다는 견해는 13.3%에 불과했다(<표 5-31> 참조).

표 5-31 설문조사 결과: 해외홍보 관련 기관 간 서비스 중복의 심각성 정도

구분	빈도(명)	비율(%)
매우 심각하다	2	6.7
심각하다	12	46.7
보통이다	10	33.3
심각하지 않다	4	13.3
전혀 심각하지 않다	0	0.0
합계	30	100

주: 총 31개의 표본 중 해당 문항을 응답하지 않은 1개의 표본을 제외한 총 30개의 표본을 대상으로 한 결과임.

그러나 해외홍보 관련 업무를 위해 다른 기관과 협력 관계를 유지하고 있다고 묻는 설문조사의 결과, 협력 관계를 유지하고 있다고 응답한 비율은 61.3%, 유지하고 있지 않다고 응답한 비율은 16.1%로 나타나 위에서 제시한 설문 문항의 결과와는 약간 다른 의견으로 제시될 수 있으나, 아래에 제시되는 심층 인터뷰 결과를 통해 그 의미를 해석할 수 있다.

> "(해외홍보 업무와 관련된 서비스 중복의 문제는) 가외성의 문제로 생각할 수 있으며, 관련 사업을 언뜻 보면 유사 중복 사업들이 많지만 면밀히 들여다보면 그 대상이 다르다."

"(해외홍보 업무를 담당하는) 기관 간 협력이 필요한 경우가 많이 있으며, 보통은 어느 정도 영역이 나뉘어 있는 편이라 업무 중복에 대한 심각성은 크게 느끼고 있지 않다."

이처럼 전문가 심층 인터뷰에서도 다른 기관과의 협력 관계를 유지하고 있다는 설문조사 결과와 동일한 맥락에서 해외홍보 업무 중복의 심각성을 크게 느끼지 않는다는 의견이 제시되었다. 그러나 사업의 대상이 다르고 어느 정도 영역이 나뉘어 있다는 것을 미루어볼 때, 해외홍보 수행 사업의 초점이 다를 뿐 유사 기능을 수행하고 있다는 점은 부정할 수 없는 것으로 보인다. 이런 점에서 해외홍보 업무의 유사 기능 및 중복의 문제는 조정이 필요하며, 한정된 재원을 고려해 볼 때 통합적인 전략에 따라 업무가 이루어져야 한다.

둘째, 업무의 통합 및 조정 미흡의 문제이다. 이에 대한 논의는 선행 연구에서도 끊임없이 제기되어 왔으며,[6] 앞서 제시한 해외홍보 업무의 유사 기능 및 중복 문제의 원인이 되기도 한다. 업무의 통합 및 조정의 문제와 관련된 전문가 설문조사와 심층 인터뷰 결과를 살펴보면, 그 문제를 명확하게 파악할 수 있다. 먼저, 해외홍보가 효과적으로 이루어지기 위해 우선적으로 보완되어야 하는 점을 묻는 설문조사 결과, 해외홍보 관련 정부기관의 업무와 역할의 조정이라고 응답한 비율은 32.4%로 2순위를 차지했으며, 다른 기관과의 연계 필요성을 묻는 문항에서 그렇다라고 응답한 비율이 91.3%로 대부분을 차지하는 것으로 나타났다(<표 5-32> 참조).

전문가를 대상으로 한 심층 인터뷰의 결과에서도 해외홍보 체계의 통합 및 조정의 문제는 제기되었으며, 현재 국가 브랜드 관련 사업을 통합 및 조정하는 컨트롤 타워로서 국가브랜드위원회가 문제점이 있다는 의견도 엿볼 수 있었다. 또한 해외홍보 업무 관련 전문가들은 우선적으로 통합적인 해외홍보 체계 존재해야 함을 지적했으며, 관련 내용은 <표 5-32>와 같다.

"체계적으로 총괄조직이 필요하며, 해외홍보 관련 정부기관의 조정도 필요하다. 실질적으로 해외홍보를 위한 통합과 조정 기능이 약하다고 생각하며, 이를 총

---

6) 해외홍보 업무의 통합 및 조정에 관한 문제를 고찰한 선행 연구들을 살펴보면, 오미영 · 신호창(2002)은 산만하게 이루어지고 있는 해외홍보 기능들을 통합적으로 운영해야 한다는 것을 지적했으며, 신호창(2004)은 해외홍보를 융통성 있고 효과적으로 수행할 수 있는 해외홍보 총괄 기구의 중요성을 언급했다. 또한 한정호 · 김상훈(2004)은 가장 중요하고 시급한 문제로 해외홍보 기구들의 통합과 조정 문제를 제시했으며, 유재웅(2011)은 범정부 차원의 통합적인 해외문화 홍보 체계 구축이 미흡하다는 점을 지적했다.

표 5-32 설문조사 결과: 해외홍보의 보완점 및 다른 기관과의 연계 필요성

구분		빈도(%)
해외홍보의 보완점	해외홍보 관련 기관의 업무 및 역할의 조정	11(32.4)
	해외홍보 전담 기관 육성과 민간 역량 강화	12(35.3)
	정부 각 부처의 해외홍보 관련 예산 증대	5(14.7)
	해외홍보 관련 전문인력 강화	5(14.7)
	해외 현지 수행 조직의 확산과 강화	1(2.9)
	합계	34(100)
다른 기관과의 연계 필요성	매우 아니다	0(0.0)
	아니다	0(0.0)
	보통이다	2(8.7)
	그렇다	13(56.5)
	매우 그렇다	8(34.8)
	합계	23(100)

주: 해외홍보 보완점의 경우 중복 응답이 가능한 문항이므로, 합계와 유효 표본 수가 동일하지 않음.
다른 기관과의 연계 필요성은 행정기관 종사자만 응답하는 문항이므로 유효 표본 수와 동일하지 않음.

괄하는 통합조직의 부재는 인력의 낭비로 볼 수도 있을 것 같다."

"우리나라 해외홍보 전달 체계를 구축하는 데 통합조직의 존재와 지속적인 콘텐츠 생성은 가장 중요한 원칙이라고 생각한다."

"해외홍보를 위해 하나의 통합적인 컨트롤 타워가 필요하다. 해외홍보의 문제점이라 여겨지는 콘텐츠 부족의 문제를 통합조직의 존재가 공유함으로써 해결할 수 있을 것이라 사료된다. 또한 하나의 기관에 의해 체계적으로 이루어질 때(통합조직이 있다면) 더 효율적인 해외홍보가 가능할 것이라 생각한다."

"우리나라 해외홍보 전달 체계에서 통일되고 총괄 기능을 가진 기관의 존재가 필요하다."

"2009년 발족한 국가브랜드위원회는 초기에 의욕적으로 조정의 기능이 이루어지는 것으로 보였으나, 한시적 조직이라는 점에서(또한 정권이 끝나가는 현 시점에서) 조정의 기능이 이루어지고 있는지 잘 모르겠다. 그러나 분명 해외홍보 업무를 조정하는 조직은 필요하다고 생각한다."

"우리나라 해외홍보 조직들은 다른 조직과 협조를 꺼리는 관련 부처 문화를 지니고 있으며, 많은 부처가 각자 사업을 진행하는 점이 문제이다. 또한 뭐든지 우리가 하겠다는 부처이기주의에서 비롯된 혼란은 서비스 중복의 문제로 이어진다."

마지막으로, 해외홍보 예산과 전문 인력 부족의 문제이다. 2012년도 정부 예산요구(안)을 기준으로 볼 때, 국가 전체 예산은 기금을 합해 326조 원이며, 이 중 문화체육관광 예산은 4조 4천 억으로 국가 전체 예산 요구 대비 1.3%이다. 또한 문화체육관광부 전체 예산과 해외문화홍보원의 예산을 대비해서도 1.5%에 불과하다(유재웅, 2011). 또한 전문가 심층 인터뷰를 통해서도 예산 및 인력 부족의 문제를 확인할 수 있었으며, 이는 다음과 같다.

"예산상의 제약으로 좋은 콘텐츠가 있음에도 불구하고 해외홍보 수단으로 활용하지 못하고 있다."

"특히 해외사무소의 경우 절대적으로 인력이 부족하여 직접적인 해외 언론과의 접촉이 쉽지 않다."

"해외 언론 매체와 관계를 구축하는 데 절대적인 전문 인력이 부족하며 이는 한계로 제시될 수 있다."

현재 해외홍보를 위한 활동 및 업무는 한류 및 K-Pop 등의 돌풍으로 과거의 그 어느 때보다 수요가 많으며, 양적 · 질적으로 확대되어 가고 있다. 이에 해외홍보 활동의 활성화를 막는 업무의 유사 기능 및 중복 문제, 업무의 통합 및 조정 미흡 문제, 인력 및 예산 부족의 문제 등을 시급히 해결할 필요가 있으며, 이는 다음에 제시될 해외홍보 체계의 통합전략을 통해 문제 해결의 방안을 제시하고자 한다.

그리고 홍보 채널의 다원화를 통해 접근할 수도 있고, 해외 현지의 오프라인상의 서비스센터도 필요하지만, SNS 등 온라인상의 홍보 매체를 적극적으로 활용한다면 행정자원(예산, 인력, 조직 등)의 문제를 어느 정도 해결할 수 있을 것이다.

제 2 절 해외홍보 전달 체계의 통합 방안

지금까지 논의된 우리나라 해외홍보 전달 체계의 현황 및 문제점을 통해 가장 우선적으로 고려해야 하는 것이 해외홍보 전달 체계의 통합임을 알 수 있었다.

이에 여기에서는 해외홍보 전달 체계의 통합전략 논의를 살펴본 후, 전달 체계 원칙과 통합전략 간의 논리적 계층구조를 구성하여 만든 AHP 설문조사 결과를 제시한다. 이는 해외홍보 업무와 직·간접적으로 연관된 각계 전문가를 대상으로 조사한 것으로, 분석을 통해 해외홍보 전달 체계의 문제를 해결하기 위한 방안을 도출할 수 있게 된다.

1 통합의 전략

해외홍보 전달 체계의 통합 필요성에 대한 논의는 꾸준히 지적되어 왔으며, 이는 이 연구에서도 예외는 아니다. 해외홍보 정책의 성공을 위해 서태원(1999)은 정책의 조정 기획 및 통합 기능을 담당할 기구를 구성할 것을 제안했으며, 신호창·김찬아(2000)는 One Nation, One Organization, One Voice & Multiple Tools, and One Public Relations[7]으로 구성된 통합적 해외홍보 모델 '4 Ones'를 통해 한국의 해외홍보를 통합적으로 수행할 것을 제시했다.

또한 국외 연구로 아그라노프와 파타코스(Agranoff & Pattakos, 1979)는 서비스 통합에 내한 네 가지 차원을 제시했다. 이는 1) 서비스 전달(service delivery), 2) 프로그램 연계(program linkages), 3) 정책관리(policy management), 4) 조직구조(organizational structure)이다.[8] 그 이후 카간과 네빌(Kagan & Neville, 1993)은 아그라노프와 파타코스(Agranoff & Pattakos, 1979)의 연구를 이어받아 네 가지 차원을 토대로 네 가지 통합전략을 구체화시키는 노력을 했다. 카간과 네빌(Kagan & Neville, 1993)이 제시한 네 가지 통합전략은 1) 고객중심 통합(client-centered integration), 2) 프로그램 중심 통합(program-centered integration), 3) 정책 중심 통합(policy-centered integration), 4) 조직 중심 통합(organizationally centered integration)이다. 그 이후에도 발트포겔(Waldfogel, 1997)의 연구를 통해 통합의 논의는 계

7) 해당 연구의 자세한 내용은 제2장 제4절 국가 해외PR 전략을 참고하기 바란다.

8) 첫 번째, 서비스 전달 차원에서의 통합은 고객의 다양한 니즈를 충족시키기 위해 제공자가 다양한 전략에 관여하여 많은 서비스를 제공하는 것을 말하며, 대표적으로 사례관리(case management)가 있다. 두 번째, 프로그램 연계 차원에서의 통합은 개별적인 서비스를 다양한 측면의 전달 시스템으로 연계하는 시도로 두 개 이상의 독립기관이 협력하는 수단을 말한다. 세 번째, 정책관리 차원에서의 통합은 시스템의 일관성과 책임성을 증기시키기 위해 프로그램 요소들을 통합하는 종합행정의 노력이라 할 수 있다. 정책관리의 활동으로는 니즈의 평가, 우선순위 설정, 판단, 결과 감독 등이 있다. 네 번째 조직구조 차원에서의 통합은 제시한 세 가지 차원을 지원하고 가능하게 하기 위한 정부구조의 재편이나 조직 신설을 말한다.

속되었으며, 그는 초기의 하향(top-down) 방식의 통합의 논의와 다른 상향(bottom-up) 방식으로서의 새로운 통합의 전략을 제시했다.

이에 이 연구에서는 특별히 해외홍보 체계의 통합전략으로서 카간과 네빌(Kagan & Neville, 1993: 139-157)이 제시한 네 가지 통합전략을 중심으로 검토하고자 하며, 이는 AHP 설문 구성 중 통합전략의 기초가 된다.

1) 고객 중심 통합

고객 중심 통합은 서비스 제공자와 소비자 간의 상호작용에 초점을 두는 것으로 서비스가 필요한 개개인을 서로 다른 프로그램과 연계시키는 것을 말한다. 대표적으로 사례관리(case management)를 들 수 있으며, 이는 개인 혹은 단위가 배정되는 과정으로, 서비스의 조정된 계획을 수행하고 발전시키기 위해 고객을 돕는 것이다. 즉, 사례관리는 고객이 지니고 있는 복잡한 니즈(needs)를 충족하기 위해 고객이 필요한 서비스를 받을 수 있도록 서비스 네트워크 내에서 상호작용하는 과정이라 할 수 있다.

이를 해외홍보 전달 체계의 통합전략으로 적용해 보면, 후진국과 선진국은 각기 다른 해외홍보 프로그램의 니즈를 가지고 있으므로 각각의 국가에 필요한 맞춤형 홍보 프로그램을 연계시켜 통합해야 한다는 전략을 의미한다.

2) 프로그램 중심 통합

프로그램 중심 통합은 비공식적이고 프로그램 간의 제한된 동의에서부터 공식적이고 광범위한 연계나 지속적인 연계까지 이르는 것으로, 동일 장소 배치(collocation), 정보 시스템(information system), 통합 인사(integrated staffing), 공동 사업과 기획(joint planning and programming), 재정 연계(fiscal linkages) 등이 있다.

동일 장소 배치는 프로그램 중심 통합전략 중 대표적인 것으로 서비스 제공자의 지리적 분열을 제거함으로써 프로그램을 조정하는 시도이며, 그 프로그램들을 단일 및 다목적(all-purpose) 시설로 통합하는 것을 말한다. 이때 서비스 제공자는 동일 공간에서 함께하며, 일정관리와 교통 장애를 최소화함으로써 프로그램 가시성과 서비스에 대한 고객의 접근성을 증가시킬 수 있다. 또한 동일 장소 배치는 공간과 행정 지원, 사무용품 등을 공유함으로써 간접비와 행정 비용을 절약할 수 있으며, 향상된 커뮤니케이션과 즉각적인 고객 소개(client referrals)를 위한 경로로서 잘 알려져 서비스 전달을 위한 전체적인 접근법을 수립할 수 있다. 이를 해외홍보 전달 체계의 통합전략으로 적용해 보면, 지리적으로 분산되어 있는 해외홍보 관련 행정 및 공공기관을 하나의 장소에 위치시켜 동일 공간에서 고객이 이용할 수 있도록 하는 것이다.

정보 시스템은 고객, 프로그램, 관리 이슈에 대한 데이터를 수집, 처리, 공유하기 위해 중앙 집중형 네트워크를 설립하는 것을 말한다. 이는 개선된 프로그램 관리의 서비스 통합 목적에 기여할 수 있으며, 접근성, 책무성, 서비스 역량을 증가시킬 수 있다. 일반적으로, 정보 시스템은 고객 정보와 조직 정보로 나뉘며, 전자는 서비스 전달 과정을 지원하기 위해 정보를 제공하는 것이며, 후자는 내부 운영과 조직관리 혹은 노력과 관계된 정보에 집중하는 것이다. 이를 해외홍보 전달 체계의 통합전략으로 이용하기 위해 적용해 보면, 해외홍보 업무와 관련된 기관들의 홈페이지를 서로 연계시키거나 하나의 홈페이지로 통합하여 서비스 통합에 기여할 수 있도록 하는 것이다.

통합인사는 인사관리 이슈에 관한 사항을 공동으로 결정하기 위해 프로그램들을 연결하는 것을 말한다. 이를 수행하기 위해 다섯 가지 전략을 제시할 수 있으며, 이는 1) 통합된 인사 행정, 2) 직원의 공동 사용(joint use), 3) 직원 교류, 4) 직원 동일 장소 배치, 5) 직원 출장소 등이 있다. 이러한 전략을 해외홍보 전달 체계 전략으로 적용하기 위해서는 현실적으로 어려운 측면이 있으나 해외홍보 업무를 수행하는 기관과의 좀 더 적극적인 인사 교류를 제시할 수 있다.

공동 사업과 기획은 위원회와 다른 프로그램 간의 중심부를 조정하여 수행하는 전략으로, 1) 니즈와 우선순위 평가에 대한 동의, 2) 통합 노력의 관리를 위한 가이드라인, 3) 서비스 목표를 충족시키기 위한 프로그램의 제안 등을 제시하는 것이다. 이를 해외홍보 전달 체계의 전략으로 적용하면, 해외홍보를 담당하고 있는 기관들이 공동으로 사업을 기획하여 추진하는 것을 제시할 수 있다.

재정 연계는 기금의 조정된 사용을 통해 서비스 제공자 간의 연계를 강화시키고 서비스를 확장하여, 종합 서비스 전달을 이끄는 전략이다. 재정 연계의 종류는 세 가지로 제시할 수 있으며, 이는 1) 서비스의 구입(purchase of services), 2) 공동 예산 책정(joint budgeting), 3), 공공 기금(joint funding) 등이다. 이는 해외홍보 관련 기관들끼리 예산을 공동으로 사용하는 전략으로 제시될 수 있으며, 현실적인 제약이 따를 수 있으나 유연한 예산 운영 및 종합 서비스 전달 측면에서 유용할 수 있다.

3) 정책 중심 통합

정책 중심 통합전략은 서비스 제공에서 전체적인 관점으로 정부기관을 포함하는 전략을 대표적으로 제시할 수 있다.

정부기관을 포함하는 전략은 부처간 위원회(interdepartmental boards), 정책자문위원회(policy advisory councils), 내각부처(cabinets) 및 위원회, 기관간(interagency) 태스크포스(task forces)를 포함한다. 즉, 이 전략은 해외홍보 업무와 관련된 행정 및 공공기관들로 구성되는 위원회기구를 통해 관련 정책을 조정하는 전략을 말한다. 이는 현재 우리나라에 존재하는 조정기구로서 국가브랜드위원회를 활성화시켜 해외홍보 업무를 수행하고 있는 기관 간의 활발한 조정이 이루어질 수 있도록 하는 것이다.

4) 조직 중심 통합

조직 중심 통합전략은 위에서 제시한 일련의 세 가지 전략의 수행을 용이하게 하기 위한 것으로 정부구조의 재편을 고려하는 것이다. 이는 단일의 새로운 조직을 설립하여 이전의 독립기관들을 통합하는 것으로 우리나라 해외홍보 전달 체계의 전략으로 적용하면 '청'과 같은 우산조직을 신설하여 해외홍보와 관련된 기관들을 조직적으로 통합하는 것을 말한다.

2 해외홍보 전달 체계의 통합전략 우선순위 분석

1) 설문 구성 및 변수의 정의

이 연구는 우선 해외홍보 전달 체계의 원칙을 선정하기 위해 선행 연구를 검토했다. 서비스 전달 체계의 조건 및 원칙을 제시한 선행 연구를 살펴보면, 사회복지 전달 체계를 구축할 때 기본 원칙의 중요성을 강조한 이진숙(2002)은 전달 체계 원칙으로 목표의 실현가능성, 통합성, 지속성, 효율성, 접근성, 융통성 등의 여섯 가지 원칙을 제시했다. 김신열(2004)은 전달 체계의 원칙으로 포괄성, 적절성, 통합성, 지속성, 전문성 등 다섯 가지 원칙을 제시하여 우리나라 가족 사회복지 서비스 전달 체계가 갖는 문제점과 개선 방안을 논의했다. 이 밖에도 효율적인 서비스 전달 체계를 형성하기 위한 조건을 제기한 조상미・남성희(2010)의 연구는 서비스 제공자의 측면에서 전문성, 통합성, 지속성 등을 지적했다. 이는 서비스 전달 체계가 다양한 전문지식을 바탕으로 그 전문성을 통합해야 한다는 것이며, 이에 더해 관련 서비스를 지속적으로 연계해야 한다는 점을 지적하는 것이다.

이러한 선행 연구를 바탕으로 이 연구는 해외홍보 전달 체계의 원칙으로 기능의 전문성, 고객의 맞춤성, 접근 용이성, 서비스의 포괄성 등 네 가지 원칙을 선정했다. 이는 해외홍보 전달 체계의 통합전략을 선택할 때 원칙이 되며 설문조사를 통해 가치에 대한 조사 대상자

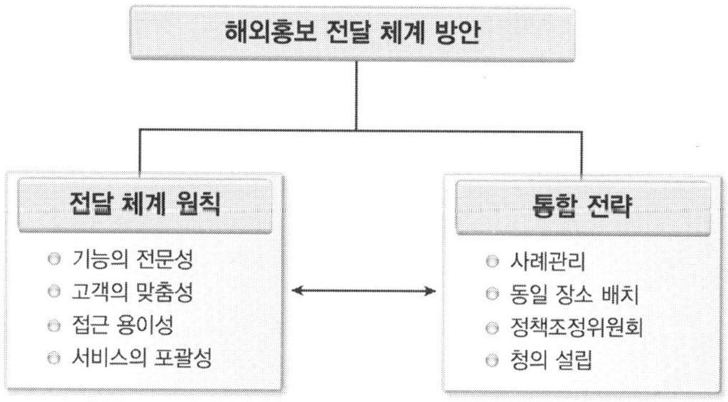

그림 5-11 계층분석(AHP)의 틀

표 5-33 설문 관련 변수의 정의

구분	변수	개념
전달 체계 원칙	기능의 전문성	서비스의 제공과 관련된 핵심 업무는 반드시 전문성이 강조되어야 함
	고객의 맞춤성	고객의 개별적인 욕구와 요구 조건을 충족시키는 데 초점을 두어야 함
	접근 용이성	고객이 접근하기 편리하게 서비스 전달 체계가 구축되어야 함
	서비스의 포괄성	고객의 다양한 욕구와 문제에 대응하기 위해 서비스는 상호 유기적으로 연결되어 제공되어야 함
통합 전략	사례 관리	후진국과 선진국은 각각 다른 니즈를 가지고 있으므로 각각의 국가에 필요한 맞춤형 홍보 프로그램을 연계시키는 전략
	동일 상소 배지	지리적으로 분산되어 있는 해외홍보 관련 행정 · 공공기관을 하나의 장소에 위치하여 동일 공간에서 이용할 수 있도록 하는 전략
	정책조정위원회	해외홍보 업무와 관련된 행정 · 공공기관들로 구성되는 위원회 기구를 통해 관련 정책을 조정하는 전략
	청의 설립	'청'과 같은 우산조직을 신설하여 해외홍보와 관련된 기관들을 조직적으로 통합하는 전략

들의 인식을 종합했다. 이러한 원칙에서 해외홍보 전달 체계의 통합전략을 선택함으로써 방안의 실효성을 높일 수 있을 것으로 판단된다.

이를 종합해 볼 때, 이 연구에서는 우리나라 해외홍보 전달 체계의 통합 방안을 위해 전달 체계의 네 가지 원칙하에서 상대적으로 어떠한 통합전략이 더 적합한지 등을 계층분석(AHP)을 통해 분석하고자 했다. [그림 5-11]은 계층분석(AHP)의 틀을 제시하고 있으며, <표 5-33>은 설문 관련 변수의 정의를 나타내고 있다. 또한 이 연구의 설문 항목은 사티(Thomas L. Saaty)가 제안하고 일반적으로 널리 활용되는 9점 척도법을 사용했다.

2) 분석 방법

이 연구는 조사 대상자들로부터 총 32부의 답변이 접수되었으나 이 중 답변 항목을 누락한 2부를 제외한 총 30부를 대상으로 AHP 분석을 실시했다. AHP 분석은 크게 두 가지로 나누어 실시했으며, 이는 전체 표본(30부)을 하나의 집단으로 분석한 경우와 4개의 집단으로 분류하여 분석한 경우로 나뉜다. 4개의 집단은 행정기관을 두 집단으로 나누었으며, 이는 문화체육관광부 및 해외문화홍보원과 산하기관 홍보 업무 담당자들의 집단(이하 문화관광부 집단)과 외교통상부 및 국제교류재단과 산하기관 홍보 업무 담당자들의 집단(이하 외교통상부 집단)으로 분류했다. 나머지 두 집단은 교수 및 연구원 집단과 국가브랜드위원회 소속 업무 담당자 집단이다. 조사 대상의 집단별 표본 수의 현황은 <표 5-34>와 같다.

두 가지 모두 마이크로소프트(Microsoft)사의 Excel 2010 프로그램을 사용하여 코드화하고 기하 평균(geometric mean)을 구한 후 가중치를 분석하여 해외홍보 전달 체계 원칙별 우선순위를 도출했다. 또한 분석 결과의 신뢰성은 일관성 지수(consistency index)를 계산함으로써 가능하며, 그 값이 0.10보다 작을 때 응답자의 설문 결과가 일관성 있게 진행되었음을 의미한다(Winston, 2008).

표 5-34 조사 대상 집단별 표본 수

구분		표본 수
행정기관	문화체육관광부 집단	10
	외교통상부 집단	8
교수 및 연구원		8
국가브랜드위원회		4
합계		30

3) 분석 결과

(1) 해외홍보 전달 체계 원칙별 가중치 분석

이 연구에서는 해외홍보 전달 체계의 통합전략을 선택할 때 이를 고려하는 원칙으로 기능의 전문성, 고객의 맞춤성, 접근 용이성, 서비스의 포괄성 등 네 가지 원칙을 선정했으며, 이 중 어느 원칙이 더 중요하다고 판단하는지에 대한 의견을 종합했다.

조사 결과, 설문에 응한 전문가들은 고객의 맞춤성(0.4531)을 가장 중요한 원칙으로 평가했고, 이어서 접근 용이성(0.2486), 기능의 전문성(0.1573), 서비스의 포괄성(0.1410) 순으로 전달 체계 원칙에 대한 우선순위를 부여했다(<표 5-35>참조). 이러한 조사 결과는 해외홍보 전달 체계를 통합할 때 기본적으로 고객의 개별적인 욕구와 요구 조건을 충족시킬 수 있도록 해야 함을 나타낸다.[9)]

표 5-35 전달 체계 원칙별 가중치 분석 결과(전체)

구분	가중치			
	기능의 전문성	고객의 맞춤성	접근 용이성	서비스의 포괄성
전체	0.1573 (3)	0.4531 (1)	0.2486 (2)	0.1410 (4)

주: 일관성 지수(0.0090), ( )는 해당 원칙의 순위임.

그런데 집단별로 나누어 살펴보면, 네 가지 전달 체계의 원칙에 대한 우선순위가 다름을 알 수 있다(<표 5-36> 참조). 특히 외교통상부 집단만이 네 가지 전달 체계 원칙 중 접근 용이성(0.3777)을 가장 중요한 원칙으로 평가했으며, 이를 제외한 나머지 집단은 모두 고객의 맞춤성을 가장 중요한 원칙으로 두고 있었다. 이는 상대적으로 다른 집단에 비해 해외파견 근무 경험이 많은 외교통상부 집단이 실제 해외홍보 활동을 할 때 겪었던 문제점이 반영된 것으로 추측된다.[10)]

---

9) 실제로 이 연구에서 실시한 설문조사에 따르면 우리나라 해외홍보의 문제로 개별 국가의 특성이 반영되지 못한 점, 현지인들의 니즈를 충분히 반영하지 못한 점, 홍보 대상 국가(국민)의 입장을 고려하지 않은 점 등이 제시되었다. 따라서 우리나라 해외홍보의 효과를 위해서는 수요자 중심의 해외홍보 전달 체계를 구축할 필요가 있다.

10) 이 연구에서 실시한 설문조사 중에서 외교통상부 집단은 우리나라 해외홍보의 문제점으로 해외홍보의 주체가 분산되어 있어 중복 등 비효율의 발생 소지가 크고 일관성 있는 홍보정책이 부재하다는 점, 대상 국가 국민들에게 직접적으로 접근할 수 있는 시스템이 부족하다는 점 등을 지적했다.

표 5-36 전달 체계 원칙별 가중치 분석 결과(4집단 비교)

구분	가중치			
	기능의 전문성	고객의 맞춤성	접근 용이성	서비스의 포괄성
문화체육관광부 집단	0.1475 (4)	0.5187 (1)	0.1836 (2)	0.1502 (3)
외교통상부 집단	0.1353 (4)	0.2968 (2)	0.3777 (1)	0.1903 (3)
교수 및 연구원	0.1248 (3)	0.4439 (1)	0.3105 (2)	0.1208 (4)
국가브랜드위원회	0.2951 (2)	0.5339 (1)	0.1029 (3)	0.0681 (4)

주: ( )는 해당 원칙의 순위임.

(2) 해외홍보 전달 체계 원칙별 통합전략 우선순위

이 연구에서 선정한 해외홍보 전달 체계의 원칙인 기능의 전문성, 고객의 맞춤성, 접근 용이성, 서비스 포괄성의 원칙에 따라 통합전략의 우선순위를 분석하면 다음과 같다.

① 기능의 전문성

해외홍보 전달 체계의 원칙 중 기능의 전문성이 중요하다는 인식에 기반을 두고 서비스 통합전략을 조사한 결과, 설문에 응한 전문가들은 사례관리(0.4140)를 가장 적합한 전략으로 판단했으며, 청의 설립(0.2692), 정책조정위원회(0.1948), 동일 장소 배치(0.1220) 순으로 통합전략에 대한 우선순위를 부여했다.

표 5-37 기능의 전문성 원칙 통합전략 우선순위(전체)

구분	통합전략			
	사례관리	동일 장소 배치	정책조정위원회	청의 설립
전체	0.4140 (1)	0.1220 (4)	0.1948 (3)	0.2692 (2)

주: 일관성 지수(0.0016), ( )는 해당 원칙의 순위임.

다음으로 집단별로 나누어 살펴보면, 문화체육관광부 집단(0.3721)과 국가브랜드위원회 업무 담당자들(0.4633)은 청의 설립을 우선순위에 두고 있는 것으로 분석되었으며, 반면 외교통상부 집단(0.4734)과 교수 및 연구원(0.5010)은 사례관리를 우선순위에 두고 있는 것으로 분석되었다.

표 5-38 기능의 전문성 원칙 통합전략 우선순위(4집단 비교)

구분	통합전략			
	사례관리	동일 장소 배치	정책조정위원회	청의 설립
문화체육관광부 집단	0.3472 (2)	0.1348 (4)	0.1459 (3)	0.3721 (1)
외교통상부집단	0.4734 (1)	0.1896 (2)	0.1728 (3)	0.1642 (4)
교수 및 연구원	0.5010 (1)	0.0770 (4)	0.2373 (2)	0.1846 (3)
국가브랜드위원회	0.2231 (3)	0.0705 (4)	0.2431 (2)	0.4633 (1)

주: ( )는 해당 원칙의 순위임.

② 고객의 맞춤성

해외홍보 전달체계의 원칙 중 고객의 맞춤성 원칙이 중요하다는 인식에 기반을 두고 통합전략을 조사한 결과, 설문에 응한 전문가들은 사례관리(0.4533)를 우선순위로 두고 있는 것으로 나타났다. 그 다음으로 청의 설립(0.2175), 정책조정위원회(0.1716), 동일 장소 배치(0.1577) 순으로 제시되었다.

표 5-39 고객의 맞춤성 원칙 통합전략 우선순위(전체)

구분	통합전략			
	사례관리	동일 장소 배치	정책조정위원회	청의 설립
전체	0.4533 (1)	0.1577 (4)	0.1716 (3)	0.2175 (2)

주: 일관성 지수(0.0055), ( )는 해당 원칙의 순위임.

집단별로 나누어 분석해 보면, 고객의 맞춤성 원칙에 기반을 두고 통합전략을 선택할 때 그 결과가 달라짐을 알 수 있다. <표 5-40>에서와 같이 국가브랜드위원회 업무 담당자들은 청의 설립(0.4616)을 우선순위로 두고 있었으나, 나머지 3개 집단은 전체 표본의 결과와 마찬가지로 사례관리를 우선순위로 두고 있었다.

표 5-40 고객의 맞춤성 원칙 통합전략 우선순위(4집단 비교)

구분	통합전략			
	사례관리	동일 장소 배치	정책조정위원회	청의 설립
문화체육관광부 집단	0.3868 (1)	0.1747 (3)	0.1034 (4)	0.3351 (2)
외교통상부 집단	0.4640 (1)	0.2656 (2)	0.1438 (3)	0.1266 (4)
교수 및 연구원	0.5827 (1)	0.0901 (4)	0.2239 (2)	0.1033 (3)
국가브랜드위원회	0.1938 (3)	0.0695 (4)	0.2751 (2)	0.4616 (1)

주: ( )는 해당 원칙의 순위임.

③ 접근 용이성

해외홍보 전달 체계의 원칙 중 접근 용이성이 중요하다는 인식에 기반을 두고 통합전략을 조사한 결과, 설문에 응한 전문가들은 사례관리(0.3124)를 우선순위에 두고 있는 것으로 분석되었으며, 그 뒤를 이어 동일 장소 배치(0.2673), 청의 설립(0.2636), 정책조정위원회(0.1566) 순으로 나타났다.

표 5-41 접근 용이성 원칙 통합전략 우선순위(전체)

구분	통합전략			
	사례관리	동일 장소 배치	정책조정위원회	청의 설립
전체	0.3124 (1)	0.2673 (2)	0.1566 (4)	0.2636 (3)

주: 일관성 지수(0.0099), ( )는 해당 원칙의 순위임.

그러나 집단별로 통합전략의 우선순위를 살펴보면, 설문조사의 결과가 다양하게 제시됨을 알 수 있다. <표 5-42>에서 보듯이, 문화체육관광부 집단과 국가브랜드위원회 업무 담당자들은 청의 설립을 우선순위로 두고 있었으나 외교통상부 집단은 사례관리(0.3677)를 우선순위로 두고 있는 것으로 나타났다. 또한 교수 및 연구원은 접근 용이성의 원칙에서 동일 장소 배치(0.3065)를 우선순위로 두고 있는 것으로 나타났다.

표 5-42 접근 용이성 원칙 통합전략 우선순위(4집단 비교)

구분	통합전략			
	사례관리	동일 장소 배치	정책조정위원회	청의 설립
문화체육관광부 집단	0.3275 (2)	0.2298 (3)	0.0949 (4)	0.3479 (1)
외교통상부 집단	0.3677 (1)	0.3264 (2)	0.1560 (3)	0.1500 (4)
교수 및 연구원	0.2692 (2)	0.3065 (1)	0.2327 (3)	0.1917 (4)
국가브랜드위원회	0.1932 (2)	0.1566 (4)	0.1830 (3)	0.4672 (1)

주: ( )는 해당 원칙의 순위임.

④ 서비스의 포괄성

해외홍보 전달 체계의 원칙 중 서비스의 포괄성 원칙이 중요하다는 인식에 기반을 두고 통합전략을 조사한 결과, 설문에 응한 전문가들은 청의 설립(0.3254)을 우선순위로 두고 있는 것으로 분석되었다. 이는 앞서 제시한 기능의 전문성, 고객의 맞춤성, 접근 용이성의 원칙이 중요하다는 인식에 기반을 두고 통합전략을 조사한 결과와 다르게 나타난 것으로 이 세 가지 원칙에서는 사례관리가 우선순위로 나타났으나 서비스 포괄성의 원칙에서는 청의 설립을 통합전략 중 우선순위로 두어야 한다고 나타났다.

표 5-43 서비스의 포괄성 원칙 통합전략 우선순위(전체)

구분	통합전략			
	사례관리	동일 장소 배치	정책조정위원회	청의 설립
전체	0.2626 (2)	0.2171 (3)	0.1948 (4)	0.3254 (1)

주: 일관성 지수(0.0058), ( )는 해당 원칙의 순위임.

그러나 집단별로 나누어 분석 결과를 살펴보면, 문화체육관광부 집단과 국가브랜드위원회 업무 담당자들은 청의 설립을 우선순위로 두어야 한다고 제시했으나, 외교통상부 집단과 교수 및 연구원은 사례관리를 우선순위로 두어야 한다고 응답했다.

표 5-44 서비스의 포괄성 원칙 통합전략 우선순위(4집단 비교)

구분	통합전략			
	사례관리	동일 장소 배치	정책조정위원회	청의 설립
문화체육관광부 집단	0.1909 (3)	0.2234 (2)	0.1396 (4)	0.4460 (1)
외교통상부 집단	0.3875 (1)	0.2251 (2)	0.1857 (4)	0.2018 (3)
교수 및 연구원	0.3208 (1)	0.2741 (2)	0.1991 (4)	0.2060 (3)
국가브랜드위원회	0.1139 (3)	0.0721 (4)	0.2798 (2)	0.5342 (1)

주: ( )는 해당 원칙의 순위임.

⑤ 종합

이상의 설문조사 결과에서 전문가들의 인식을 바탕으로 해외홍보 전달 체계 원칙에 따른 통합전략의 우선순위를 분석했다. 그 결과, 기능의 전문성, 고객의 맞춤성, 접근 용이성의 원칙이 중요하다는 인식에 기반을 두었을 때는 사례관리가 적합하다고 분석되었으나, 서비스 포괄성 원칙하에서는 청의 설립이 적합하다고 분석되었다. 이는 해외홍보 업무의 전문성, 각 개별 국가의 요구 조건 충족, 접근이 편리한 해외홍보 서비스 등을 위해서는 수요자 중심의 해외홍보 전달 체계 구축이 더 적합하며, 고객의 다양한 문제에 대응하고 상호 유기적인 서비스 연결을 위해서는 청과 같은 조직을 신설하는 것이 더 적합하다는 것을 의미한다.

또한 집단별로 해외홍보 전달 체계 원칙에 따라 통합전략의 우선순위가 차이가 있는 것으로 확인되었으나, 전반적으로 사례관리를 우선순위로 두고 있음을 알 수 있었다. 다만 특이한 점은 통합전략의 원칙에 상관 없이 국가브랜드위원회 업무 담당자들은 모두 청의 설립을 우선순위로 두고 있었으며, 외교통상부 집단은 사례관리를 우선순위로 두고 있었다. 이는 이 연구의 설문조사 결과에서 국가브랜드위원회 업무 담당자들이 우리나라 해외홍보의 문제점을 주로 해외홍보 관련 기관은 많으나 업무 협조가 이루어지지 않은 점을 제시한 반면, 외교통상부 집단은 대상 국가별 관심사에 맞춘 홍보가 부족하다는 것을 문제점으로 제시한 결과가 반영된 것으로 분석된다.

(3) 해외홍보 통합전략의 최우선순위

해외홍보 전달 체계의 원칙에 따라 최우선적으로 선호하는 통합전략을 종합하면 다음 <표 5-45>와 <표 5-46>의 결과와 같다.

즉, 설문에 응한 전체 전문가들은 해외홍보 통합전략의 우선순위로 사례관리(0.3852)를 가장 최우선 순위로 두어야 한다고 응답했다. 이 연구에서 실시한 설문조사에서도 우리나라 해외홍보는 해당 지역의 수요를 고려하지 않은 천편일률적인 홍보로 그 효과가 미비한 편이라고 지적했으며, 개별 국가의 시각이 아닌 한국의 시각이 많이 반영되어 효과가 반감되는 경우를 문제로 제시했다. 이에 우리나라 해외홍보의 통합 서비스를 구축하기 위해서는 무엇보다도 개별 국가에 맞는 맞춤형 홍보 프로그램을 연계시키는 것이 최우선이라 할 수 있다.

따라서 향후 해외홍보의 기본 축은 기존의 문화홍보를 넘어 대상국의 니즈에 적절한 홍보 콘텐츠로 대응할 필요가 있다.

표 5-45 해외홍보 통합전략의 최우선순위(전체)

구분	통합전략			
	사례관리	동일 장소 배치	정책조정위원회	청의 설립
전체	0.3852 (1)	0.1877 (3)	0.1748 (4)	0.2523 (2)

주: ( )는 해당 원칙의 순위임.

그러나 집단별로 해외홍보 통합전략의 최우선순위를 살펴보면 입장이 각기 다름을 알 수 있다. 문화체육관광부 집단과 국가브랜드위원회 업무 당당자들은 해외홍보 통합전략 중 청의 설립을 최우선순위로 두어야 한다고 응답했으나, 외교통상부 집단과 교수 및 연구원은 사례관리 전략을 우선순위로 부여하고 있는 것으로 나타났다. 이는 집단별로 해외홍보 전달 체계 원칙에 따라 통합전략의 우선순위를 분석한 결과와 비슷하게 제시된 것으로 각 조직이 지니고 있는 특싱에 따른 것으로 추측된다.[11)]

---

11) 국가브랜드위원회 조직의 경우 국가 브랜드 관련 범정부적 컨트롤 타워 기능을 수행하고 있는 만큼 해당 조직 업무 담당자들이 해외홍보 전달 체계의 난립과 관련 부처별 영역 다툼을 가장 큰 문제로 제시하는 경향이 있었으며, 이는 문화체육관광부 집단의 경우도 마찬가지였다. 반면 외교통상부 집단은 해외 파견 근무 경험의 영향을 받아 각 개별 국가에서 필요한 홍보 콘텐츠가 부족하다는 점을 가장 큰 문제로 제시했으며, 이러한 설문조사 결과가 통합전략 분석 결과에 반영된

표 5-46 해외홍보 통합전략의 최우선순위(4집단 비교)

구분	통합전략			
	사례관리	동일 장소 배치	정책조정위원회	청의 설립
문화체육관광부 집단	0.3407 (2)	0.1862 (3)	0.1135 (4)	0.3596 (1)
외교통상부 집단	0.4143 (1)	0.2705 (2)	0.1603 (3)	0.1548 (4)
교수 및 연구원	0.4435 (1)	0.1779 (3)	0.2253 (2)	0.1533 (4)
국가브랜드위원회	0.1970 (3)	0.0789 (4)	0.2565 (2)	0.4676 (1)

주: ( )는 해당 원칙의 순위임.

4) 요약 및 시사점

이상에서 전문가를 대상으로 한 심층 설문조사를 통한 인식조사를 바탕으로 해외홍보 전달 체계의 원칙 및 통합전략에 대한 우선순위를 분석했다. 분석 결과를 요약하면, 전달 체계의 원칙으로 고객의 맞춤성이 가장 중요한 것으로 확인되었다. 전문가 집단별로 전달 체계의 원칙에 따라 통합전략의 우선순위가 차이가 있는 것으로 나타났으나, 대체적으로 사례관리를 최우선적인 대안으로 선택하고 있음을 알 수 있었다.

이를 바탕으로 해외홍보 전달 체계의 구조개편에 대한 시사점을 검토하기로 한다.

첫째, 정책의 수준에서, 해외홍보 업무의 통합적 접근을 위해 정책조정 체계를 강화해야 한다. 우리나라의 경우 해외홍보 업무의 조정기구로서 국가브랜드위원회를 두고 있으나 사실상 컨트롤 타워로서 기능을 수행하고 있지 못하는 실정이다[12]. 따라서 종합적이고 일관성 있는 해외홍보를 추진할 수 있도록 국가브랜드위원회의 역할을 재정립할 필요가 있으

것으로 분석된다.

12) 이와 관련된 문제는 이 연구에서 실시한 설문조사를 통해 명확히 확인할 수 있다. 설문 대상자들은 우리나라 해외홍보의 조정 체계에 대한 생각을 다음과 같이 밝히고 있었다. '해외홍보 업무와 관련된 조직을 총체적으로 총괄 및 조정하고 운영할 수 있는 기구가 부재하다.' '추진기구의 분산으로 효과 추진이 미흡하다.' '관계 기관이 많으나 컨트롤 타워가 존재하지 않아 효과적인 콘텐츠 제공이 원활하지 못하다.' '홍보 주체가 분산되어 있다.' '여러 기관에서 해외홍보 일을 담당하고 있으며, 컨트롤 타워라는 말이 많이 사용되고 있는데 조정하고 있는 곳이 없다.' 이러한 의견들은 국가브랜드위원회가 조정기구로서의 역할을 충분히 수행하고 있지 못하다는 것을 나타낸다.

며, 유관 기관 간의 사업 조정 및 협의의 역할을 강화하도록 해야 할 것이다. 이명박 행정부의 초기에는 국가브랜드위원회의 기능과 역할이 가시적이었으나, 임기 후반에 들어서면서 한시조직의 성격으로 최근 다소 위축된 것으로 판단된다. 최소한 국가브랜드위원회에서 유관 부처의 해외홍보 사업의 정보 제공의 정책 수단을 가지고 중복사업의 정리가 필요하고, 나아가 해외홍보의 국가전략적 차원에서 종합적인 목표와 비전을 설정하고, 유관 기업의 사업들을 유기적으로 연계·조정할 수 있는 추진 체계를 갖추는 개선이 필요하다. 이를 위해 현행 대통령자문위원회 기구의 위상을 유지하면서, 소수의 자체사업의 집행적 관심보다는 유관 기관의 해외홍보 사업을 종합적으로 전략적으로 심의, 조정할 수 있는 권한을 강화하는 조치가 요구된다. 예를 들면, 해외홍보에 관련된 유관기관에 공통적인 전략적 기획과 성과목표를 설정하고, 해외홍보에 관련된 예산을 총괄적으로 배정받아, 이를 국가브랜드위원회가 중심이 되어 유관 기관 간 사업과 예산 배정을 심의하는 과정을 통해 국가브랜드위원회의 사업·서비스의 통합적 역량을 제고할 수 있을 것이다.

둘째, 사업의 수준에서, 해외홍보 업무와 관련된 기능을 수행하는 유관 기관들은 자신의 전문 영역에서 다양한 해외홍보 사업을 중심으로 개발하고, 공급자 중심이 아닌 소비자 중심의 관점에서 개별 국가가 요구하고 있는 흥미로운 맞춤형 홍보 콘텐츠 제공에 관심을 두어야 한다. 이 연구에서 실시한 심층 인터뷰 및 설문조사에 따르면 우리나라 해외홍보의 가장 큰 문제점 중 하나로 수요자 중심의 홍보 콘텐츠가 부족하다는 점을 지적했다. 이는 해외홍보 전달 체계의 통합전략으로 사례관리를 최적으로 선택한 분석 결과와 일치한다.

우리나라 정부조직의 역사적인 맥락에서 해외홍보 기능에 관한 주무기관은 문화체육관광부의 해외문화홍보원으로 볼 수 있다. 동시에, 최근 소프트 파워의 공공외교 개념의 확산으로 외교통상부가 해외홍보에 대한 관심이 제고되고 있다. 상대적으로 전자는 장기적인 관점에서 문화홍보 중심으로 접근하고, 후자는 단기적인 관점에서 국정홍보 중심으로 접근하는 경향이 있을 것으로 생각된다. 이러한 해외홍보 기능의 유관 기능을 청(廳)과 같은 중앙행정기구로 통합하는 대안을 검토할 수 있을 것이다. 실제 국가브랜드위원회와 해외문화홍보원의 실무자들이 선호하는 대안이기도 하다. 그러나 해외홍보의 통합기구인 청이 모든 맞춤형 홍보 콘텐츠를 관장한다는 것은 사실상 효과적이지 못하다. 이에 해외홍보 업무에 관여하고 있는 각 행정기관은 기관별 역점 프로그램 및 사업을 중심으로 맞춤형 해외홍보 콘텐츠 생산에 주력해야 한다. 따라서 독자적인 청을 설립하는 대안은 앞의 분석 결과에서 최고의 해외홍보의 원칙인 고객 맞춤성과 최적의 통합 대안인 사례관리에 효율적으로 대응하는 데 한계가 있다. 선진국과 후진국의 해외홍보 수요의 차이, 그리고 개별 국가의 다양한 해외홍보 콘텐츠 수요에 효율적으로 대응하기 위해서는 단일기구 중심의 집권적 구조보다는 다양한 기구들의 분산형 구조가 효과적이다. 즉, 각 중앙행정기관들의 전문적 영역에서 해외홍보의 다양한 콘텐츠가 발굴되어 전달될 필요가 있는 분산형 체제가 요구된다.

셋째, 서비스의 수준에서, 해외홍보의 서비스 전달 창구의 일원화가 요구된다. 지리적 부서화 기준에 따라, 국내에서는 해외문화홍보원이 중심이 되고, 해외에서는 전 세계적으로 대사관 인프라를 가지고 외교통상부와 협력하여 통합적 해외홍보 서비스 창구를 강화할 필요가 있다. 이러한 맥락에서 현재 추진 중인 코리아센터(Korea Center)의 확산이 향후 더욱 요구된다. 이 경우, 현행 해외문화홍보원은 문화홍보 중심을 넘어 정책홍보 등 해외홍보의 범위를 더욱 확대할 필요가 있다. 직제에 따라 해외문화홍보원의 경우 정책홍보도 수행하고 있으나 여전히 문화홍보 중심의 해외홍보에 집중하고 있다는 인상을 심어주고 있다. 설문조사 결과에서 알 수 있듯이, 우리나라 해외홍보 전달 체계에서 가장 고려해야 할 점은 각 개별 국가에 적합한 맞춤형 홍보 프로그램을 연계시키는 것이다. 그런데 현행 해외홍보의 방식은 공급자 중심의 문화홍보 중심에 치우쳐 있어 다양한 정책홍보를 필요로 하는 국가들에 적절히 대응하지 못하고 있는 실정이다. 특히 이에 보다 큰 차원에서 문화홍보뿐만 아니라 정책홍보를 그려나갈 수 있도록 전통적인 주무기관으로서 해외문화홍보원의 역할과 업무 영역을 넓히는 노력이 요구된다.

제 6 장 결론 및 제안

제6장 결론 및 제안

세계화의 국제환경 변화에 따라 대한민국의 국제적 이미지와 브랜드는 대단히 중요해지고 있으며, 국가경쟁력의 측면에서 국가 브랜드의 체계적 관리는 중요한 이슈가 되었다. 이에 이명박 행정부는 대통령자문위원회 기구로 국가브랜드위원회를 신설하는 등 국가 브랜드 관리에 대한 관심을 제고했다. 그럼에도 불구하고 여전히 대한민국의 국가 브랜드 관리는 체계적이지 못한 것으로 지적되고 있다.

이에 이 연구는 우리나라 국가 브랜드를 제고하기 위해 해외홍보의 전략과 내용을 연구하고 전달 체계의 개선을 모색했다. 아래에서는 이 연구의 각 장에서 검토하고 분석한 내용에 대해 간략하게 살펴보기로 한다.

먼저, 이론적으로 제2장에서는 이 연구의 기본 방향이 되는 해외홍보의 의의와 전략에 대해 살펴보았다.

첫째, 해외홍보란 국가의 행정, 정책, 제도를 중심으로 관련된 각종 정보와 발전 내용들을 대외적으로 홍보, 전달, 전파하고 이에 대한 반응성과 수용성을 측정하여 국가 브랜드화 전략에 적극적으로 반영하도록 하는 일련의 순환적 커뮤니케이션 활동을 말한다. 또한 이 장에서는 정책홍보와 해외홍보의 정의를 바탕으로 정부 해외홍보의 정의를 살펴보았다. 정부 해외홍보란 한 국가의 정부가 국내외 거주 해외 공중을 대상으로 국가의 정체성, 국가 정책 및 서비스, 국제 외교적 이슈들, 다양한 문화 및 조직 등에 대한 정보 교류 및 이해 제고를 통해 한 국가의 이미지와 평판을 국제사회에서 제고함으로써 국제사회에서의 국가 위상 강화, 신뢰성 제고, 정치적·경제적 지지 획득 등을 목적으로 하는 커뮤니케이션 활동이라고 정의내릴 수 있다. PR의 다양한 영역 가운데 해외홍보에 대한 이론적 배경으로 지구촌 사회이론, 비교경영이론, 커뮤니케이션이론, 그리고 문화이론 등에 대한 고려가 있어 왔다. 이 가운데 많은 학자는 문화적 차이를 고려한 해외홍보 커뮤니케이션의 중요성을 강조한다. 기존 이론들은 해외홍보에 대한 폭넓은 이해를 도모하는 데 도움을 준 반면 현실적이고 실용적인 분석이나 제언에 도움을 주지는 못한다고 본다. 가령, 각 나라의 문화적 차이를 반영해 그에 맞는 해외홍보 활동을 해야 한다는 당위적 제언에는 도움이 되지만 구체적으로 어떻게 문화적 차이를 규명하고 그에 맞는 커뮤니케이션 전략과 실행 과정은 어떤 식으로 되어야 하는지에 대한 구체적 실천 방안에 대한 제언을 제시해 주기에는 미흡한 감이 없지 않다.

이에 이 연구는 구체적인 PR전략과 전술을 도출하는 데 도움을 줄 수 있는 이론적 배경인 사회 마케팅 관점을 연구의 틀로 삼았으며, 이 연구에서는 국가 해외홍보 기획 과정 및 전략을 각 구성 요소별로 제안했다. 이는 1) 상황분석 및 문제점 도출, 2) 공중분석, 3) 목표설정, 4) 커뮤니케이션 전략 및 전술 고안, 5) 채널전략, 6) 효과평가 등의 과정이다.

상황분석은 조직이 속한 내적, 외적 환경 요인에 대한 전반적 분석, 환경 변화에 대한 모니터링 및 트렌드 변화 예측 등을 통해 조직이 당면한 문제점을 발견하고 문제의 원인을 정확하게 진단하는 과정을 의미한다. 심층 인터뷰 결과, 컨트롤 타워로서의 기능을 할 수 있는 해외홍보 통합 기구의 부재가 문제로 지적되었다. 통합 및 조정 기구의 부재는 국내홍보 담당자와 해외홍보 담당자 간의 소통 체계의 미흡함에 대한 원인으로도 제시되었다.

둘째, 장기적 PR전략의 부재이다. 산발적이고 분산된 정책의 추진은 구조화된 정책 메커니즘의 부재를 불러왔다. 이러한 해외홍보 정책에 대한 합리적인 의사결정 구조의 부재는 외형적 실적에만 치중하게 하는 결과를 낳았고, 단기적인 이벤트성 정책을 양산하게 되었다. 이러한 과정 속에서 세계 속에서의 한국의 고유한 정체성, 이미지, 핵심 메시지, 그리고 통합적이고 장기적인 접근 전략에 대한 정부부처 및 국민들 간의 합의마저 이루어지지 않고 있다.

셋째, 정부와 민간의 협력이 미약하다. 정부부처 내에서의 역할 조정 및 통합적 목표 수행이 정리되지 않고 있기 때문에 민간 차원의 역할과 기능에 대한 전략적 연계 역시 이루어지기 어렵다. 마지막으로 홍보 인원 및 예산의 부족을 들 수 있다.

공중은 조직과 이해 관계를 갖는 사람들로 조직과 관련된 이슈에 관심을 갖고 있거나 자신의 의견을 표출, 행동하는 집단을 의미한다. 해외홍보를 위한 공중 분류 기준으로는 사회문화적 요인을 고려하는 것이 바람직하며, 목표로 하는 국가들을 중요도 순서에 따라 우선순위를 정하고 중요 국가의 국민, 정부, 기업들이 원하는 내용을 홍보하는 방식을 취해야 한다. 심층 인터뷰를 통해 해외 공중의 욕구에 대한 문의를 한 결과, 한국 문화에 대한 소개와 교류도 중요하게 제시되었지만 한국의 정책에 대한 정보, 통계, 정책에 대한 배경 자료 등에 대한 요구, 해당 국가에는 없는 제도나 문화에 대한 정보, 우리나라의 선진적인 IT 인프라 영역, 교육제도, 최근의 세계 경제 불황 극복 방법 등 한국의 정책이나 외교 상황에 대한 관심과 문의가 많음을 알 수 있다. 이는 문화홍보 차원에서 정책홍보 차원으로의 변화가 필요함을 말해 주고 있다.

전략은 '목표를 어떻게 달성할 것인가'이며, 전술은 '이 목표를 달성하기 위해 무엇을 할 것인가'를 의미한다.

해외PR 전략의 문제로는 '전략의 통합'이 제안되었다. 한국의 국가 브랜드 구축이라는 일원화된 목표 아래 여러 홍보 관련 정부기구와 가능한 민간 기구들에게 전략적 지시와 평가를 해야 한다. 또한 글로벌 PR와 로컬 PR의 균형 잡힌 접근법이 필요하다. 국가 간 문화와 언어의 차이, 규제환경, 정치, 경제제도, 대중매체, 그 외 현지의 여러 요인 때문에 로컬과 글로벌 특성을 유지하는 동시에 이러한 요인을 고려한 PR 전략이 필요하다. 글로벌 기능과 현지 전략의 조화가 중요하다.

PR 채널 선략 및 전술은 다양한 온라인, 오프라인 매체를 활용하는 것이 좋은데, 특히 부정적 해외 언론에 대응할 수 있는 언론 전문가의 양성이 제안되었다. 또한 언론 활동과 현지 인사의 접촉이 매우 중요함을 강조했다. 즉, 해당 국가의 TV나 신문과 같은 전통 매체, SNS 이용보다도 1대1 면대면 커뮤니케이션을 통한 현지 네트워크 구축이 필요하다는 지적이다. 특히 국가 외교 쟁점이나 위기관리 차원에서는 매스미디어보다는 기자들과의 개인적 네트워크 구축 및 현지 외교 인력과의 관계 구축이 더 효과적일 수 있기 때문이다. 해외PR 채널 전략 및 실행에서 가장 어려운 부분은 잦은 인사 이동, 해당 국가 언어 장벽 및 예산 부족으로 인해 해외 언론 매체 기자들과의 원활한 미디어 관계(media relations) 활동이 이루어지지 못하고 있는 점이다.

마지막으로, 효과적이고 현실적인 PR 평가 시스템을 구축하기 위해서는 효과 측정 방법과 절차의 문제를 수정해야 한다는 지적이 많았다. 장기적 · 단기적 PR 효과 평가의 구분, 양적 · 질적 효과 평가의 구분, 부처별 업무 특성을 반영한 PR 효과 측정 방법 등이 필요하다는 의견이 제기되었다.

외국 사례로 제3장에서는 미국과 영국을 중심으로 해외 선진국의 해외홍보 체계를 조사했다. 미국의 경우 1999년 해외홍보처 폐지 이후, 국무부 중심의 해외홍보 체계를 구축하고 있다. 해외홍보 프로그램은 국무부 해외홍보국에서 담당하고 있으며, 교육 및 문화 교류 프로그램은 국무부 교육문화국에서 담당하며, 해외 방송과 관련해서는 독립기관인 방송위원회에서 담당한다. 이에 반해 영국의 경우 비정부기구를 중심으로 해외홍보 체계를 구축하고 있다. 비록 영국 외교부가 공공외교 활동에 관여하고는 있지만, 그 범위가 제한적이고 실질적인 해외홍보 활동은 영국문화원이 담당하며, 해외 방송은 BBC 월드서비스가 담당하고 있다. 미국과 영국의 사례를 통해 다음과 같은 시사점을 도출할 수 있다.

첫째, 해외홍보 체계에서 미국과 영국은 대조된 추진 체계를 구축하고 있는데, 각각 장단점이 존재하는 만큼, 한국의 실정에 적합한 추진 체계 구축이 요구된다. 미국처럼 외교부처가 중심이 되는 체계는 해외홍보 활동이 공공외교의 일환으로 전통적인 외교활동과 조정되면서 이루어질 수 있는 장점이 있다. 반면, 그 성과가 장기적으로 나타나는 해외홍보 활동의 경우 장기적인 전략이 필요한데, 해외홍보 활동이 단기적 외교활동 및 정치적인 국제 관계의 영향을 받을 가능성이 있고, 이는 해외홍보 및 교류활동에 대한 신뢰도를 저하시킬 수 있다는 단점이 있다. 영국처럼 운영상의 독립성이 있는 비정부기관 형태의 해외홍보 활동은 장기적인 관점에서 전략적으로 접근이 가능하고, 정치적인 개입이 제한되어 대외 신뢰도 제고에 기여할 수 있는 장점이 있는 반면, 전통적인 외교 채널을 활용한 적극적인 사업 추진이 불가능하다는 단점이 있다.

둘째, 해외홍보 활동의 대상을 전략적으로 타깃팅하여, 선택과 집중을 통한 해외홍보 활동 효과의 극대화를 모색할 필요가 있다. 미국과 영국 모두 국제 관계의 역사적 흐름 속에서 국가 이미지를 제고하고, 자국의 이익을 극대화할 수 있는 해외홍보 활동 대상을 전략적으로 선택하여 적극적으로 해외홍보 활동을 전개하고 있다. 9·11 테러 이후 미국은 아랍권 국가에 초점을 두고 있으며, 영국 또한 유럽연합 이후 유럽에서 아랍 및 아프리카 국가에 초점을 두고 있다.

셋째, 해외홍보의 수단으로 해외 방송과 인터넷을 적극적으로 활용할 필요가 있다. 미국과 영국, 모두 효과적인 해외홍보 활동을 위해 방송 서비스에 적극적으로 투자하고 있다. 또한, 해외홍보 수단으로 인터넷을 적극적으로 활용하여 정보화 흐름에 적극적으로 대응하고 있다. 최근에는 팟캐스트 및 소셜 미디어 등을 통해서도 해외홍보 활동을 추진하고 있다.

넷째, 교육 및 문화 등 다른 분야의 교류활동과 연계된 홍보활동 방식이 모색되어야 한다. 미국과 영국의 경우, 직접적인 해외홍보 활동 외에 교육 및 문화 교류 프로그램을 통한 간접적인 해외홍보 활동을 적극적으로 추진하고 있다. 미국의 경우 다양한 교육 교류 프로그램을 개발 및 지원하고 있으며, 영국은 언어교육을 주요 수단으로 활용하고 있다. 이는 장기적으로 국제사회에서 미국에 대한 긍정적인 이미지를 제고하는 데 기여할 수 있으며,

직접적으로는 외국의 차세대 리더들에게 미국에 대한 긍정적인 이미지를 심어줄 수 있는 계기가 될 수 있다.

제4장에서는 문화홍보 중심의 해외홍보 접근 방식에서의 문제점을 지적하면서 다음과 같은 해외홍보 전략적 접근 방법을 제안했다. 우리나라의 문화홍보 중심의 근본적인 문제점으로는 첫째, 대한민국이라는 국가의 전체적인 이미지와 브랜드를 전달하는 데 한계가 있다는 점이다.

둘째, 해외 지역 특성에 따른 문화 홍보전략이 아닌 홍보 용이성, 경비 절약 등에 입각한 천편일률적인 홍보를 시행하고 있다는 지적이다.

셋째, 홍보 콘텐츠의 다양성 측면에서 유형, 무형의 문화 중심의 홍보가 장기적으로 한국 특유의 정책, 정치 자산들에 대한 홍보 기회를 잃는 비균형적 홍보전략 발생 등의 부작용이 있을 수 있다는 지적이다.

이에 따라 다음과 같은 네 가지 해외홍보의 전략적 접근 방법을 제안했다. 첫째, 문서화 및 모듈화 사업을 통한 정책・행정홍보이다. 둘째, 공공외교 및 공공정책 관련 포럼 주최를 통한 정책・행정홍보이다. 셋째, ODA와 KSP사업을 통한 정책・행정홍보이다. 마지막으로 교육사업을 통한 정책/행정홍보를 제안했다.

제5장에서는 우리나라 해외홍보 전달 체계의 현황을 분석함으로써 12개 행정기관이 직・간접적으로 해외홍보 업무에 관여하고 있음을 알 수 있었다. 이로 인해 해외홍보의 전달 체계 문제는 크게 세 가지 문제가 존재한다는 것을 제시했다. 이는 1) 해외홍보 업무의 유사 기능 및 중복의 문제, 2) 업무의 통합 및 조정 미흡의 문제, 3) 해외홍보 예산과 전문 인력 부족의 문제이다. 이러한 문제를 해결하기 위해 해외홍보 체계의 네 가지 통합전략(사례관리, 동일 장소 배치, 정책조정위원회, 청의 설립)을 제안함으로써 방안을 모색하고자 했다. 특히 전문가를 대상으로 한 AHP 분석 결과 해외홍보 통합전략의 최우선순위로 사례관리전략이 선정되었으며, 이는 후진국과 선진국에 각각 필요한 맞춤형 홍보 프로그램을 연계시키는 전략을 말한다. 그러나 집단별로 해외홍보 통합전략의 최우선순위의 입장은 각기 다른 것으로 나타났다. 문화관광체육부 집단과 국가브랜드위원회 업무 당담자들은 해외홍보 통합전략 중 청의 설립을 최우선순위로 선정했는데, 이는 우산조직을 신설하여 해외홍보와 관련된 기관들을 조직적으로 통합하는 전략이다. 반면, 외교통상부 집단과 교수 및 연구원은 사례관리 전략을 최우선순위로 선정한 것으로 나타났다. 또한 전문가 집단별로 전달 체계의 원칙에 따라 통합전략의 우선순위가 차이가 있는 것으로 나타났으나, 대체적으로 사례관리를 최우선적인 대안으로 선택하고 있음을 알 수 있었다.

이에 이 연구는 해외홍보 전달 체계의 구조 개편에 대한 시사점을 다음과 같이 검토하기로 한다.

첫째, 정책의 수준에서 해외홍보 업무의 통합적 접근을 위해 정책 조정 체계를 강화해야 한다. 우리나라의 경우 국가브랜드위원회가 사실상 컨트롤 타워로서 기능을 수행하고 있지 못하는 실정이다. 이에 종합적이고 일관성 있는 해외홍보를 추진할 수 있도록 국가브랜드위원회의 역할을 재정립할 필요가 있으며, 유관 기관 간의 사업 조정 및 협의의 역할을 강화하도록 해야 할 것이다. 이명박 행정부의 초기에는 국가브랜드위원회의 기능과 역할이 가시적이었으나, 임기 후반에 들어서면서 한시 조직의 성격으로 최근 다소 위축된 것으로 판단된다. 최소한 국가브랜드위원회에서 유관 부처의 해외홍보 사업의 정보 제공의 정책 수단을 가지고 중복사업의 정리가 필요하고, 나아가 해외홍보의 국가전략적 차원에서 종합적인 목표와 비전을 설정하고, 유관 기업의 사업들을 유기적으로 연계·조정할 수 있는 추진 체계를 갖추는 개선이 필요하다. 이를 위해 현행 대통령자문위원회 기구의 위상을 유지하면서, 소수의 자체사업의 집행적 관심보다는 유관 기관의 해외홍보 사업을 종합적으로 전략적으로 심의, 조정할 수 있는 권한을 강화하는 조치가 요구된다.

둘째, 사업의 수준에서, 해외홍보 업무와 관련된 기능을 수행하는 유관 기관들은 자신의 전문 영역에서 다양한 해외홍보 사업을 중심으로 개발하고, 공급자 중심이 아닌 소비자 중심의 관점에서 개별 국가가 요구하고 있는 흥미로운 맞춤형 홍보 콘텐츠 제공에 관심을 두어야 한다. 우리나라 정부조직의 역사적인 맥락에서 살펴볼 때 상대적으로 해외문화홍보원은 장기적인 관점에서 문화홍보 중심으로 접근하고, 외교통상부가 단기적인 관점에서 국정홍보 중심으로 접근하는 경향이 있을 것으로 생각된다. 이러한 해외홍보 기능의 유관 기능을 청(廳)과 같은 중앙행정기구로 통합하는 대안을 검토할 수 있을 것이다. 그러나 청이 모든 맞춤형 홍보 콘텐츠를 관장한다는 것은 사실상 효과적이지 못하므로, 해외홍보 업무에 관여하고 있는 각 행정기관은 기관별 역점 프로그램 및 사업을 중심으로 맞춤형 해외홍보 콘텐츠 생산에 주력해야 한다. 따라서 독자적인 청을 설립하는 대안은 앞의 분석 결과에서 최고의 해외홍보 원칙인 고객 맞춤성과 최적의 통합 대안인 사례관리에 효율적으로 대응하는 데 한계가 있다. 선진국과 후진국의 해외홍보 수요의 차이, 그리고 개별 국가들의 다양한 해외홍보 콘텐츠 수요에 효율적으로 대응하기 위해서는 단일 기구 중심의 집권적 구조보다는 다양한 기구들의 분산형 구조가 효과적이다. 즉, 각 중앙행정기관의 전문적 영역에서 해외홍보의 다양한 콘텐츠가 발굴되어 전달될 필요가 있는 분산형 체제가 요구된다.

셋째, 서비스의 수준에서 해외홍보의 서비스 전달 창구의 일원화가 요구된다. 지리적 부서화 기준에 따라, 국내에서는 해외문화홍보원이 중심이 되고, 해외에서는 전 세계적으로 대사관 인프라를 가지고 외교통상부와 협력하여 통합적 해외홍보 서비스 창구를 강화할 필요가 있다. 이러한 맥락에서 현재 추진 중인 코리아센터(Korea Center)의 확산이 향후 더욱 요구된다. 이 경우, 현행 해외문화홍보원은 여전히 문화홍보 중심의 해외홍보에 집중하고 있다는 인상을 심어주고 있으므로, 문화홍보 중심을 넘어 정책홍보 등 해외홍보의 범위를 확대할 필요가 있다. 설문조사 결과에서 알 수 있듯이, 우리나라 해외홍보 전달 체계에서 가장 고려해야 할 점은 각 개별 국가에 적합한 맞춤형 홍보 프로그램을 연계시키는 것이다. 그런데 현행 해외홍보의 방식은 공급자 중심의 문화홍보 중심에 치우쳐 있어 다양한 정책홍보를 필요로 하는 국가들에 적절히 대응하지 못하고 있는 실정이다. 특히 이에 좀 더 큰 차원에서 문화홍보뿐만 아니라 정책홍보를 그려나갈 수 있도록 전통적인 주무기관으로서 해외문화홍보원의 역할과 업무 영역을 넓히는 노력이 요구된다. 이러한 노력을 통해 해외홍보활동이 활발히 진행되기를 바라며, 이 연구의 분석 결과와 그에 따른 제안이 일조가 되어 궁극적으로 우리나라의 국제적 위상이 제고되기를 기대한다.

부 록

- **부록:** 1 해외홍보 업무 전문가 심층 인터뷰
- **부록:** 2 우리나라 정부의 해외홍보 체계 발전 방안을 위한 설문지

〈부록 1〉

해외홍보 업무 전문가 심층 인터뷰

인터뷰 기간	2012년 9월 4일~2012년 9월 12일
시행 인원	총 4명 - 해외문화홍보원 소속 직원 - 한국국제교류재단 소속 직원 - 국가브랜드위원회 소속 위원 - 외교통상부 소속 직원
인터뷰 목적	해외홍보의 상황분석, 문제점, 공중 니즈 파악, 채널, 효과평가, 내용 및 개선안, 전달 체계 등에 관한 의견 조사

이 인터뷰 내용은 연구진의 의견이 아닌,
인터뷰 대상자가 제안한 내용임.

<인터뷰 1>

Ⅰ. 상황분석 및 문제점 발견

1. 귀하는 현재 우리나라의 해외홍보를 위한 활동이나 사업에 대해 전반적으로 어떻게 생각하십니까?

해외문화홍보원의 경우를 생각해 보면 문화홍보뿐만 아니라 정책홍보도 진행하고 있음(실제로 정부조직법상 한국 문화의 해외홍보와 국가 이미지 제고에 관한 사무를 담당하며 '국가 이미지 제고'라는 말에 정책홍보의 개념이 들어가 있는 것임). 이뿐만 아니라 YS 이전 정부까지만 해도 정부의 정통성 때문에 정권 홍보도 했고, 남북 관계와 관련해서는 통일정책에 관한 홍보도 진행하는 등 종합 홍보를 하고 있다고 생각함.

지금은 과거에 비해 정책홍보가 약화되긴 했지만 특정 홍보를 하기보다는 국가 이미지 차원에서 총괄 홍보를 하고 있음. 중요한 것은 홍보의 개념에 '문화'라는 개념이 기본적으로 들어가야 한다는 것임.

2. 우리나라의 해외홍보 문제점은 무엇이라고 생각하십니까?

외교부와 관계를 생각해 볼 때 현재 외교부는 해외에서 이루어지는 모든 것을 관여하려고 하고 있음. 문화의 경우도 해외에서 이루어지는 것은 문화외교라 지칭하여 외교부가 관여하고자 함. 이때 업무적으로 충돌되는 것이 있으며 외교부에서 한류를 빌미로 해외에서 일어나는 모든 교류 행사까지도 문화외교로 보거나 더 넓게는 공공외교로 봄.

또한 19대 국회가 들어서면서 문화외교에 관한 특별법이 발의되고 있는데 이 법의 핵심은 국제문화 교류도 공공외교의 하나라는 것임. 이 때문에 문화에 관한 모든 콘텐츠를 가지고 있는 문화부와 외교부와의 갈등이 발생하고 있음. 국제문화 교류를 외교적인 행위로 풀어내려고 한다는 자체가 문화를 당연히 후순위로 생각한다는 것이며, 결과적으로 문화의 개념은 축소될 것임.

물론 업무와 관련하여 외교부와의 협의는 있을 수 있겠으나 국제 문화 행사를 진행하다 보면 갈등의 소지는 많음. 사실 이 연구와 관련하여 생각해 볼 때 해외홍보 체계가 산발적으로 이루어지고 있다는 것도 문제임.

3-1. 해외홍보 관련하여 현재 일하고 계신 조직의 강점은 무엇이라고 생각하십니까?

해외문화홍보원은 역사가 깊은 기관으로 전문성과 노하우 그리고 경험이 풍부함. 문화홍보뿐만 아니라 정책홍보도 굉장히 많이 하고 있으며, 다양한 홍보 콘텐츠를 만들어 내고 풍부한 데이터베이스를 확보하고 있음.

3-2. 해외홍보 관련하여 현재 일하고 계신 조직의 약점은 무엇이라고 생각하십니까?

체계라고 할 수 있음. 개인적인 생각으로는 국가브랜드위원회 사무국 기능을 해외문화홍보원이 했으면 좋았을 것이라는 점임. 국가브랜드위원회가 생기기 전에는 해외홍보 관련 18개 부처 담당자들을 소집하여 해외문화홍보원 원장이 직접 사업 중복에 관한 것을 논의하여 직접 조정했지만 현재는 그렇게 하지 못하고 있으며, 국가브랜드위원회에서도 이전만큼 세세하게 하지는 못할 것이라고 생각함.

4. 해외홍보를 기획 및 실행하는 데 외국 현지에서의 어려움이 있다면 무엇입니까?

한류의 돌풍이 이루어지고 있는 현재는 그 어느 때보다도 해외홍보의 수요가 많기 때문에 사실 어려움은 없음. 오히려 국가 위상이 굉장히 올라갔기 때문에 '기회'라고 생각함.

5. 다른 나라의 해외홍보 시스템이나 기획 및 아이디어 등 벤치마킹할 수 있는 점이 있다면 무엇이 있다고 생각하십니까?

미국의 사례를 들고 싶은데, 지금은 없어졌지만 예전에 USIA(United States Information Service)가 있었음. 원래는 독립적인 기관이었으며, 우리나라도 옛날 USIA 정도의 수준을 가지고 있어야 한다고 생각함.

이와 관련하여 기관의 공식적인 입장은 아니지만 개인적으로 해외문화홍보원이 해외홍보청이 되어야 한다고 봄. 즉, 미국의 USIA처럼 독립적인 기관이 되었으면 하는 바람이며, 덧붙여 위상, 조직, 인력, 예산 등의 대폭적인 확대가 필요함.

6. 해외 정부, 해외 미디어, 해외 공중이 생각하는 우리나라에 대한 이미지는 무엇인가요? 외국인들이 'Korea'를 들으면 가장 먼저 떠올리는 단어는 무엇인가요?

이는 굉장히 복합적인데 중남미는 K-Pop, 유럽은 한국전쟁, 축구를 좋아하는 국가는 월드컵, 이 밖에도 서울올림픽 등이 있을 것 같음. 또한 K-Pop의 관심으로 유학을 온 유학생들의 경우 한국 음식에 매료되는 경우도 있음.

Ⅱ. 공중 니즈 파악

1. 그동안 일하면서 접촉했던 외국 정부나 해외 기관들이 선호하거나 필요로 했던 홍보 영역, 홍보 콘텐츠, 또는 정책 서비스는 무엇이라고 생각하십니까?

2. 해외 미디어나 해외 공중의 반응이 좋았던 콘텐츠, 행사, 정책 서비스 등이 있었습니까?

2-1. 그 이유는 무엇이라고 생각하시는지요?

예를 들어, 이번 런던올림픽 기간 중에 문화 행사를 개최한 적이 있었음. 런던에서 한국 문화 페스티벌을 100일 동안 개최했는데 '오색찬란'이라는 주제를 가지고 공연, 전시 등을 진행함.

3. 해외 미디어나 해외 공중의 반응이 별로 좋지 않았던 콘텐츠, 행사, 정책 서비스 등이 있었습니까?

3-1. 그 이유는 무엇이라고 생각하시는지요?

반응이 별로 좋지 않았던 것은 잘 생각나지 않지만 예산의 문제 등으로 다른 국가(예를 들어 중국)와 비교되는 것은 사실임.

Ⅲ. 해외홍보의 채널

1. 해외 현지 홍보 시 주로 활용하는 채널이나 미디어는 무엇입니까?

1-1. 말씀하신 미디어를 사용하신 이유는 무엇입니까?

2. 귀 기관의 홍보 방식과 관계 없이, 해외홍보 시 가장 효과적인 채널이나 방법은 무엇이라고 생각하십니까?

온라인 홍보가 대세라고 생각하며, 이를 기반으로 홍보가 이루어져야 한다고 생각함.

우리나라의 경우도 KOREA.NET을 운영하고 있으며, 영문이 기본이고 9개 언어로 유지하고 있음.

3. 해외 언론매체와의 관계를 구축하거나 협조를 구하는 데 어려운 점은 무엇입니까?

3-1. 정부 및 민간 차원에서 도움을 받았으면 하는 부분이 있다면 어떤 것이 있는지요?

Ⅳ. 효과평가

1. 현재 몸담고 있는 조직은 홍보 효과를 평가하는 시스템을 가지고 있으신지요?

홍보평가 시스템이라고 한다면 어떤 시스템을 가지고 딱 정해진 방법이 있다고는 할 수 없음. 그러나 홍보 효과라는 것 자체를 평가하기에 객관적으로 정량화하기 어려운 것이 사실이며 결국 만족도 조사나 이미지 실태조사를 통해 하는 방법밖에 없음.

현재는 개별 사업에 관한 만족도 조사가 홍보 효과를 평가하는 것이라고 생각하면 될 것 같음. 또한 추가적으로 한국에 대한 외국인의 인식조사 등을 매년 정해진 시기에 권역별로 나누어 조사할 필요도 있음. 그러나 이는 예산의 문제로 어려운 것으로 생각됨.

2. 과거 국정홍보처에서 진행했던 정부부처 홍보평가 시스템의 문제는 무엇이라고 생각하시는지요?

3. 해외홍보 효과평가와 국내홍보 효과평가가 같은 잣대로 이루어져도 괜찮다고 생각하시는지요?

Ⅴ. 해외홍보의 내용

1. 현재 정부의 '문화홍보' 중심의 해외홍보 접근 방식에 대해 전반적으로 어떻게 생각하십니까?

앞서 말했듯이 해외문화홍보원의 경우 문화홍보뿐만 아니라 정책홍보도 많이 하고 있음. 그러나 해외문화홍보원의 경우 문화부 소속이다 보니 문화홍보 중심이라는 선입견을 가지고 있음. 이에 정핵홍보를 하고 있으나 가려져 있는 측면이 있으므로 정책홍보를 강화해야 한다고 생각함.

분명 문화홍보뿐만 아니라 정책홍보도 하고 있으며, 이는 외교부에서 하고 있지 않은 것임.

2. 현재 정부의 문화홍보 중심의 해외홍보 접근 방식의 장점은 무엇이라고 생각하십니까?

3. 현재 정부의 문화홍보 중심의 해외홍보 접근 방식에서 근본적 문제점은 무엇이라고 생각하십니까?

4. 최근 정책홍보 중 내세울 만한 것은 무엇이라고 생각하십니까?

우리나라가 기후 변화 대응, 녹색성장에 관한 글로벌 이슈에 관한 것은 선도 국가라 할 수 있음. 녹색성장연구소가 11월 달에 생기는데 이는 우리나라가 주도한 국제기구임. 이와 관련하여 현재 홍보를 진행하고 있으며, 해외 외신기자들을 초청하기도 했음(7개국 12명).

이는 기후 변화, 인류 공동 변화에 대한 선도적인 국가 이미지를 심어주고자 함이며, 해외문화홍보원이 현재 진행하고 있음.

Ⅵ. 해외홍보의 개선안

1. 정책홍보의 효율성과 효과성, 서비스의 질 향상을 극대화하기 위한 수단으로서 가장 적합하다고 생각하는 것이 무엇입니까?

2. 우리나라의 행정, 정책, 제도들 중 정책홍보를 위한 브랜드 대상으로서 가장 적합하다고 생각하는 것은 무엇입니까?

Ⅶ. 해외홍보의 전달 체계

1. 현재 수행하고 계시는 해외홍보 관련 업무를 위해 다른 기관과 협력 관계를 유지하고 있다고 생각하십니까?

1-1. 그 이유는 무엇이라고 생각하십니까?

한국국제교류재단, 외교부 등과 협력을 하고 있다고 봄.

2. 해외홍보 업무와 관련된 서비스 중복의 문제에 대해 어떻게 생각하십니까?

이는 가외성의 문제로 생각할 수 있는데 관련 사업 등을 언뜻 보면 유사 중복 사업이 많음. 그러나 면밀히 들여다보면 그 대상이 다름.

예를 들어 해외박물관에 가 보면 한국실이 있는데 이와 관련하여 설치는 한국국제교류재단에서 하지만(물론 우리 해외문화홍보원도 설치할 수 있지만), 그 운영은 문화부에서 하고 있음. 또한 문화수교 기념행사의 경우도 외교부, 한국국제교류재단, 해외문화홍보원 등에서 모두 하고 있으나 나라가 다르며, 이러한 경우는 외교부 등과 사전에 합의를 하기도 함.

〈관련 추가 질문〉 그러한 합의를 국가브랜드위원회에서 하는 것으로 봐도 됩니까?

국가브랜드위원회는 국내 사업을 다 망라해서 포괄하다 보니 조정을 한다는 것은 잘 모르겠음. 그러나 사전 협의 같은 것은 국가브랜드위원회가 하지 않아도 우리끼리 잘 하고 있는 것들이 있음(예를 들어 앞서 말한 문화 수교 기념행사).

〈관련 추가 질문〉 국가브랜드위원회가 조정기구인데 조정이 어떻게 이루어지고 있습니까?

2009년 발족한 국가브랜드위원회는 국가도 브랜드 차원에서 관리해야 한다는 의미로 총괄 조정을 해야 하고, 또 그렇게 해왔음. 그러나 위원회 조직이라는 것이 집행 기능은 없고 자문 심의 기능만 가지고 있음. 또한 국가브랜드위원회는 다른 위원회와 다르게 사업추진단을 가지고 있으며, 자문위원회인데도 초창기에는 상당히 위협적인 일을 많이 해왔음. 특히 해외홍보뿐만 아니고 국민들의 인식 개선 사업까지 직접 해 왔으며, 대표적으로 국가 브랜드 컨벤션이라는 사업이 있음.

그러나 대통령령으로 조직이 설치되고 있고 정부기관이 아니다 보니 한시적이라 할 수 있고 이 때문에 초창기에 비해 (정권이 끝나가는) 현 시점에서 조정의 기능이 이루어지고 있는지는 자세히는 모르겠음. 그렇지만 분명 노력은 많이 했었고 초기에는 의욕적으로 진행했음.

그러나 분명 조정하는 조직은 필요하다고 생각하며 이 때문에 해외문화홍보원을 사무국으로 활용(간사 역할)하면 좋겠다고 생각함. 즉, 총괄 조정하는 기구는 분명 있어야 하며 우리 해외문화홍보원 같은 정부기관을 사무국 기능으로 활용했으면 하는 아쉬움이 있음.

〈관련 추가 질문〉외교부의 문화외교국과의 조정은 되었습니까?

완벽하게 조정하지는 못했음. 그런데 문화의 경우는 가외성이라고 하는 사업들이 많아서 정확하게 정책 고객만 겹치지 않으면 됨. 예를 들어 해외인사 초청이라고 하면 해외문화홍보원은 언론인, 문화예술인, 행정가들을 초정하고 관광공사는 관광 쪽에 종사하는 사람들을 초정하는 등 그 대상이 다르다는 것임. 또한 관련 부처별로 어떤 부분에 집중되어 있다는 정도는 알고 있음.

〈관련 추가 질문〉 현재 코리아센터의 현황은?

코리아센터(Korea Center)는 원스톱(one stop) 서비스를 위한 것으로 효율성을 높이기 위한 것임. 현재 베이징(北京), 도쿄(東京), LA, 상하이(上海) 등 4군데에서 운영하고 있으며, 뉴욕이 추진되고 있음.

다른 나라와 비교해 볼 때 우리나라는 그 시설이 열악한 것이 사실이며, 심지어 싱가포르 같은 경우는 한류의 돌풍으로 부지를 제공할 테니 한국문화원을 설립하라고 하지만 인력과 예산의 문제에 봉착하고 있음. 그만큼 설립 요구는 많다고 할 수 있음.

〈추가적인 의견〉

해외문화홍보원을 키워야 한다고 생각하며, 이는 정부기관으로서 필요한 기관이기 때문임. 국가브랜드위원회가 정부가 바뀐 뒤 계속 이어져 갈 수 있을지 잘 모르겠으나 조정 체계는 분명 필요하다고 생각함. 한 가지 바람은 앞서 언급했지만 사무국 기능은 반드시 정부기관이 가지고 보좌를 해야 하며, 그 기관이 해외문화홍보원이 되었으면 하는 바람임.

<인터뷰 2>

Ⅰ. 상황분석 및 문제점 발견

1. 귀하는 현재 우리나라의 해외홍보를 위한 활동이나 사업에 대해 전반적으로 어떻게 생각하십니까?

그다지 효과적이지 못하다고 생각합니다. 한국의 전통, 역사 등 홍보를 위한 콘텐츠가 진부하고 부족하다고 생각합니다.

2. 우리나라의 해외홍보 문제점은 무엇이라고 생각하십니까?

홍보를 위한 콘텐츠 부재가 문제라고 생각합니다. 현재 해외홍보로 전형적으로 쓰이는 수단으로 한국의 전통, 역사 등이 있지만, 외국인들이 과연 우리나라의 역사 및 전통에 대해 얼마나 궁금해할 것인가, 현대에 대해 더 궁금해 할 것이라고 생각합니다. 서경덕 선생님의 독도 광고 등 단편적인 이슈를 통한 홍보도 있지만, 전략적인 홍보 콘텐츠는 부족합니다.

또 한 예로 현재 K-Pop을 통해 서구 및 동남아권에 한류 열풍이 있고, 이를 홍보에 이용하고 있지만, K-Pop의 수명이 언제까지 지속될 것인가 하는 의문이 있습니다. K-Pop 이후 해외홍보를 위한 콘텐츠가 현재로서는 없다는 것이 문제점이라고 생각합니다.

3-1. 해외홍보와 관련하여 현재 일하고 계신 조직의 강점은 무엇이라고 생각하십니까?

제가 근무하는 조직의 해외홍보 강점은 '인적 네트워크'입니다. 재단에서 하는 사업 자체가 홍보성을 띠기 때문에 재외공관의 협조를 받으며 일을 하고 있습니다. 연간 1,300여명의 해외 유명인사, 차세대 지도자, 청소년 등을 초청하여 다양한 매체로 홍보 효과를 거둘 수 있습니다.

3-2. 해외홍보와 관련하여 현재 일하고 계신 조직의 약점은 무엇이라고 생각하십니까?

조직이 크지 않기 때문에 사업 수행 시 주체적 역량이 부족하다고 생각합니다. 사업별로 분산이 되어서 co-work하는 조직 위주인 것 같습니다. 또한 인력 부족도 약점입니다. 특히 해외 사무소의 경우는 절대적으로 인력이 부족하여 직접적인 해외 언론과의 접촉이 쉽지 않습니다. 미국의 경우 동부 1명, 서부 1명으로 총 2명이 계신데, 미국 전 지역의 언론 및 홍보를 커버하기는 힘들다고 생각합니다.

4. 해외홍보를 기획 및 실행하는 과정에서 겪는 어려움은 무엇입니까?

해외홍보를 실행하기 위해 직접적으로 해외 매체와 연결하는 부분이 어렵습니다. 사업을 수행하며 알음알음식으로 연결이 되는 경우가 있지만 홍보 담당자와 현지 언론매체의 직접적 연결이 없습니다.

또한 다양한 매체의 관리가 어렵습니다. 정확한 이유는 모르겠지만, 주한 외신기자들을 대상으로 홍보해도 기사화로 이어지지 않는 경우가 많습니다. 한국에서 일어나는 일들에 대해 중요도를 낮게 보는 때문이라고 추측합니다.

언어의 한계로 인한 어려움도 있습니다. 영어나 중국어, 일어 등이 아닌 베트남, 아랍어권 등 비주류 언어권에서는 기사화가 되어도 그쪽 공관에서 알려주지 않는 이상 우리나라에서 알 수 없는 경우가 많습니다. 이는 실적 검색이 되지 않으므로 홍보 평가에도 영향을 미치게 됩니다. 외부 업체 및 전문 인력 고용 등을 통해 이를 개선하기 위해서는 많은 비용을 발생시켜 효율성이 떨어지게 됩니다.

5-1. 해외홍보를 기획 및 실행하는 데 국내 여건 상 문제점이 있다면 무엇입니까?

다양한 사업을 하다 보니 인적 교류는 외교부(KOICA), 학술 쪽은 교과부(한국학중앙연구원), 문화 교류 쪽은 문화관광부 등 다양한 기관의 업무 협조가 필요합니다.

국내 홍보에도 어려움이 있습니다. 재단은 외교부 산하이므로 외교부 기자들을 대상으로 홍보를 하는데, 언론사에서 이들은 정치부에 속해 있는 경우가 많고, 재단 업무는 교육 분야가 주를 이루므로 홍보 효과를 내기 위한 선택과 집중이 안 되는 듯합니다.

5-2. 해외홍보를 기획 및 실행하는 데 외국 현지에서의 어려움이 있다면 무엇입니까?

현지 사무소가 있긴 하지만, 외국 현지에서 우리나라에 대해 관심이 크지 않다는 것이 가장 큰 문제점입니다. 예를 들어 최근 8월 한중 미래포럼이 열렸는데, 이 같은 경우 중국 현지 매체에서 기사화가 되었으나, 한-워싱턴 포럼, 한-영국 포럼 등은 기사화가 되지 않습니다. 한국에 대한 관심도가 미국과 중국이 차이가 있기 때문입니다.

또한 해외지사의 절대적인 인력 부족 역시 해외홍보에서의 어려움입니다.

6. 다른 나라의 해외홍보 시스템이나 기획 및 아이디어 등 벤치마킹할 수 있는 점이 있다면 무엇이 있다고 생각하십니까?

영국의 British Council의 경우 규모도 크고 전 세계적으로 활동하고 있습니다. 이들의 가장 큰 장점은 '영어'로 언어 교육을 통해 이를 시작으로 문화를 확산시킨다는 것입니다. 홍보라는 것이 언론에만 의지하지 않을 수 있다는 것을 볼 수 있는 사례라고 생각합니다.

이를 보면 우리도 동남아권에서는 한국어 교육을 통해 해외홍보의 효과를 얻을 수 있을 것입니다.

이처럼 민간으로부터 접근하여 공공외교 차원에서 확산시키는 것이 중요할 것이라고 생각합니다.

7. 해외 정부, 해외 미디어, 해외 공중이 생각하는 우리나라에 대한 이미지는 무엇인가요? 외국인들이 'Korea'를 들으면 가장 먼저 떠올리는 단어는 무엇인가요?

분단, 김치 등입니다(인터뷰어에게 역으로 질문하여 인터뷰어는 '분단'이라고 대답함). 언론에서는 영향력이 크거나 획기적인 것이 아니면 좋은 것을 기사화하지 않고, 부정적인 것은 기사화가 잘 되는 경향이 있습니다. 또한 인터넷에서 Korea를 search하면 North Korea가 검색 순위가 높은데, 핵문제 등 부정적인 기사가 많습니다. 그에 따른 영향으로 우리나라 역시 분단국가라는 사실을 강하게 떠올리고 이는 국제사회에서 국가 브랜드에 마이너스 영향을 끼치는 것 같습니다.

Ⅱ. 공중 니즈 파악

1. 그동안 일하면서 접촉했던 외국 정부나 해외 기관들이 선호하거나 필요로 했던 홍보 영역, 홍보 콘텐츠, 또는 정책 서비스는 무엇이라고 생각하십니까?

2. 해외 미디어나 해외 공중의 반응이 좋았던 콘텐츠, 행사, 정책 서비스 등이 있었습니까?

2-1. 그 이유는 무엇이라고 생각하시는지요?

3. 해외 미디어나 해외 공중의 반응이 별로 좋지 않았던 콘텐츠, 행사, 정책 서비스 등이 있었습니까?

최근 코리아타임스에서 한류 특집 기획 시리즈를 기사로 만들었습니다. K-Pop

스타들을 대상으로 한 인터뷰를 영문 기사화하여 공관의 협조를 받고 전 세계적으로 발송했습니다. 50여개의 매체가 들어왔으나 실질적으로 기사화가 된 것은 베트남, 중국, 일본 등 아시아 쪽뿐이었고, 서구권은 기사화되지 못했습니다. 최근 다양한 매체에서 서구권에까지 한류 열풍이라는 기사를 바탕으로 실행했으나, 결과가 기대에 못 미쳐 당혹스러웠습니다.

3-1. 그 이유는 무엇이라고 생각하시는지요?

원인은 아직 잘 모르겠음. 파악 중.

Ⅲ. 해외홍보의 채널

1. 해외 현지 홍보 시 주로 활용하는 채널이나 미디어는 무엇입니까?

거의 해외 언론을 통해 홍보를 합니다. 미디어 콘퍼런스를 통해 신문, 방송 등을 주로 접촉합니다. 해외 유명인사를 초청한 후 역시 그분들에게 언론 기고를 하게끔 하고 있습니다.

이는 지역 차원의 신문 등을 통해 이루어집니다(LA 타임스와 같은). 간접적으로 사업 대상자와 현지 주관처를 통해 언론과 접촉하기도 합니다.

청소년 교류를 통해서는 블로그와 SNS를 이용하게끔 유도하고 있습니다. 그러나 현지에서의 오프라인 행사는 하지 못하고 있습니다.

1-1. 말씀하신 미디어를 사용하신 이유는 무엇입니까?

현실적으로 소수의 인력과 적은 예산으로 가장 효율적으로 할 수 있는 방법이 제도권 언론을 이용하는 것이라고 생각합니다. 인터넷을 이용하려고 해도 국내와 같이 파워 블로거가 누구인지도 모르므로 아직 한계가 있다고 생각합니다.

2. 귀 기관의 홍보 방식과 관계 없이, 해외홍보 시 가장 효과적인 채널이나 방법은 무엇이라고 생각하십니까?

장기적인 관점으로 봤을 때는 상향식(bottom-up)을 지향하고 있습니다. 그 수단이 문화가 되었든 어찌 되었든 간에 시민들 차원에서 생겨난 관심을 바탕으로 후속적으로 그 관심이 끊이지 않고 확산되도록 지원을 해야 한다고 생각합니다.

그러나 그렇게 되기 위해서는 시간이 오래 걸리고, 단절 없이 후속 콘텐츠가 계속해서 생성되어야 하기 때문에, 단기적으로 봤을 때는 제도권 언론을 통한 홍보가 가장 효과적이라고 생각합니다.

3. 해외 언론 매체와의 관계를 구축하거나 협조를 구하는 데 어려운 점은 무엇입니까?

재단의 입장에서는 절대적인 전문 인력 부족이라고 생각합니다. 미국에서 현지 매체 접촉을 위한 인력은 동부 1명, 서부 1명으로 총 2명이고, 유럽은 독일에 1명이므로 해외 언론매체를 커버하기에는 상당한 한계가 있다고 생각합니다.

3-1. 정부 및 민간 차원에서 도움을 받았으면 하는 부분이 있다면 어떤 것들이 있는지요?

정부에서는 예산과 인력 지원이 필요합니다. 그러나 인력 지원 같은 경우는 업무 중복의 문제가 발생할 수 있을 것이라 생각됩니다. 민간 차원에서는 현재 제가 근무하는 한국교류재단은 많은 도움을 받고 있습니다. 기업체들이 지정 또는 일반 기부사업을 통해 도움을 주고 있습니다. 최근 LA 미술관의 한국실 개보수는 아모레퍼시픽, 현대 정주영 기금, 국민은행에서는 말레이시아, 인도네시아, 몽골에서 사용할 한국어 교재 개발에 예산 지원의 형태로 기부를 받고 있습니다. 민간 차원에서는 많이 할수록 좋겠지만, 현재 기업에서 충분히 지원을 해주고 있다고 생각합니다.

Ⅳ. 효과평가

1. 현재 몸담고 있는 조직은 홍보 효과를 평가하는 시스템을 가지고 있으신지요?

네, 작년 2011년에 도입했습니다. 재단의 사업 자체가 홍보 성격을 띠고 있기 때문에 기존에는 기사 건수 등 단순히 양적 평가를 했으나 작년에 도입한 시스템은 평가 지수를 설정하여 지수별 가중치를 두었습니다.

2. 과거 국정홍보처에서 진행했던 정부부처 홍보평가 시스템의 문제는 무엇이라고 생각하시는지요?

잘 모르겠습니다.

3. 해외홍보 효과 평가와 국내홍보 효과 평가가 같은 잣대로 이루어져도 괜찮다고 생각하시는지요?

절차나 틀은 같이 쓸 수 있을 거라고 생각합니다. 그러나 지수를 설정하기 위한 기준을 달라야 하겠죠. 예를 들어, 국내 홍보에서 조·중·동과 같은 메이저 신문사들을 A급, 그 밖의 다른 언론사들 사이에도 B급, C급 등으로 나눌 수 있지만, 외국의 언론사들을 이처럼 서열을 정하기는 힘듭니다. 어떠한 기준으로 얼만큼의 가중치를 두어야 하는지에 대한 평가 잣대를 국내와 같이 쓸 수는 없겠죠.

V. 해외홍보의 내용

1. 현재 정부의 '문화홍보' 중심의 해외홍보 접근 방식에 대해 전반적으로 어떻게 생각하십니까?

지금 단계에서는 큰 문제는 없다고 생각합니다. 그러나 그 다음 대비책이 없다는 게 염려됩니다.

2. 현재 정부의 문화홍보 중심의 해외홍보 접근 방식의 장점은 무엇이라고 생각하십니까?

접근이 쉽다는 점이라고 생각합니다. 전 세계 모든 사람에게 특별한 지식 없이 편안하게 보여주고, 들려주는 것으로 홍보 효과를 얻을 있습니다.

K-Pop을 예를 들어 설명하자면 다음과 같습니다.

음악은 누구나 쉽게 들을 수 있는 것이므로 가볍게 K-Pop을 청취→듣다보니 음악을 좋아하게 됩니다→가사가 궁금하게 되고→한국어를 공부하고 싶어합니다→한국어에 관심을 갖고 search→이후에는 이러한 관심을 이어갈 수 있게끔 정부 및 재단에서 지원하여 한국어 강좌 운영을 합니다.

이처럼 한국에 대한 관심을 점화할 수 있는 것 중 가장 좋은 것이 문화라고 생각합니다. 현재 운영되고 있는 재단의 교류도 많은 부분이 그러한 방식으로 이루어지고 있습니다.(한국공연단(난타/비보이 등) 파견 공연-학술 교류-순회강연 방식)

3. 현재 정부의 문화홍보 중심의 해외홍보 접근 방식에서 근본적 문제점은 무엇이라고 생각하십니까?

사실 현재 문화홍보 중심의 해외홍보의 접근에 대해 긍정적으로 생각합니다. 그러나 문화만 가지고 홍보하는 것은 한계가 있을 것이라고 생각합니다. 문화가 들어온 다음 정책홍보 등 종합적인 차원에서 홍보가 이루어져야 한다고 생각합니다. 문화홍보 이후에 후속적으로 홍보할 수 있는 동력이 필요하다고 생각합니다.

4. 현재 정부의 문화홍보 중심의 해외홍보 접근 방식의 개선을 위해 가장 필요

한 부분은 무엇이라고 생각하십니까?

어떤 방식의 해외홍보라 하더라도 우선적으로는 홍보 내용의 다양화가 필요하다고 생각합니다. 또한 최근 SNS 및 인터넷 기반화 등으로 홍보 방식이 수평적인 커뮤니케이션화가 되어야 할 것입니다.

5. 한국 정부의 공공 분야 관리에 대한 노하우와 각 정치 · 사회 · 경제 등의 분야별 정책을 어떻게 형성, 집행했는지에 대한 한국 정부의 성공과 실패 사례를 공유, 홍보하는 '정책홍보'에 대한 효과성에 대해 어떻게 평가하십니까?

별로 큰 효과가 있지 않을 것이라 생각합니다. 우선 우리나라의 정책 사례에 대해 관심을 갖는 국가가 많지 않을 것이라고 생각합니다. 이 역시 콘텐츠의 문제라고 생각하는데, 좋은 정책이라면 선진국이든 개도국이든지 받아들이기 위해 관심을 갖겠지만, 현재 시점에서 그러한 정책이 있는지가 의문입니다. 새마을운동정책의 경우 후진국에서는 관심을 가질 것이라고 생각합니다.

6. 향후 정부의 정책홍보 중심의 해외홍보 접근 방식에서 예상되는 장점은 무엇이라고 생각하십니까?

위에서 언급한 경제 기적, 새마을운동과 같은 굉장히 크고 잘된 훌륭한 정책 같은 경우에는 국가 브랜드 및 이미지에 상당한 플러스가 될 것 같습니다. 시도했다 실패한 사례라도 우선 임팩트가 있는 정책 사례라면 해외홍보에 효과가 있을 것이라고 생각됩니다.

7. 향후 정부의 정책홍보 중심의 해외홍보 접근 방식에서 예상되는 근본적 문제점은 무엇이라고 생각하십니까?

지속적인 동력을 형성하는 콘텐츠 없이 홍보하는 경우는 진정한 해외홍보의 의미가 아닌 공허한 외침, 우리끼리의 잔치가 될 것이라고 생각합니다.

Ⅵ. 해외홍보의 개선안

1. 정책홍보의 효율성과 효과성, 서비스 질 향상을 극대화하기 위한 수단으로서 가장 적합하다고 생각하는 것은 무엇입니까?

앞서 말씀드린 바와 같이 민간으로부터의 홍보가 중요하다고 생각합니다. 이를 위해서는 공공외교를 통한 정책홍보가 가장 필요하다고 생각합니다. 또한 국가별 포럼 주최 등과 해외 교육사업 등이 같이 이루어져야 한다고 생각합니다. 포럼이 중요하긴 하지만 이는 하이클래스에서 멈출 수 있으므로 교육을 통해 확산시켜야 합니다. ODA 같은 경우도 중요하겠지만 저개발국가 대상이므로 사실상 홍보 대상이 한정되어 있다고 생각합니다.

2. 우리나라의 행정, 정책, 제도들 중 정책홍보를 위한 브랜드 대상으로서 가장 적합하다고 생각하는 것은 무엇입니까?

최근 유럽 금융위기가 있으므로 우리나라의 외환위기 극복 사례

또한 유럽의 공공기관의 태만한 업무 패턴이 문제시된다고 하던데, 우리나라의 성과제 도입 후(특히 MB정부) 업무 성향 개선 사례(안정 지향 성향을 성과 지향으로) 등이 좋을 것이라고 생각합니다.

Ⅶ. 해외홍보의 전달 체계

1. 현재 수행하고 계시는 해외홍보 관련 업무를 위해 다른 기관과 협력 관계를 유지하고 있다고 생각하십니까?

1-1. 그 이유는 무엇이라고 생각하십니까?

예를 들어 해외에 박물관을 설치하는 경우, 한국실 설치는 재단에서, 박물관 내의 콘텐츠는 국립중앙박물관이 담당합니다. 이와같이 영역이 나뉘어 있어 필수적으로 협력을 해야 하는 경우가 있습니다.

2. 해외홍보 업무와 관련된 서비스 중복의 문제에 대해 어떻게 생각하십니까?

기관 간 협력이 필요한 경우가 많이 있는데, 재단은 주로 제반 시스템을 만들고, 기반을 다지는 역할을 하고, 내용을 채우는 것은 학술의 경우 교과부의 한국학중앙연구원이, 박물관의 경우 국립중앙박물관 등이 맡고 있습니다. 보통은 이렇게 영역이 어느 정도 나뉘어 있는 편이라 업무 중복에 대한 심각성은 크게 느끼고 있지 않습니다.

3. 해외홍보가 효과적으로 이루어지기 위해 현 체계에서 어떤 부분이 가장 우선적으로 보완되어야 한다고 생각하십니까?

내용적으로는 최우선적으로 새로운 콘텐츠가 필요하겠고, 체계적으로는 총괄조직이 필요하다고 생각합니다. 해외홍보 관련 정부기관의 업무와 역할의 조정이 필

요한데, 해외문화홍보원이 그러한 역할을 하는 조직이라 생각되지만 실질적으로 해외홍보를 위한 통합과 조정 기능이 약하다고 생각합니다. 예를 들어 같은 공연단을 문화관광부에서 보내고, 한국교류재단에서도 보내어도 홍보는 각 조직이 따로 합니다. 이는 총괄하는 통합조직의 부재로 인한 인력의 낭비로 볼 수도 있을 것 같습니다. 또한 해외 현지 수행조직이 강화되어야 할 것입니다.

4. 다른 기관과 연계 · 협력 체계가 구축된다면 선생님께서 속한 기관의 업무가 좀 더 효과적으로 추진될 수 있다고 생각하십니까?

현재 협력이 필요한 곳과는 협력이 잘 이루어져 있고, 거의 독립적으로 운영되고 있기 때문에 기존과 크게 다르지 않을 것이라 생각됩니다.

5. 우리나라 해외홍보 전달 체계를 구축하는 데 가장 중요한 원칙은 무엇이라고 생각하십니까?

업무 총괄과 조정 기능을 위한 통합조직의 존재와 지속적인 콘텐츠 생성

6. 우리나라 해외홍보 전달 체계에 대해 전반적으로 어떻게 생각하십니까?

<인터뷰 3>

Ⅰ. 상황분석 및 문제점 발견

1. 귀하는 현재 우리나라의 해외홍보를 위한 활동이나 사업에 대해 전반적으로 어떻게 생각하십니까?

전반적으로 긍정적으로 생각함. 그러나 콘텐츠의 부족과 활용에 대한 문제점이 있다고 생각함.

2. 우리나라 해외홍보의 문제점은 무엇이라고 생각하십니까?

1. 콘텐츠 부족

2. 콘텐츠 활용: 예산 상의 제약으로 좋은 콘텐츠가 있음에도 불구하고 해외홍보 수단으로 활용하지 못함. 예를 들어 해외에서 관심이 높고 수준 높은 영화, 드라마 등의 판권을 정부가 구매해 홍보 수단으로 활용할 수 있으나 예산 부족 등의 이유로 활용하지 못함. 결국 해외에서 관심이 이미 떨어진 낡고 오래된 콘텐츠를 정부가 활용하여(예컨대 십수년 전 한류를 불러일으킨 「겨울연가」 배용준을 현재 정부 차원에서 홍보매체로 활용) 적절한 홍보 효과를 누리지 못함.

3-1. 해외홍보와 관련하여 현재 일하고 계신 조직의 강점은 무엇이라고 생각하십니까?

국립외교원의 주 업무는 한국에서 근무하는 외교관 등 외국 공무원 대상 교육임. 따라서 교육과정 자체가 한국에 대한 홍보가 됨. 교육과정 안에 경복궁 방문 등 홍보 콘텐츠가 포함되어 있음.

또한 외국에서 요청으로 공무원 위탁교육 프로그램을 만들 경우, 교육 요구도를 조사하여 교육 대상자들이 원하는 내용으로 교육과정을 구성하므로 일방적인 교육이 아닌 맞춤형 교육 및 홍보가 되어 관심 및 만족도가 높을 수 있음.(예컨대 사우디아라비아 공무원은 동대문 방문을 요구하여 교육과정에 포함)

3-2. 해외홍보와 관련하여 현재 일하고 계신 조직의 약점은 무엇이라고 생각하십니까?

홍보를 담당하는 전문부서가 따로 없음. 체계적인 관리가 어렵다는 것이 약점임.

4. 해외홍보를 기획 및 실행하는 과정에서 겪는 어려움은 무엇입니까?

일반 기업은 다양한 콘텐츠가 있는데 반해, 외교원은 보여지는 이미지에 비해 실제적으로 보여줄 수 있는 홍보 콘텐츠가 부족함. 또한 일반기업은 홍보만을 위한 홍보 전담부서가 있어서 효과적인 홍보를 기획, 실행할 수 있는 데 비해, 외교원은 홍보 담당부서가 없기 때문에 전문적인 홍보를 기획하는 것이 쉽지 않음. 예를 들어 홍보를 위해 제작하는 피피티의 수준도 외교원 소속 직원의 개인 역량에 따라 결정됨.

5-1. 해외홍보를 기획 및 실행하는 데 국내 여건상 문제점이 있다면 무엇입니까?

외교원을 찾는 외국인들은 한국에 대해 전반적으로 알고 싶어 하나 외교원에서 제공할 수 있는 것은 외교부 관련 콘텐츠뿐임. 외교부, 문화체육관광부 등 각 기관이 가지고 있는 정보 및 콘텐츠들 간에 연결할 수 있는 채널이 있어서 하나의 시스템으로 운영될 수 있다면 필요로 하는 콘텐츠를 편리하게 공유할 수 있을 것이며, 외국인들에게 한국에 대해 전체적인 이미지를 제공하는 것이 더 수월해질 것으로 생각됨.

현재의 시스템 하에서는 기관 간 필요한 콘텐츠들을 제공받기 위해서는 공문으로 요청을 해야 함. 이는 우리나라 정부의 전체적인 시스템의 문제라고 생각함.

5-2. 해외홍보를 기획 및 실행하는 데 외국 현지에서의 어려움이 있다면 무엇입니까?

현지 외국인들의 관심 및 참여율을 높이는 것. 이를 위해 각 나라의 정부와 커뮤니케이션을 하고, 다양한 프로그램 및 행사 개최 등 많은 노력을 함에도 불구하고 현지 외국인 참여율이 낮아 때로는 억지로 교민들이 참여하는 경우도 있음.

6. 다른 나라의 해외홍보 시스템이나 기획 및 아이디어 등 벤치마킹할 수 있는 점이 있다면 무엇이 있다고 생각하십니까?

잘 모르겠음.

7. 해외 정부, 해외 미디어, 해외 공중이 생각하는 우리나라에 대한 이미지는 무엇인가요? 외국인들이 'Korea'를 들으면 가장 먼저 떠올리는 단어는 무엇인가요?

드라마(예컨대 「대장금」). 그러나 이는 중동 및 아시아 쪽에 편중되어 있음. 유럽

의 경우 예술에 관심이 많음(예컨대 「추격자」 등의 영화)

Ⅱ. 공중 니즈 파악

1. 그동안 일하면서 접촉했던 외국 정부나 해외 기관들이 선호하거나 필요로 했던 홍보 영역, 홍보 콘텐츠, 또는 정책 서비스는 무엇이라고 생각하십니까?

외교원에서는 외국 공무원 대상으로 교육과정을 제공하므로 한국에 대한 기본적이고 전반적인 이해에 대한 요구도가 높은 편임. 그러나 이는 외교원에서 대상으로 하는 외국인이 공무원이 대부분이므로 한정된 대상으로 인한 요구도가 반영된 것일 수도 있다고 생각됨.

한국 역사, 경제 발전 등을 알고 싶어하나 관련 서적이나 영상 등이 부족함.

2. 해외 미디어나 해외 공중의 반응이 좋았던 콘텐츠, 행사, 정책 서비스 등이 있었습니까?

2-1. 그 이유는 무엇이라고 생각하시는지요?

외교원에서 제공하는 프로그램에 참여하는 국가들은 개발도상국이 큰 비중을 차지함. 이들이 한국의 정치, 경제, 문화 발전에 실질적으로 그들 나라에 도움이 될 수 있는 프로그램을 선호함. 산업 시찰이 그러한 예로서 국장급 대상으로 매년 2~30명씩 울산 플랜트 공장을 방문하고, 사장단과의 면담 등을 통해 그 나라 산업 전반에 대한 정책 결정에 도움이 될 수 있는, 벤치마킹할 만한 것을 선호함.

3. 해외 미디어나 해외 공중의 반응이 별로 좋지 않았던 콘텐츠, 행사, 정책 서비스 등이 있었습니까?

잘 모르겠음.

3-1. 그 이유는 무엇이라고 생각하시는지요?

Ⅲ. 해외홍보의 채널

1. 해외 현지 홍보 시 주로 활용하는 채널이나 미디어는 무엇입니까?

각 나라의 대사관마다 홍보 담당하는 홍보담당자가 있음. 홍보담당자는 미디어 및 온라인, 오프라인 행사 등 전반적인 모든 매체를 통해 홍보 업무를 함. 드라마 또는 영화를 통한 오프라인 행사가 큰 비중을 차지함. 최근에는 SNS, 인터넷 홈페이지 등 온라인 홍보를 강조하고 있음.

1-1. 말씀하신 미디어를 사용하신 이유는 무엇입니까?

비용 대비 효과성이 크고, 파급 효과가 크기 때문.

2. 귀 기관의 홍보 방식과 관계 없이, 해외홍보 시 가장 효과적인 채널이나 방법은 무엇이라고 생각하십니까?

잘 모르겠음.

3. 해외 언론매체와의 관계를 구축하거나 협조를 구하는 데 어려운 점은 무엇입니까?

해외 언론매체와 접촉을 위해 주요 매체 인사들과의 비공식적인 미팅 등을 주로 함. 이러한 비공식적인 미팅 성사를 위해 직·간접적인 경로를 통한 노력이 필요. 관계 구축 이후에도 소스를 얻고 제공히기 위한 노력도 필요함.

3-1. 정부 및 민간 차원에서 도움을 받았으면 하는 부분이 있다면 어떤 것들이 있는지요?

세계 경제를 움직이는 것은 기업이므로 정부의 입장에서는 기업의 도움을 받을 때 가장 큰 홍보 효과를 누릴 수 있을 것이라 생각함. 정부가 홍보하기 이전에 기업은 이미 많은 콘텐츠를 가지고 있으므로 이들을 공유할 수 있음. 또한 정부의 공관보다 기업의 주재관들의 채널이 더 우수함. 기업은 마케팅 채널이 있으므로 홍보 스킬이나 노하우를 지원받을 수 있음.

(최근 하나의 예로 기아의 후원을 받아 한국어 대회 홍보 행사를 개최했음. 한국 홍보 및 관심을 유튜브에 올리고 심사하여 열 명 정도 한국으로 초청해서 한국어 퀴즈를 푸는 등의 이벤트 후 1등에게는 자동차, 컴퓨터 등 경품을 제공하는 행사; 이러한 대대적이고 체계적인 대단위의 행사를 정부가 하기에는 어려움이 있을 것이라 생각함)

Ⅳ. 효과평가

1. 현재 몸담고 있는 조직은 홍보 효과를 평가하는 시스템을 가지고 있으신지요?

국립외교원에서는 홍보 효과를 평가하는 시스템은 가지고 있지 않음. 교육과정에 대한 평가 시스템은 존재하며, 이 중 홍보 효과로 볼 수 있는 항목은 만족도 평가가 있음. 교육 대상자들 대상으로 차후년도에도 교육에 참여하고 싶음을 측정하여 이를 평가하는 것이 그 중 홍보 효과와 유사하다고 생각됨.

2. 과거 국정홍보처에서 진행했던 정부부처 홍보평가 시스템의 문제는 무엇이라고 생각하시는지요?

잘 모르겠음.

3. 해외홍보 효과 평가와 국내홍보 효과 평가가 같은 잣대로 이루어져도 괜찮다고 생각하시는지요?

효과평가라는 것이 과정・준비평가와 사후평가로 구분한다면, 사후평가는 같은 잣대로 할 수 있음. 과정평가는 부처마다 투입(input)이 다르기 때문에 평가 역시 다르게 해야 한다고 생각함.

Ⅴ. 해외홍보의 내용

1. 현재 정부의 '문화홍보' 중심의 해외홍보 접근 방식에 대해 전반적으로 어떻게 생각하십니까?

일차적으로는 접근성에 대해서는 긍정적이라고 생각함. 그러나 지속가능성과 홍보 효과의 대상에 대해서는 부정적인 관점임.

2. 현재 정부의 문화홍보 중심의 해외홍보 접근 방식의 장점은 무엇이라고 생각하십니까?

쉬운 접근성

3. 현재 정부의 문화홍보 중심의 해외홍보 접근 방식에서 근본적 문제점은 무엇이라고 생각하십니까?

1. 지속가능성에 의문
2. 홍보 효과의 범위 및 대상의 문제

; 홍보 효과의 수혜가 기업에게만 갈 수 있을 것이라는 우려가 존재함. 드라마를 통한 홍보를 통해 상품 마케팅 효과는 있겠지만 나라 전체나 국민들이 누리는 효과는 아니라고 생각함.

3. 문화홍보를 통해 국가 브랜드 이미지를 구축할 수 있을까하는 것에 대해서도 의문을 가짐. 그에 대해서는 회의적인 시각임.

4. 현재 정부의 문화홍보 중심의 해외홍보 접근 방식의 개선을 위해 가장 필요한 부분이 무엇이라고 생각하십니까?

내용의 다양화와 지속적인 콘텐츠 제공.

드라마 등의 문화로 관심이 생성되었을 때 그러한 관심을 유지시킬 수 있도록 문화홍보 후에 책 발간 등을 통해 지속할 수 있도록 정부의 정책이 필요하다고 생각함.

5. 한국 정부의 공공 분야 관리에 대한 노하우와 각 정치 · 사회 · 경제 등의 분야별 정책을 어떻게 형성, 집행했는지에 대한 한국 정부의 성공과 실패 사례를 공유, 홍보하는 '정책홍보'에 대한 효과성에 대해 어떻게 평가하십니까?

정책홍보는 우리나라와 대상국이 같이 성장할 수 있는 계기가 될 것이라고 생각함.

정책홍보가 성공적일 경우 대상국은 성공 사례를 벤치마킹할 수 있고, 대상국에서 향후 우리나라 대상의 정책 수립 시 호의적인 정책 수립 가능성이 커질 것이므로 국가적 차원에서 큰 이점을 얻을 수 있음.

예를 들어 FTA와 같은 외교정책의 경우, 국력과 규모 등이 비슷한 국가들이 우리나라의 한-EU, 한-미 FTA 등, 강대국과의 관계에서 협상을 어떻게 성공적으로 마쳤는가에 대해 큰 관심을 가짐. 이러한 경우 정책홍보의 효과성이 매우 클 것으로 예상됨.

6. 향후 정부의 정책홍보 중심의 해외홍보 접근 방식에서 예상되는 장점은 무엇이라고 생각하십니까?

정책홍보 대상국에서 정책 수립 시 우리나라에 호의적인 정책을 세우는 것을 예상할 수 있음. 예를 들면 중동이나 베트남 등 아시아 국가들을 대상으로 경제협력 체제를 구축한다면 타국가에 비해 호의적인 입장에서 정책을 수립할 가능성이 커지고 이에 대한 수혜를 누릴 수 있음.

7. 향후 정부의 정책홍보 중심의 해외홍보 접근 방식에서 예상되는 근본적 문제점은 무엇이라고 생각하십니까?

문화홍보는 대상이 일반적인 데 반해, 정책홍보의 경우 대상이 일부 특정 집단, 조직에 해당될 수 있음.

Ⅵ. 해외홍보의 개선안

1. 정책홍보의 효율성과 효과성, 서비스 질 향상을 극대화하기 위한 수단으로서 가장 적합하다고 생각하는 것은 무엇입니까?

다른 국가에서 알고 싶은 것은 정책 수립, 집행 과정에서 결과적으로 우리가 어떻게 성공적으로 해냈느냐일 것임. 그러므로 이러한 절차 및 방법 등을 성공 사례, 실패 사례별 영문 사례집과 매뉴얼 등으로 발간하여 배부

2. 우리나라의 행정, 정책, 제도들 중 정책홍보를 위한 브랜드 대상으로서 가장 적합하다고 생각하는 것은 무엇입니까?

행사 유치 사례: 원자력회의. 서울 G20 정상회의, 여수박람회. 월드컵 등 국제적인 행사(해외홍보를 위해서는 국제적인 행사가 관심을 갖고 접근하기에 수월하다고 생각됨)

Ⅶ. 해외홍보의 전달 체계

1. 현재 수행하고 계시는 해외홍보 관련 업무를 위해 다른 기관과 협력 관계를 유지하고 있다고 생각하십니까?

1-1. 그 이유는 무엇이라고 생각하십니까?

하고 있지 않음. 협력을 할 채널의 부재

2. 해외홍보 업무와 관련된 서비스 중복의 문제에 대해 어떻게 생각하십니까?

잘 모르겠음.

3. 해외홍보가 효과적으로 이루어지기 위해 현 체계에서 어떤 부분이 가장 우선적으로 보완되어야 한다고 생각하십니까?

하나의 통합적인 컨트롤 타워가 필요함. 해외홍보의 가장 큰 문제점이라 여겨지는 콘텐츠 부족의 문제를 통합조직의 존재가 콘텐츠를 공유함으로써 해결할 수 있을 것이라 사료됨. 또한 연구, 예산관리, 홍보 효과 평가 등이 하나의 기관에 의해 체계적으로 이루어질 것으로 예상. 통합조직이 있다면 좀 더 효율적인 해외홍보가 가능할 것이라 생각함.

4. 다른 기관과 연계·협력 체계가 구축된다면 선생님께서 속한 기관의 업무가 좀 더 효과적으로 추진될 수 있다고 생각하십니까?

다양한 콘텐츠의 편리한 활용으로 훨씬 수월하고 효과적인 업무가 예상됨.

5. 우리나라 해외홍보 전달 체계를 구축하는 데 가장 중요한 원칙은 무엇이라고 생각하십니까?

통일되고 총괄 기능을 가진 기관의 존재

6. 우리나라 해외홍보 전달 체계에 대해 전반적으로 어떻게 생각하십니까?

긍정적으로 평가함.

〈인터뷰 4〉

Ⅰ. 상황분석 및 문제점 발견

1. 귀하는 현재 우리나라의 해외홍보를 위한 활동이나 사업에 대해 전반적으로 어떻게 생각하십니까?

한류의 영향으로 노력보다 성과가 좋은 상황이라 생각합니다.

2. 우리나라의 해외홍보 문제점은 무엇이라고 생각하십니까?

많은 부처가 각자 사업을 진행하는 점.

3-1. 해외홍보와 관련하여 현재 일하고 계신 조직의 강점은 무엇이라고 생각하십니까?

국가브랜드위원회의 존재 자체－국가 브랜드라는 표현이 국민적 관심을 끌게 하는 데 성공했다고 봄.

3-2. 해외홍보와 관련하여 현재 일하고 계신 조직의 약점은 무엇이라고 생각하십니까?

기획 기능 대비 실행 기능이 약한 점

4. 해외홍보를 기획 및 실행하는 과정에서 겪는 어려움은 무엇입니까?

다른 조직과 협조를 꺼리는 관련 부처 문화

5-1. 해외홍보를 기획 및 실행하는 데 국내 여건상 문제점이 있다면 무엇입니까?

경제 외적인 문제들에 대한 무관심

5-2. 해외홍보를 기획 및 실행하는 데 외국 현지에서의 어려움이 있다면 무엇입니까?

한국인들에 대한 편견

6. 다른 나라의 해외홍보 시스템이나 기획 및 아이디어 등 벤치마킹할 수 있는 점이 있다면 무엇이 있다고 생각하십니까?

문화 중심의 해외홍보

7. 해외 정부, 해외 미디어, 해외 공중이 생각하는 우리나라에 대한 이미지는 무엇인가요? 외국인들이 'Korea'를 들으면 가장 먼저 떠올리는 단어는 무엇인가요?

한류, K-Pop

Ⅱ. 공중 니즈 파악

1. 그동안 일하면서 접촉했던 외국 정부나 해외 기관들이 선호하거나 필요로 했던 홍보 영역, 홍보 콘텐츠, 또는 정책 서비스는 무엇이라고 생각하십니까?

2. 해외 미디어나 해외 공중의 반응이 좋았던 콘텐츠, 행사, 정책 서비스 등이 있었습니까?

2-1. 그 이유는 무엇이라고 생각하시는지요?

Korea Week 행사－이유는 문화 중심 집중기획과 참여프로그램, K-Pop 등 때문

3. 해외 미디어나 해외 공중의 반응이 별로 좋지 않았던 콘텐츠, 행사, 정책 서비스 등이 있었습니까?

3-1. 그 이유는 무엇이라고 생각하시는지요?

한국 발전 자랑하기 식 전시성 행사

Ⅲ. 해외홍보의 채널

1. 해외 현지 홍보 시 주로 활용하는 채널이나 미디어는 무엇입니까?

1-1. 말씀하신 미디어를 사용하신 이유는 무엇입니까?

해외 현지홍보 참여 경험 없음

2. 귀 기관의 홍보 방식과 관계 없이, 해외홍보 시 가장 효과적인 채널이나 방법은 무엇이라고 생각하십니까?

사람을 통한 경험, TV

3. 해외 언론 매체와의 관계를 구축하거나 협조를 구하는 데 어려운 점은 무엇입니까?

3-1. 정부 및 민간 차원에서 도움을 받았으면 하는 부분이 있다면 어떤 것들이 있는지요?

한국 측 담당자의 잦은 교체로 인한 계속성 상실

Ⅳ. 효과평가

1. 현재 몸담고 있는 조직은 홍보 효과를 평가하는 시스템을 가지고 있으신지요?

매년 국가 브랜드 지수를 측정하고 있음

2. 과거 국정홍보처에서 진행했던 정부부처 홍보평가 시스템의 문제는 무엇이라고 생각하시는지요?

예산 지원과 연동되지 못한 점.

3. 해외홍보 효과 평가와 국내홍보 효과 평가가 같은 잣대로 이루어져도 괜찮다고 생각하시는지요?

같은 방법을 차별화시켜 진행할 수 있다고 봄

Ⅴ. 해외홍보의 내용

1. 현재 정부의 '문화홍보' 중심의 해외홍보 접근 방식에 대해 전반적으로 어떻게 생각하십니까?

전통문화의 비중을 더 높여야 한다고 생각.

2. 현재 정부의 문화홍보 중심의 해외홍보 접근 방식의 장점은 무엇이라고 생각

하십니까?

상주하면서 연례행사를 계속한다는 점

3. 현재 정부의 문화홍보 중심의 해외홍보 접근 방식에서 근본적 문제점은 무엇이라고 생각하십니까?

낙하산 전문성 없는 문화원장들

4. 현재 정부의 문화홍보 중심의 해외홍보 접근 방식의 개선을 위해 가장 필요한 부분이 무엇이라고 생각하십니까?

대통령 순방 중심의 문화원 운영, 문화원 별 따로 진행하는 프로그램의 일관성 제고

5. 한국 정부의 공공 분야 관리에 대한 노하우와 각 정치·사회·경제 등의 분야별 정책을 어떻게 형성, 집행했는지에 대한 한국 정부의 성공과 실패 사례를 공유, 홍보하는 '정책홍보'에 대한 효과성에 대해 어떻게 평가하십니까?

원론적으로 동의하지 않음.
홍보도 결국 마음과 관심을 얻어야 하는 데 정책홍보는 생각 중심의 방향.
문화 중심이 더 효과적이라 생각함.

6. 향후 정부의 정책홍보 중심의 해외홍보 접근 방식에서 예상되는 장점은 무엇이라고 생각하십니까?

정보 전달 중심에서 오는 오해의 감소.

7. 향후 정부의 정책홍보 중심의 해외홍보 접근 방식에서 예상되는 근본적인 문제점은 무엇이라고 생각하십니까?

효과가 제한적이고, 있다 해도 지속성을 기대하기 어려움.

Ⅵ. 해외홍보의 개선안

1. 정책홍보의 효율성과 효과성, 서비스의 질 향상을 극대화하기 위한 수단으로서 가장 적합하다고 생각하는 것이 무엇입니까?

굳이 이렇게 해야 한다면, 정책홍보 역시 문화의 옷을 입혀서 진행하는 것.

2. 우리나라의 행정, 정책, 제도들 중 정책홍보를 위한 브랜드 대상으로서 가장 적합하다고 생각하는 것은 무엇입니까?

의료, IT

Ⅶ. 해외홍보의 전달 체계

1. 현재 수행하고 계시는 해외홍보 관련 업무를 위해 다른 기관과 협력 관계를 유지하고 있다고 생각하십니까?

1-1. 그 이유는 무엇이라고 생각하십니까?

네. 브랜드위원회 자체가 협력 조율 중심 조직임.

2. 해외홍보 업무와 관련된 서비스 중복의 문제에 대해 어떻게 생각하십니까?

뭐든지 우리가 하겠다는 부처이기주의에서 비롯된 혼란.

3. 해외홍보가 효과적으로 이루어지기 위해 현 체계에서 어떤 부분이 가장 우선적으로 보완되어야 한다고 생각하십니까?

먼저 아리랑TV와 KBS로 분산된 외국어 방송을 통일해 역량을 집중하는 것이 필요.

4. 다른 기관과 연계 · 협력 체계가 구축된다면 선생님께서 속한 기관의 업무가 좀 더 효과적으로 추진될 수 있다고 생각하십니까?

네.

5. 우리나라 해외홍보 전달 체계를 구축하는 데 가장 중요한 원칙은 무엇이라고 생각하십니까?

수용자 중심의 기획.

6. 우리나라 해외홍보 전달 체계에 대해 전반적으로 어떻게 생각하십니까?

문화부로 이관된 문화원과 홍보조직이 아직 정착되지 못했다고 봄.

<부록 2>

우리나라 정부의 해외홍보 체계 발전 방안을 위한 설문지

우리나라 정부의 해외홍보 체계 발전 방안 설문조사

안녕하십니까?

한국행정연구원은 '우리나라 정부의 해외홍보 체계 발전 방안'에 관한 연구를 진행하고 있습니다.

이 설문조사는 해외홍보 전문가 선생님들의 폭넓은 의견을 듣고 적극적으로 반영하기 위한 것입니다.

바쁘시겠지만, 해외홍보 체계 발전에 기여하신다는 생각으로 모든 문항을 빠짐없이 솔직하게 응답해 주시기를 부탁드립니다. 설문에 대한 응답은 익명으로 조사되며, 순수하게 통계적 목적으로만 사용됩니다.

설문에 응답해 주시는 모든 분들에게 감사의 뜻으로 사례비(50,000원)를 적어주신 계좌번호로 보내드립니다. 계좌번호는 설문 마지막 문항에 기재해 주시기 바랍니다.

이 조사와 관련한 의문 사항이 있으실 경우 아래의 연락처로 문의해 주시면 성실하게 답변해 드리겠습니다. 감사합니다.

연구책임자: 김근세 교수(성균관대학교)
공동연구자: 박현순 교수(성균관대학교)
박성민 교수(성균관대학교)

연락처: 02) 760-0366, 010-8734-7301
e-mail: na-arang@hanmail.net
주소: (110-745) 서울시 종로구 명륜동 3가 53 성균관대학교 법학관 429호

2012년

Ⅰ. 상황분석 및 문제점 발견

1. 귀하는 현재 우리나라의 해외홍보를 위한 활동이나 사업이 효과적으로 이루어지고 있다고 생각하십니까?

   (1) 전혀 효과적이지 못하다.
   (2) 별로 효과적이지 못하다.
   (3) 다소 효과적이다.
   (4) 매우 효과적이다.

2. 우리나라 해외홍보의 문제점은 무엇이라고 생각하십니까? 생각나는대로 말씀해 주세요.

3. 해외홍보 관련하여 현재 일하고 계신 조직의 강점은 무엇이라고 생각하십니까? (행정기관에 계신 분들만 답해 주세요.)

4. 해외홍보 관련하여 현재 일하고 계신 조직의 약점은 무엇이라고 생각하십니까? (행정기관에 계신 분들만 답해 주세요.)

5. 해외홍보를 기획 및 실행하는 과정에서 겪는 어려움은 무엇입니까?

(행정기관에 계신 분들만 답해 주세요.)

6. 해외홍보를 기획 및 실행하는 데 <u>국내 여건상</u> 문제점은 무엇이라고 생각하십니까? 가장 심각한 문제부터 순서대로 표기해 주세요.

(____)

(1) 인력 부족
(2) 예산 부족
(3) 다른 기관과의 업무 중복
(4) 통합조직의 부재
(5) 비계획적, 즉흥적 기획
(6) 해외 언론 접촉 라인 부재
(7) 기타 (______________________________)

7. 해외홍보를 기획 및 실행하는 데 외국 현지에서의 어려움은 무엇이라고 생각하십니까? 가장 심각한 문제부터 순서대로 표기해 주세요.

(____)

(1) 인력 부족
(2) 예산 부족
(3) 다른 기관과의 업무 중복
(4) 통합조직의 부재
(5) 비계획적, 즉흥적 기획
(6) 해외 언론 접촉 라인 부재
(7) 문화적 차이
(8) 기타 (______________________________)

8. 다른 나라의 해외홍보 시스템이나 기획 및 아이디어 등 벤치마킹할 수 있는 점이 있다면?

9. 해외 정부, 해외 미디어, 해외 공중이 생각하는 우리나라에 대한 이미지는 무엇인가요? 외국인들이 'Korea'를 들으면 가장 먼저 떠올리는 단어는 무엇인가요?

Ⅱ. 공중 니즈 파악

1. 그동안 일하면서 접촉했던 외국 정부나 해외 기관들이 선호하거나 필요로 했던 홍보 영역, 홍보 콘텐츠, 또는 정책 서비스는 무엇이라고 생각하십니까?

2. 해외 미디어나 해외 공중의 반응이 좋았던 콘텐츠, 행사, 정책 서비스 등이 있었다면 예를 제시해 주시기 바랍니다.

2-1. 반응이 좋았던 이유는 무엇이라고 생각하십니까?

3. 해외 미디어나 해외 공중의 반응이 별로 좋지 않았던 콘텐츠, 행사, 정책 서비스 등이 있었다면 예를 제시해 주시기 바랍니다.

3-1. 반응이 좋지 않았던 이유는 무엇이라고 생각하십니까?

Ⅲ. 해외홍보의 채널

1. 해외 현지 홍보 시 주로 활용하는 채널이나 미디어는 무엇입니까?

(1) 해외 언론·해외 방송을 통한 홍보
(2) 국내 언론·국내 방송을 통한 홍보
(3) 해외 주요 인사 집촉 통한 홍보
(4) 오프라인 이벤트나 행사 통한 홍보
(5) 트위터, 블로그, 페이스북과 같은 SNS 통한 홍보
(6) 현지 지역단체 및 기관과의 연계 통한 홍보

1-1. 말씀하신 미디어를 사용하신 이유는 무엇입니까?

2. 귀 기관의 홍보 방식과 관계 없이, 해외홍보 시 가장 효과적인 채널이나 방법은 무엇이라고 생각하십니까?

(행정기관에 계신 분들만 답해 주세요.)

(1) 해외 · 언론 · 해외 방송을 통한 홍보
(2) 국내 언론 · 국내 방송을 통한 홍보
(3) 해외 주요 인사 접촉 통한 홍보
(4) 오프라인 이벤트나 행사 통한 홍보
(5) 트위터, 블로그, 페이스북과 같은 SNS 통한 홍보
(6) 현지 지역단체 및 기관과의 연계 통한 홍보

2-1. 2번에서 선택하신 채널을 확보하거나 이용하시는 데 어려움이 있었다면 무엇입니까?

3. 해외 언론 매체와의 관계를 구축하거나 협조를 구하는 데 어려운 점은 무엇이라고 생각하십니까?

3-1. 정부 및 민간 차원에서 도움을 받았으면 하는 부분이 있다면 어떤 것들이 있는지요?

Ⅳ. 효과평가

1. 현재 몸담고 있는 조직이 홍보 효과를 평가하는 시스템을 갖고 있는지요?

(행정기관에 계신 분들만 답해 주세요.)

2. 과거 국정홍보처에서 진행했던 정부부처 홍보평가 시스템의 문제는 무엇이라고 생각하십니까?

3. 해외홍보 효과평가와 국내홍보 효과 평가가 같은 잣대로 이루어져도 괜찮다고 생각하십니까?

(1) 예

(2) 아니오 → 아니라면, 3-1로 가주세요.

3-1. 해외홍보와 국내 홍보의 어떤 차이를 고려해야 될까요?

Ⅴ. 해외홍보의 내용

1. 현재 정부의 '문화홍보' 중심의 해외홍보 접근 방식에 대해 어떻게 평가하십니까?

   (1) 전혀 효과적이지 못하다. (3번으로 가주세요)
   (2) 별로 효과적이다. (3번으로 가주세요)
   (3) 보통이다. (3번으로 가주세요)
   (4) 효과적이다. (2번으로 가주세요)
   (5) 매우 효과적이다. (2번으로 가주세요)

2. 현재 정부의 문화홍보 중심의 해외홍보 접근 방식의 장점은 무엇이라고 생각하십니까?

3. 현재 정부의 문화홍보 중심의 해외홍보 접근 방식에서 근본적 문제점은 무엇이라고 생각하십니까?

4. 현재 정부의 문화홍보 중심의 해외홍보 접근 방식의 개선을 위해 가장 필요한 부분이 무엇이라고 생각하십니까? 중요도 순서로 1번(가장 불필요)부터 5번(가장 필요)까지 번호를 기입해 주십시오.

- 해외홍보 방식의 수평적, 양방향적 커뮤니케이션화 ( )
- 해외홍보 조직의 효율성 및 유연성 강화 ( )
- 해외홍보 내용의 다양화, 체계화 및 구조화 ( )
- 해외홍보 내용의 문서화 및 교재화 ( )
- 해외홍보 인력에 대한 교육·훈련 강화 및 처우 개선 ( )

5. 한국 정부의 공공 분야 관리에 대한 노하우와 각 정치·사회·경제 등의 분야별 정책을 어떻게 형성, 집행했는지에 대한 한국 정부의 성공과 실패 사례를 공유, 홍보하는 '정책홍보'에 대한 효과성에 대해 어떻게 평가하십니까?

(1) 전혀 효과적이지 못하다. (7번으로 가주세요)
(2) 별로 효과적이다. (7번으로 가주세요)
(3) 보통이다. (7번으로 가주세요)
(4) 효과적이다. (6번으로 가주세요)
(5) 매우 효과적이다. (6번으로 가주세요)

6. 향후 정부의 정책홍보 중심의 해외홍보 접근 방식에서 예상되는 <u>장점</u>은 무엇이라고 생각하십니까

7. 향후 정부의 정책홍보 중심의 해외홍보 접근 방식에서 예상되는 <u>근본적인 문제점</u>이 무엇이라고 생각하십니까?

Ⅵ. 해외홍보의 개선안

1. 다음 중 정책홍보의 효율성과 서비스 품질 향상을 극대화하기 위한 수단으로서 가장 적합하다고 생각하는 것이 무엇입니까?

중요도 순서로 1번(가장 불필요)부터 5번(가장 필요)까지 번호를 기입해 주십시오.

- 문서화 및 모듈화 사업을 통한 정책·행정홍보 ( )
- 공공외교(public diplomacy)를 통한 정책·행정홍보 ( )
- 주요 국가별 공공정책 관련 포럼 주최를 통한 정책·행정홍보 ( )
- ODA와 KSP사업(Knowledge Sharing Program, 지식공유사업)을 통한 정책·행정홍보 ( )
- Global MPA, Global E-School 사업, Global SNS 등 교육사업을 통한 정책·행정홍보 ( )

2. 아래 우리나라의 행정, 정책, 제도들 중 정책홍보를 위한 브랜드 대상으로서 가장 적합하다고 생각하는 내용은 무엇입니까? 각 분야별(분야 1, 2, 3)로 중요도 순서로 1번(가장 불필요)부터 10번(가장 필요)까지 번호를 기입해 주십시오.

분야 1: 경제 일반 및 행정	
정책 브랜드 대상 및 내용	중요도
1) 거시경제 안정화정책 운용 경험	
2) 국채시장 발전 경험(발행, 유통, 인프라)	
3) 외자 도입 운용 경험	
4) 민간투자 유치정책(PPP)	
5) 재정관리정보 시스템 구축, 운영 경험 및 방법론	
6) 조달행정 법 제도 구축	
7) 예금보험제도	
8) 자금 세탁 방지 정보화 시스템 구축	
9) 직업공무원제도의 정착	
10) 정부 인사 운영에서의 성과주의제도 도입	

분야 2: 농어업, 보건의료, 인적 자원	
정책 브랜드 대상 및 내용	**중요도**
1) 농지 이용과 생산 기반 정비	
2) 농업기계화 촉진 정책 및 기술 개발	
3) 국가예방접종사업	
4) 의료인력 재교육사업	
5) 고용안정제도 구축사업	
6) 산업재해예방제도 구축 및 운영	
7) 국가표준 인프라 체계 구축	
8) 과학기술 도입과 내재화 방안	
9) 교육의 발전과 민간 부문의 역할	
10) 농어촌 정비 및 개발 지원 관련 법제 개편	

분야 3: 산업 에너지, 국토 건설, 환경	
정책 브랜드 대상 및 내용	**중요도**
1) 에너지산업 육성정책	
2) 산업구조 고도화 전략(사양산업 구조조정 방안)	
3) 벤처 창업 촉진을 위한 지원 시스템 구축	
4) 중소기업 육성정책	
5) SOC 건설과 환경영향평가제도	
6) 국토 및 지역개발정책	
7) 고속도로 건설, 운영 및 유지관리	
8) 공항정책 및 인프라 구축	
9) 대중교통 체계 개선	
10) 하천 정비 및 관리정책	

Ⅶ. 해외홍보의 전달 체계

1. 현재 수행하고 계시는 해외홍보 관련 업무를 위해 다른 기관과 협력 관계를 유지하고 있다고 생각하십니까?

(행정기관에 계신 분들만 답해 주세요)

(1) 유지하고 있다.
(2) 유지하고 있지 않다. (1-1번으로 가주세요)

1-1. 협력 체계가 제대로 유지되지 못한 가장 큰 이유는 무엇이라고 생각하십니까?

2. 해외홍보 관련 기관 간 서비스 중복의 심각성이 어느 정도라고 생각하십니까?

(1) 매우 심각하다.
(2) 심각하다.
(3) 보통이다.
(4) 심각하지 않다.
(5) 전혀 심각하지 않다.

3. 해외홍보가 효과적으로 이루어지기 위해 현 체계에서 어떤 부분이 가장 우선적으로 보완되어야 한다고 생각하십니까?

(1) 해외홍보 관련 정부기관의 업무와 역할의 조정
(2) 해외홍보 전담 기관 육성과 민간 역량 강화
(3) 정부 각 부처의 해외홍보 관련 예산 증대
(4) 해외홍보 관련 전문인력 강화
(5) 해외 현지 수행조직의 확산과 강화
(6) 기타 (   )

4. 다른 기관과 연계 · 협력 체계가 구축된다면 선생님께서 속한 기관의 업무가 좀 더 효과적으로 추진되는 데 필요하다고 생각하십니까?

(**행정기관에 계신 분들만 답해 주세요.**)

(1) 매우 아니다.
(2) 아니다.
(3) 보통이다.
(4) 그렇다.
(5) 매우 그렇다.

〈AHP 설문지〉

다음은 계층분석적 의사결정 방법(Analytic Hierarchy Process: AHP)에 관한 설문으로 설문에 답하는 방법은 다음과 같습니다.

각 설문에서 두 지표(A, B)를 비교하여 중요도에 따라 최저 1점부터 최고 9점까지 부여할 수 있습니다. 두 지표 중에서 상대적으로 더 중요한 부분에 그 중요성의 정도를 표시(○)하시면 됩니다.

(예)

A지표	절대 중요함		매우 중요함		중요함		약간 중요함		같음		약간 중요함		중요함		매우 중요함		절대 중요함	B지표
	9	8	7	6	5	4	3	2	1	2	3	4	5	6	7	8	9	
전문성			○															맞춤성

해외홍보 전달 체계 방안

전달 체계 원칙
- 기능의 전문성
- 고객의 맞춤성
- 접근 용이성
- 서비스의 포괄성

↔

통합 전략
- 사례 관리
- 동일 장소 배치
- 정책조정위원회
- 청의 설립

그림 해외홍보 전달 체계 방안

〈설명〉 설문 관련 개념 정의

구분	변수	개념
전달 체계 원칙	기능의 전문성	서비스의 제공과 관련된 핵심 업무는 반드시 전문성이 강조되어야 함
	고객의 맞춤성	고객의 개별적인 욕구와 요구 조건을 충족시키는 데 초점을 두어야 함
	접근 용이성	고객이 접근하기 편리하게 서비스 전달 체계가 구축되어야 함
	서비스의 포괄성	고객의 다양한 욕구와 문제에 대응하기 위해 서비스는 상호 유기적으로 연결되어 제공되어야 함
통합전략	사례 관리	후진국과 선진국은 각각 다른 니즈를 가지고 있으므로 각각의 국가에 필요한 맞춤형 홍보 프로그램을 연계시키는 전략
	동일 장소 배치	지리적으로 분산되어 있는 해외홍보 관련 행정 · 공공 기관을 하나의 장소에 위치하여 동일 공간에서 이용할 수 있도록 하는 전략
	정책조정위원회	해외홍보 업무와 관련된 행정 · 공공기관들로 구성되는 위원회 기구를 통해 관련 정책을 조정하는 전략
	청의 설립	'청'(예시)과 같은 우산조직을 신설하여 해외홍보와 관련된 기관들을 조직적으로 통합하는 전략

〈설문 문항〉

5. 귀하께서는 우리나라 해외홍보 전달 체계를 구축하는 원칙 중에서 상대적으로 더 중요하다고 판단되는 요소는 어느 것인지 그 정도를 표시해(O) 주시기 바랍니다.

절대 중요함	9	8	7	6	5	4	3	2	1	2	3	4	5	6	7	8	9	절대 중요함
기능의 전문성																		고객의 맞춤성
기능의 전문성																		접근 용이성
기능의 전문성																		서비스 포괄성
고객의 맞춤성																		접근 용이성
고객의 맞춤성																		서비스 포괄성
접근 용이성																		서비스 포괄성

6. 귀하께서는 해외홍보 전달 체계를 구축하는 기능의 전문성 원칙에 비추어볼 때, 다음의 통합전략 중에서 상대적으로 어느 유형이 더 적합하다고 판단하는지 그 정도를 표시해(O) 주시기 바랍니다.

절대 중요함	9	8	7	6	5	4	3	2	1	2	3	4	5	6	7	8	9	절대 중요함
사례 관리																		동일 장소 배치
사례 관리																		정책 조정 위원회
사례 관리																		청의 설립
동일 장소 배치																		정책 조정 위원회
동일 장소 배치																		청의 설립
정책조정 위원회																		청의 설립

7. 귀하께서는 해외홍보 전달 체계를 구축하는 고객의 맞춤성의 원칙에 비추어 볼 때, 다음의 통합전략 중에서 상대적으로 어느 유형이 더 적합하다고 판단하는지 그 정도를 표시해(O) 주시기 바랍니다.

절대 중요함	←																→	절대 중요함
	9	8	7	6	5	4	3	2	1	2	3	4	5	6	7	8	9	
사례 관리																		동일 장소 배치
사례 관리																		정책조정 위원회
사례 관리																		청의 설립
동일 장소 배치																		정책조정 위원회
동일 장소 배치																		청의 설립
정책조정 위원회																		청의 설립

8. 귀하께서는 해외홍보 전달 체계를 구축하는 접근 용이성의 원칙에 비추어볼 때, 다음의 통합전략 중에서 상대적으로 어느 유형이 더 적합하다고 판단하는지 그 정도를 표시해(O) 주시기 바랍니다.

절대 중요함	←																→	절대 중요함
	9	8	7	6	5	4	3	2	1	2	3	4	5	6	7	8	9	
사례 관리																		동일 장소 배치
사례 관리																		정책조정 위원회
사례 관리																		청의 설립
동일 장소 배치																		정책조정 위원회
동일 장소 배치																		청의 설립
정책조정 위원회																		청의 설립

9. 귀하께서는 해외홍보 전달 체계를 구축하는 서비스의 포괄성의 원칙에 비추어볼 때, 다음의 통합전략 중에서 상대적으로 어느 유형이 더 적합하다고 판단하는지 그 정도를 표시해(O) 주시기 바랍니다.

절대 중요함	9	8	7	6	5	4	3	2	1	2	3	4	5	6	7	8	9	절대 중요함
사례 관리																		동일 장소 배치
사례 관리																		정책조정 위원회
사례 관리																		청의 설립
동일 장소 배치																		징첵조징 위원회
동일 장소 배치																		청의 설립
정책조정 위원회																		청의 설립

Ⅷ. 인구통계학적 질문

1. 귀하의 성별은?

(1) 남성 (2) 여성

2. 귀하의 연령은?

(1) 20대 (2) 30대 (3) 40대 (4) 50대
(5) 60대 이상

3. 귀하의 소속기관 근무연수는 어떻게 되십니까? 만__________년

4. 귀하의 현재 소속기관과 직위 및 직급은 어떻게 되시는지요?

소속기관 __________ 직위 __________ 직급__________

5. 현재 근무하고 계시거나 혹은 담당하고 있는 국가와 업무 영역은 무엇인가요?

(**행정기관에 계신 분들만 답해 주세요.**)

국가 ______________________ 업무 영역 ______________________

6. 해외 현지 파견 근무 경력이 있는지요?

(**행정기관에 계신 분들만 답해 주세요.**)

(1) 예 → 6-1. 있다면, 몇 년 동안? 만______________년

(2) 아니오.

7. 귀하의 계좌번호를 기재하여 주시기 바랍니다.

금융기관		계좌번호	
예금주			

"끝까지 응답해 주셔서 감사합니다"

참고 문헌

국내 문헌

강병모 · 김난도 (2008). 소비자 지향적 정책과정을 위한 정책마케팅 전략 분석: 소비자정책에의 적용. 「한국거버넌스학회보」, 15(2): 49-76.

강정석 · 이재호 · 최호진 (2010). 「정부 신뢰와 소통 제고를 위한 Public Relations 시스템 구축」. KIPA 연구보고서 2010-29, 한국행정연구원.

교육과학기술부 (2010, 2012). 예산 및 기금운용계획 개요.

권기헌 (2009). 전파자원관리의 패러다임 변화에 따른 정책 대응방안 분석: 미래지향적 전파자원관리정책 우선순위에 대한 AHP 분석을 중심으로. 한국행정학회 학술대회 발표논문.

김명전 (2006). 「국가 브랜드 관리를 위한 한국의 이미지 지형에 관한 연구」. 박사학위 논문, 성균관대학교 신문방송학과.

김용상 (1999). 국가 이미지에 대한 이론적 고찰. 「한국전통상학연구」, 13(2): 215-252

김유경 (2007). 국가 브랜드 개성의 차원에 관한 연구. 「광고연구」, 여름호.

김성훈 · 양병화 (2005). 「사회마케팅과 공익광고 캠페인」. 커뮤니케이션북스.

김정탁 (2003). 「문화를 통한 국가 브랜드 가치 제고전략 최종보고서」. 국가브랜드 경영연구소.

나운봉 · 손영석 · 김희진 (1997). 「21세기 국가 경쟁력 강화를 위한 국가이미지 홍보전략」. 대홍기획마케팅전략연구소.

대한민국국회 (2010-2012). 각 연도 예산.

문화체육관광부 (2010). 2010 문화예술정책백서.

———(2012). 2012년 주요 업무계획.

———(2010, 2012). 예산 · 기금운용계획 개요.

박동진 · 정연구 (2010). 정부조직의 언론 관계 인식: 김영삼 정부와 노무현 정부의 언론 관계 비교. 「홍보학연구」, 14(1): 33-55.

박종민 (2001). 홍보전문성 기준에 관한 기업 실무자와 정부 실무 자간의 인식 차이에 관한 연구. 한국방송학회 학술대회 논문집.

박현순 · 문철수 · 박주연 (2005). 국정 홍보조직과 기능에 대한 정책 홍보 담당자의 인식 및 평가, 「홍보학연구」, 9(2): 160-195.

산업정책연구원 (2003). 「국가 및 기업의 브랜드 가치 제고 방안 연구」. 산업자원부 한국디자인진흥원.

삼성경제연구소 (2012). SERI 이슈페이퍼: 2011 국가브랜드 지수 결과. 삼성경제연구소.

서울대학교 언론정보연구소 (1996). 「민-관 협력 체제를 통한 대외홍보 전략」. 서울대학교 언론정보연구소.

서정우 (1976). 한국 해외홍보의 이론적 접근. 「북한」, 57: 132-148.

서태원 (1999). 해외 홍보정책의 전략적 구성과 조정 기획 및 커뮤니케이션의 통합. 「홍보학연구」, 3: 224-248.

손영석 (1994). 「확장된 상표에 대한 소비자의 태도에 영향을 미치는 요인에 대한 연구」. 박사학위 논문, 고려대학교 경영학과.

신호창 (1999a). 1995-1996 미 언론에 나타난 국가 이미지에 대한 고찰. 한국학술진흥재단.

———(1999b). 정부의 홍보정책에 대한 고찰 및 발전적 국정홍보 모델의 제시. 「홍보학연구」, 3: 84-108.

———(2001). 국가 이미지 실태와 형성 과정. 「한국언론학회 2001년 심포지엄」.

———(2004). 국가 명성 관리를 위한 바람직한 해외홍보 커뮤니케이션 조직 통합에 관한 고찰. 「커뮤니케이션학연구」, 12(3): 198-216.

신호창 · 김찬아 (2000). 통합적 해외홍보 모델에 관한 연구. 「정치정보연구」, 3(1): 275-297.

신호창 · 이두원 · 김정선 (2006). 정책홍보 수행과정 모델에 따른 정책홍보 수행 현황과 모델 충실도 연구. 「정치정보연구」, 9(2): 19-38.

안보섭 (2011). 국제PR 관점으로 본 공공외교 전문성에 관한 연구: 문화 중심적 접근을 통해. 「홍보학연구」, 15(4), 36-78.

오미영 (2001). 기업 이미지와 국가 이미지가 다국적 기업의 해외지사에 대한 태도에 미치는 영향. 한국언론학회 학술대회 발표논문집, 87-112.

오미영 · 신호창 (2002). 국가 이미지 제고를 위한 해외 홍보: 이론, 현황 및 전략. 「홍보학연구」, 6(1): 230-267.

외교통상부 (2010). 문화외교 매뉴얼.

———(2011). 2010 회계연도 외교통상부 소관 결산, 예비비지출승인의 건 검토보고서.

유재웅 (2011). 해외문화홍보원의 당면 과제와 미래 발전 전략. 「한국광고학회 세미나 자료」, 2011(1): 33-40.

이규완 (2001). 미국, 일본, 스위스, 독일, 프랑스의 국가 이미지와 상품 이미지의 변화에 관한 연구. 「광고학연구」, 12(4): 155-182.

이두원 (2005). 국가 정책홍보의 커뮤니케이션 전략 탐색 연구: 공중관계 커뮤니케이션의 문제점과 개선 방안을 중심으로. 「커뮤니케이션학연구」, 13(1): 180-209.

이명천 · 김정현 · 김요한 · 김지혜 (2008). 정부 정책 홍보사업의 효율성 제고를 위한 분석 연구. 「한국언론학보」, 52(3): 277-297.
이복수 (2004). 행정 마케팅의 이론적 논의와 추진전략. 「자치발전」, 8(6): 82-92.
이완수 · 조정열 (2007). 정부 홍보책임자 개방직 도입과 인크로치먼트의 상관관계 연구. 「한국언론정보학보」, 37: 171-203.
이종혁 (2006). 「PR프로젝트 기획」. 커뮤니케이션북스.
이진숙 (2002). 독일의 공적 가족복지 전달 체계에 대한 분석: 한국 가족복지 전달 체계의 발전 방향에 대한 시사점. 「가족과 문화」, 14(3): 131-161.
이창현 (2011). 「국가 브랜드와 한류」. 한국학술정보.
전민향 (2001). 「국정홍보처 해외홍보원의 국가홍보 기능에 대한 연구」. 석사학위 논문, 숙명여자대학교 국제관계대학원 국제홍보 전공.
정승준 · 한범수 (2006). 계층화 분석(AHP)을 이용한 2005 경기 방문의 해 사업 평가. 「관광학연구」, 30(3): 183-202.
조성미 · 남성희 (2010). 장애영아 조기 개입 서비스를 위한 통합적 전달체계 모형. 「한국사회복지행정학」, 14(1): 277-304.
조정열 (2004). 인크로치먼트를 통해 본 한국 정부 홍보 책임자들의 전문성 연구. 「홍보학연구」, 8(1): 46-69.
차희원 · 김영욱 · 신호창 (2005). 정책PR의 평가 지표 개발에 관한 연구, 「홍보학연구」, 9(1): 126-169.
최윤희 (2003). 「국제PR」. 서울: 커뮤니케이션북스.
탁재택 (2002). 국가 이미지 제고를 위한 통일정책 해외홍보 전략연구. 「홍보학연구」, 6(1): 268-296.
한응수 (2009). 「홍보정책의 변천 과정과 정책홍보 모델의 모색」. 석사학위 논문, 서울대학교 행정학과.
한정호 · 김상훈 (2004). 효과적인 국가 해외 홍보 방안에 관한 연구. 「홍보학연구」, 8(1): 5-45.
한충민 (1993). 「한국의 대외 이미지와 경제적 파급 효과」. 한양대학교 경제연구소.
해외문화홍보원 (2011). 해외문화홍보원 홍보 브로슈어.

국내 문헌

Agranoff, Robert & Pattakos, Alex N. (1979). Dimensions of services integration: Service delivery, program linkage, policy management, organizational structure. Human Services Monograph Series, 13. Washington, D.C.: U.S. Department of Health, Education and Welfare, Project SHARE.
Anholt, Simon (2003). 「국가브랜드 국가 이미지」. 김유경 옮김. 서울: 커뮤니케이션북스.
Bardos, A. (2001). Public Diplomacy: An Old Art, A New Profession. *Virginia Quarterly*

Review, 77(3): 424-437.

Barron, O. (2007). A new approach: engaging the Muslim world through public diplomacy. *Harvard International Review*, 28(4): 30-33.

BBC World Service (2012). *Annual Review 2011-2012.*

Botan, C. (1992). International Public Relations: Critique and Reformulation. *Public Relations Review*, 18(2): 149-159.

British Council (2012). *Annual Report 2011-2012.*

Broadcasting Board of Governors (2012). *2011 Annual Report.*

Curtin, P. A. & Gaither, T. K. (2007). *International Public Relations*. Thousand Oaks, CA: Sage.

Grunig, J. E. (1978). Defining Publics in Public Relations: The Case of a Suburban Hospital. *Journalism Quarterly*, 55 (1): 109-118, 124.

Hallahan, K. (2001a). The Dynamics of Issues Activation and Response: An Issue Processes Model. *Journal of Public Relations Research*, 13(1): 27-59.

——— (2001b). Strategic media planning: Toward an integrated public relations media model. In R. Heath (ed.), *Handbook of public relations*. Thousand Oaks: Sage.

Han, C. M. & Terpstra, V. (1998). Country of Origin Effects for Uni-national and Bi-National Products, *Journal of International Business Studies*, 19(2): 235-255.

Hofstede, G. (1980). *Culture's Consequences*. Beverly Hills. CA: Sage.

Kagan, S. L. & Neville, P. R. (1993). *Integrating Services for Children and Families*. Yale University Press.

Kim, J. & Grunig, J. E. (2011). Problem Solving and Communicative Action: A Situational Theory of Problem Solving. *Journal of Communication*, 61(1): 120 - 149.

Lord, C. & Dale, H. (2007). Public Diplomacy and the Cold War: Lessons Learned. *Heritage Foundation Backgrounder*, 2007.

Matera, F. R., & Artigue, R. J. (2000). *Public Relations: Campaigns and techniques*. Boston, MA: Allyn and Bacon.

Martin, I. M & Eroglu, Sevgin (1993). Measuring a Multi-dimensional construct: country image. *Journal of Business Research*, 28(3): 191-210.

Moffitt, M. A. (1994). A cultural studies perspective toward understanding corporate image: A case study of State Farm Insurance. *Journal of Public Relations Research*, 6(1): 41-66.

Nagashima, A. (1970). A Comparison of Japanese and U.S. Attitude toward Foreign Products. *Journal of Marketing*, 34(1): 68-74.

Newsom, D., Turk, J. V., & Kruckeberg, D. (2007). *This is PR*. Thomson. 박현순 옮김. 서울: 커뮤니케이션북스.

Roth, Martn S. & Romeo, Jean B. (1992). Matching Product Category and Country Image Perceptions: A Framework for Managing Country-of-Origin Effects. *Journal of International Business Studies*, 23(3): 477-497.

Signitzer, B. H. & Coombs, W. T. (1992). Public Relations and Public Diplomacy: Conceptual Convergences. *Public Relations Review*, 18(2): 137-147.

Sriramesh, K., Kim, Y., & Takayashi, M. (1999). Public Relations in Three Asian Countries. *Journal of Public Relations Research*, 11(4): 271-292.

Sriramesh, K. & White, J. (1992). Societal Culture and Public Relations. In J. E. Grunig (ed.), *Excellence in Public Relations and Communication Management* (597-614). Hillsdale, NJ: Lawrence Erlbaum Associates, Inc.

Temporal, Paul (2005). Branding for Survival in Asia. *Journal of Brand Management*, 12: 374-378.

Waldfogel, J. (1997). The New Wave of Service Integration. *Social Service Review*, 71(3): 463-484.

Wilcox, D. L., Ault, P. H., Agee, W. K., & Cameron, G. T. (1998). *Public Relations: Strategies and Tactics*. NY: Longman.

Winston, W, L. (2008). *Practical Management Science*. Thomson South-Western.

웹사이트

공공기관 경영정보 공개시스템. www.alio.go.kr

국가법령정보센터. www.law.go.kr

국가브랜드위원회 홈페이지. www.koreabrand.go.kr

국립국제교육원 홈페이지. www.niied.go.kr

국제방송교류재단 홈페이지. www.arirang.co.kr

국제PR협회 홈페이지. www.ipra.org

대한무역투자진흥공사 홈페이지. www.kotra.or.kr

외교통상부 홈페이지. www.mofat.go.kr

외문화홍보원 홈페이지. www.kocis.go.kr

한국관광공사 홈페이지. www.visitkorea.or.kr

한국국제교류재단 홈페이지. www.kf.or.kr

한국국제협력단 홈페이지. www.koica.go.kr

한국문화예술교육진흥원 홈페이지. www.arte.or.kr

한국언론진흥재단 홈페이지. www.kpf.or.kr

한국콘텐츠진흥원 홈페이지. www.kocca.kr

저자 소개

김근세

[주요 관심 분야]
조직론과 국가론을 기초로 국가행정기구, 조직관리, 공공서비스 품질관리 등.

[주요 경력]
미국 시라큐스대학교(Syracuse University, Maxwell School)에서 "Reshaping Government Bureaucracy"(1995)로 행정학 박사학위를 취득하고, 현재 성균관대학교 국정관리대학원 교수로 재직 중이다.

[주요 논문]
최근 논문으로는 "휴먼서비스 관점에서 본 고령화정책 프레임: 노인 프레임에서 긍정적 고령자 프레임으로"(2012), "한국 지방자치단체의 출산장려금 효과분석"(2012), "한국 책임운영기관의 성격과 범위"(2010), "의회 중심의 행정체제 연구 서설"(2009) 등이 있다.

박현순

[주요 관심 분야]
쟁점 및 위기관리 커뮤니케이션, 갈등관리 커뮤니케이션, 공공건강 캠페인, 파이낸셜(Financal) 커뮤니케이션, 해외PR 등.

[주요 경력]
미국 미시간주립대학교(Michigan State University)에서 박사학위(2002)를 취득했다. 주요 경력으로는 국제방송교류재단(아리랑TV) 비상임 감사(2012.1~2014.1), 한국방송(KBS) 23기 시청자위원회 시청자위원(2012.9~2013.9), 서울특별시 미래유산보존위원회 위원(정치역사분과)(2012.10~2014.10) 등을 역임하고 있으며, 현재 성균관대학교 신문방송학과 부교수로 재직 중이다.

[주요 논문]
최근 논문으로는 “Effects of message framing and anchoring on reaching public consensus on the Korea-U.S.”(2013), “The effect of parasocial interaction on intention to register as organ donors through entertainment-education program in Korea.”(2013), “Individual and organizational antecedents of professional ethics of Public Relations practitioners in Korea”(2012), “PR: 공중합의 형성과정과 전략”(2007) 등이 있다.

박성민

[주요 관심 분야]
인적자원관리(HRM) 및 인적자원개발(HRD), 인사개혁정책, 리더십 등.

[주요 경력]
미국 조지아대학교(The University of Georgia)에서 “Antecedents, Mediators, and Consequences of Leadership, Motivation, Commitment, and Managerial Reform Systems in the Public Sector”로 행정학 박사학위를 취득하고, 미국 네바다주립대학교(University of Nevada, Las Vegas) 그린스펀 행정대학원에서 조교수를 거쳐 현재 성균관대 행정학과(국정관리대학원) 부교수로 재직 중이며, 한국행정학보 및 IRPA편집위원과 한국정책학회 영문편집위원회 이사로 활동하고 있다.

[주요 저서 및 논문]
저서로는 『한국인사행정론』(2013)이 있으며, 주요 논문으로 “‘일과 삶 균형’ 정책과 정책 부합성이 조직효과성에 미치는 영향에 관한 연구: 공공조직과 민간조직 비교를 중심으로”(2013), “Determinants of Positive Job Attitude and Behavior in the Asian Work Context: Evidence from Korean Central Government Agencies”(2013), “Exploring the Antecedents and Consequences of the Acceptance of Performance Appraisal Systems: The U.S. Federal Case”(2012) 등이 있다.

한국 정부의 해외PR

펴낸날 / 제1판 제1쇄 2013년 5월 30일
지은이 / 김근세 · 박현순 · 박성민
펴낸이 / 임춘환
펴낸곳 / 도서출판 대영문화사
주소 / 서울 용산구 청파동 1가 178-2 ㉾ 140-869
등록 / 1975년 12월 26일 제3-16호
전화 / (02)716-3883, (02)714-3062
FAX / (02)703-3839
홈페이지 / http://www.dymbook.co.kr

ISBN 978-89-7644-442-4
ISBN 978-89-7644-444-8(세트)

〔값 17,000원〕